En 1989, finalmente me rendí ante mi adicción y elegí la recuperación mediante un programa de los Doce Pasos que creo que me salvó la vida. Durante los primeros cinco años de mi jornada de sanación, luché ferozmente, no contra la propia jornada de recuperación, sino contra el lenguaje y las publicaciones de mi programa. En 1994, encontré un enorme alivio e inspiración cuando mi madrina me dio *La mujer y su práctica de los Doce Pasos*, de Stephanie Covington. No puedo ni imaginar cuántos millones de mujeres por fin han podido conectarse con su recuperación mediante este clásico, y ahora las personas transgénero y no binarias también podrán verse reflejadas en la bibliografía sobre recuperación. Visionaria como siempre, la Dra. Covington ha vuelto a hacer la recuperación de las mujeres más accesible e inclusiva.

—Dawn Nickel, Cofundadora, SHE RECOVERS®
Foundation, Autora de *She Recovers Every Day*

Este libro usa lenguaje que les habla específicamente a las mujeres, con el fin de explorar lo que significan los Pasos para ellas en su jornada de recuperación. He encontrado a mujeres que me dicen que *La mujer y su práctica de los Doce Pasos* les resultó útil para entender el significado de los Doce Pasos e incorporarlos en su propia recuperación. ¡*La mujer y su práctica de los Doce Pasos* es esencial para las mujeres en recuperación!

—Mtr. Sandy Clark, LPCC, LADC, NCACII, Terapeuta SAP,
Educadora, Presidenta de Minnesota Addiction Professionals,
Autora de *Charlie the Therapy Dog*

Cuando se lanzó, *La mujer y su práctica de los Doce Pasos* fue una obra transformadora y, con esta revisión, su impacto potencial se ha ampliado. Para cualquier mujer que esté en la jornada de la recuperación, este libro no es solo una guía sino también una compañía motivadora en cada paso del camino. En un mundo lleno de libros de autoayuda, este se destaca como un rayo de luz y esperanza. Lo apoyo y se lo recomiendo sinceramente a todas las personas que quieran entender y adoptar un enfoque de los Doce Pasos concentrado en las mujeres.

—Kathleen Gibson, CEO, Oxford House, Inc.

En esta edición del 30.° aniversario... La Dra. Covington ha realizado un excelente trabajo al actualizar el lenguaje y pasar verdaderamente de la atención específica para un género a la atención con perspectiva de género. Humano, práctico y pleno de conocimientos sobre cómo las mujeres, en su hermosa diversidad y singularidad, pueden abordar los Doce Pasos de una forma más fundamentada en el trauma, *La mujer y su práctica de los Doce Pasos* debería estar en la lista de lecturas de cualquier persona que trabaje con la interrelación del trauma, la disociación y la adicción. Gracias, Dra. Covington, por modelar la recuperación sólida y permitir que su trabajo evolucione con el tiempo.

—Dra. Jamie Marich, Autora de *Trauma and the 12 Steps*
y *Dissociation Made Simple,* Fundadora y Directora,
The Institute for Creative Mindfulness

La mujer y su práctica ha sido esencial para las mujeres en recuperación durante los últimos treinta años. Actualizado de forma hermosa y sabia para incluir a las personas con expansión de género y un amplio espectro de trastornos/conductas adictivos, el libro satisface una necesidad para las mujeres en terapia, las mujeres en recuperación y para todas las personas que las aman, que conviven con ellas y a las que les importan. He visto el enorme valor de este libro, en especial para los grupos de mujeres que trabajan con los Pasos... Ahora más nunca, se necesita como guía para la recuperación y sanación de las mujeres de nuestra actual cultura política.

—Janet Surrey, Maestra de Insight Dialogue,
Autora de *The Buddha's Wife: The Path of Awakening Together*

Notablemente inclusivo y accesible a las mujeres, *La mujer y su práctica* aborda cómo las mujeres experimentan la adicción, la recuperación y la vida cotidiana y captura y se conecta con los lectores mediante el uso cuidadoso de historias de mujeres con antecedentes, experiencias, etnias, razas, edades y orientaciones sexuales diversos. La inclusión en esta edición de las voces de mujeres transgénero y personas no binarias merece un reconocimiento especial, así como su uso cuidadoso del lenguaje para lograr una versión más inclusiva y sensible al trauma del clásico atemporal de la recuperación de la Dra. Covington.

—Jeanne McAlister, Fundadora y CEO,
McAlister Institute of Treatment and Education

La mujer
y su práctica

de los

Doce Pasos

Publicaciones en español

Ayudar a las mujeres en recuperación:
Un programa para tratar las adicciones, Diario de una mujer

Ayudar a las mujeres en recuperación:
Un programa para tratar las adicciones, Diario de una mujer,
Edición especial para uso en el sistema de justicia

Ayudar a los hombres en su recuperación:
Un programa para tratar las adicciones, Cuaderno de trabajo

Ayudar a los hombres en su recuperación:
Un programa para tratar las adicciones, Cuaderno de trabajo,
Edición especial para uso en el sistema de justicia

Construyendo una capacidad de recuperación:
Libro de ejercicios para hombres y personas con diversidad de género,
(parte del plan de estudios de *Exploring Trauma+,* en unidad flash)

Más allá de la violencia:
Un programa de prevención para mujeres en el sistema penitenciario,
Libro de trabajo

La mujer y su práctica de los Doce Pasos

La mujer y su práctica de los Doce Pasos, Libro de ejercicios

Mujeres en recuperación: Entendiendo la adicción

La sanación del trauma:
Libro de ejercicios para mujeres y personas con diversidad de género
(parte del plan de estudios de *Healing Trauma+,* en unidad flash)

Voces:
Un programa de autodescubrimiento y empoderamiento
para chicas, Diario

La mujer
y su práctica

de los

Doce Pasos

Dra. Stephanie S. Covington,
Trabajadora social clínica licenciada (LCSW)

CON UN PRÓLOGO DE FRANCINE D. WARD

Edición
actualizada y
ampliada del 30.º
aniversario

Hazelden Publishing
Center City, Minnesota 55012
hazelden.org/bookstore

ISBN: 978-1-63634-087-6

Nota de la editora
Algunos nombres, detalles y circunstancias se han cambiado para proteger la
privacidad de las personas mencionadas en esta publicación.

Esta publicación no tiene el objetivo de sustituir la opinión de profesionales de salud.

Los lectores deben saber que los sitios web mencionados en este trabajo
pueden haber cambiado o desaparecido entre el momento en que se escribió
el libro y su lectura.

Los Doce Pasos se reimpriimen de *Alcoholics Anonymous,* 4a ed.
(Nueva York: Alcoholics Anonymous World Services, 2001), 59–60.
Alcoholics Anonymous, AA y Big Book son marcas registradas de Alcoholics
Anonymous World Services, Inc. Hazelden Publishing ofrece gran variedad de
información sobre adicciones y áreas relacionadas. Los puntos de vista y las
interpretaciones expresadas en este libro pertenecen a la autora y no cuentan
ni con el respaldo ni la aprobación de A.A. ni de ninguna organización de
los Doce Pasos.

28 27 26 25 24   1 2 3 4 5 6

Diseño de la portada: Sara Streifel, Think Creative Design
Diseño interior: Terri Kinne
Traducción y composición tipográfica: ALTA

*Este libro está dedicado a todas las madrinas
que ofrecen ayuda, con frecuencia a mujeres
desconocidas, para guiarlas en la recuperación.
Mi primera madrina fue Pat M.
Gracias por ser un ejemplo de vida.*

Contenido

Prólogo de Francine D. Ward xv

Agradecimientos xix

Introducción a la edición del 30.º aniversario 1

Nota de la autora sobre el diseño de la portada 9

Nota de la autora sobre el lenguaje 11

El Paso antes de los Pasos 13

Paso Uno 15

Paso Dos 35

Paso Tres 55

Paso Cuatro 73

Paso Cinco 95

Paso Seis 115

Paso Siete 129

Paso Ocho 145

Paso Nueve 165

Paso Diez 183

Paso Once 197

Paso Doce 211

Un Paso posterior 229

Yo 231

Relaciones 243

Sexualidad 259

Espiritualidad 277

Los Doce Pasos de los Alcohólicos Anónimos 297

Notas 299

Acerca de la autora 307

Prólogo

Uno de los mayores regalos que he recibido es una vida diferente: una oportunidad de descubrir información sobre mí que me ayudara a transformar una vida *aparentemente* desperdiciada en algo significativo. Una vida orientada al servicio, útil y productiva. Durante mis años de juventud, era una observadora. Me mantenía al margen, bebiendo, consumiendo drogas y haciendo el inventario de los demás. Mediante la gracia de un Dios glorioso, los Doce Pasos y ejemplos poderosos, hoy *puedo* tener una vida mucho mejor de lo que podría haber imaginado. *Puedo* ser participante activa en la creación de mi propia vida. Hoy soy una mujer sobria, con cuarenta y cuatro años de recuperación continua, abogada y oradora en grandes conferencias. Ninguna de estas cosas (y muchas otras más) habría sido posible si no hubiera dado ese Primer Paso.

Antes de conocer a Stephanie Covington, conocí su trabajo. Ella ya era pionera en la comunidad de recuperación y su nombre y su trabajo basado en la recuperación eran ampliamente reconocidos. En 1995, recibí mi primera copia de *La mujer y su práctica de los Doce Pasos*. Fue una experiencia profunda para mí y lamenté no haberla recibido catorce años antes. Me impresionó cómo alguien (con una recuperación similar a la mía) tuviera la capacidad de expresar tamaña claridad con respecto a los Doce Pasos. Alguien había podido tomar material aparentemente enfocado en los hombres y lo había vuelto aplicable a las mujeres, sin desviarse del verdadero significado de su contenido. La otra cosa que me impresionó fue la capacidad de Stephanie de aplicar los principios más allá del terreno de la adicción. Los había transformado en algo aplicable a la vida.

Aunque yo ya estaba firme en mi recuperación, el libro me pareció el acompañante perfecto para otro material que usaba con las mujeres de las que era madrina. Por varias razones, fue una herramienta especialmente útil para trabajar con chicas jóvenes.

Primero, en el caso de las mujeres que no habían tenido el beneficio de una educación amplia, Stephanie lograba transformar los Doce Pasos en un contenido fácil de digerir. Solo eso ya era impresionante, si consideramos el nivel de educación de Stephanie. Había logrado simplificar los principios de los Doce Pasos y crear un lenguaje que cualquier mujer podía entender. Eso era admirable. No se trataba de un texto condescendiente sino de algo escrito en un lenguaje directo.

El segundo motivo tenía que ver con las primeras mujeres con las que había trabajado como madrina y que no estaban dispuestas a admitir ni siquiera que tenían un problema con el alcohol. La bebida era esporádica; no bebían a diario. Consumían otras drogas y era todo un desafío conectar el consumo de drogas con la adicción al alcohol. Solo bebían vino blanco, cerveza o cócteles dulces. Por diversos motivos, sentían que eran diferentes. *La mujer y su práctica de los Doce Pasos* ayudó a estas mujeres a reconocer que no era lo qué bebían, la frecuencia con la que bebían, el lugar dónde bebían o la persona con la que bebían. Lo único importante era lo que les pasaba cuando consumían *cualquier* droga. Y eso fue algo que estas jóvenes sí lograron captar.

En tercer lugar, para muchas mujeres, el lenguaje de los Doce Pasos es todo un desafío. Debido a que los términos tenían una tendencia muy masculina, se volvían muy poco atractivos para muchas mujeres. Este lenguaje centrado en la masculinidad creaba una barrera entre algunas mujeres y la ayuda que tan desesperadamente necesitaban. Les resultaba difícil digerir el mensaje porque no lograban superar las inagotables referencias a *él, lo* y *hombres*. A veces, el simple hecho de ver *ella* y *la* hacía que las cosas se sintieran más inclusivas. *La mujer y su práctica de los Doce Pasos* fue una salida innovadora del lenguaje arcaico con el que muchas de nosotras crecimos, en especial al referirse a Dios. En última instancia, a las mujeres con las que trabajé se les enseñó a ir más allá del lenguaje y establecer una relación con el mensaje. Pero, al principio, fue necesario un empujoncito. Es importante llegar a la gente donde está y eso es exactamente lo que Stephanie Covington ha logrado.

En 2003, ya era devota de Stephanie. Había publicado mi primer libro y me invitaron a hablar en una serie de Conferencias sobre sanación para mujeres de Hazelden. Para mi sorpresa, en varias ocasiones me tocó compartir la plataforma con Stephanie. Ese fue el inicio de una amistad que ha crecido a lo largo de los últimos veinte años. Además, como abogada, he tenido la oportunidad de ayudarla en varias ocasiones. Soy muy grata de que me haya confiado áreas tan personales para ella: sus materiales publicados.

Creo que, cuando estamos abiertas, Dios nos obsequia oportunidades inconmensurables de experimentar a nuevas personas, nuevos lugares y nuevas cosas que nunca hubiéramos encontrado si no tuviéramos una actitud nueva.

Quiero y admiro a Stephanie, y me siento afortunada de poder llamarla mi amiga. Cuando me preguntó si podría escribir el prólogo de la edición del 30.º aniversario de *La mujer y su práctica de los Doce Pasos,* lo consideré una honra y un privilegio.

A lo largo de los años, les he recomendado a cientos de mujeres su enorme obra. No hablo solo de *La mujer y su práctica de los Doce Pasos,* sino también de su trabajo en torno al trauma, con mujeres en instituciones correccionales y su extenso material concentrado en las jóvenes. Resulta clara la importancia que Stephanie le asigna no solo al trabajo sino a las personas a las que se destina.

En 1994, Stephanie Covington escribió *La mujer y su práctica de los Doce Pasos.* En ese momento fue un libro revolucionario. Treinta años después, ha logrado hacerlo aún más relevante. Sigue siendo un material revolucionario. Lo que Stephanie ha hecho en esta versión actualizada es concentrarse en el uso de los Doce Pasos no solo para recuperarse de la adicción, sino también para crear vidas útiles para nosotras mismas y para las personas a las que servimos:

> *Primero usamos los Doce Pasos para recuperarnos de la adicción: dejar de beber o consumir drogas u otra conducta compulsiva. Pero, al mirar atrás, nos queda claro que los Pasos han creado una base sobre la que podemos construir nuestra vida.*

Si te gustó el original, agradecerás aún más esta versión. Si aún no conoces el trabajo de Stephanie Covington, busca un sofá, una taza de té y una manta calentita y prepárate para *La mujer y su práctica de los Doce Pasos...* ¡treinta años después!

Francine D. Ward
Abogada, conferencista, autora, persona en recuperación

Agradecimientos

Hay mucha gente que ha ayudado a crear y hacer realidad este libro. Soy extremadamente grata a la gran cantidad de amigos y colegas que me han apoyado, de manera más importante, motivándome y creyendo en el valor y la necesidad de este libro.

Un agradecimiento especial a mi consultor editorial y buen amigo, Roy M. Carlisle de PageMill Press, cuyo soporte y conocimiento experto fueron esenciales para crear la primera edición. Tres décadas después, Vanessa Carlisle ha sido indispensable en el desarrollo de esta edición del 30.º aniversario al volverla más contemporánea e inclusiva.

El equipo editor de Hazelden ha manifestado todo su entusiasmo y apoyo a lo largo de este proyecto. En particular, Susan Rose ha usado sus habilidades editoriales para pulir esta nueva versión y April Ebb ha manejado de la manera más considerada los detalles de la producción con el aporte de su conocimiento experto y calma.

Como siempre, sigo grata a Penny Philpot, cuya sabiduría, perspicacia, humor y compañerismo me han enriquecido enormemente.

Toda mi gratitud para ustedes.

Escribir este libro ha sido un privilegio. En sus páginas encontrarán las palabras y experiencias de muchas mujeres en recuperación y, para mí, ha sido profundamente satisfactorio y significativo escuchar sus historias. Por eso, mi más profundo agradecimiento va para ellas. En la primera edición: Donna B., Rhonda C., Sylvia C., Lori D., Tryshe D., Kathryn D. F., Anne G., Jane G., Susan G., Beverly H., Carter H., Donna H., Judi H., Nicole J., Charlotte K., Jean K., Jessica M., Irene P., Chandra S., y Janet S. En esta edición, agregamos las voces de Julie C., Alessandra W., Cash S., Raquelle L. y Sherie K.

En la tradición de los programas de los Doce Pasos, son anónimas. Las historias de este libro son verdaderas, pero los nombres y los detalles que las identifican se han cambiado para proteger el anonimato de las mujeres entrevistadas. Sus historias de vida son muestra de diversidad y reflejan diferencias de edad, raza y etnia, clase, género, religión, ubicación geográfica, ocupación, pareja de elección y rol como madre. A lo largo de las páginas de este libro, estas mujeres comparten su experiencia, fortaleza y esperanza.

Juntas representan cientos de años de recuperación en A.A., CCA, NA, Al-Anon y Deudores Anónimos y les agradezco por compartir su sabiduría y visión sobre la salud y la sanación de las mujeres. Dondequiera que estén hoy, espero que sepan que sus historias han hecho y seguirán haciendo la diferencia en la vida de generaciones de mujeres en recuperación.

. . .

La mujer
y su práctica

de los

Doce Pasos

Introducción a la edición del 30.° aniversario

Como mujer en un programa de recuperación de los Doce Pasos, o como alguien que está empezando a pensar en la recuperación de una adicción, tal vez te sorprenda encontrar un libro que se concentra en tus problemas como mujer en recuperación. O tal vez te preguntes qué te ofrece este libro que no hayas encontrado en otros o en las reuniones y las publicaciones de los Doce Pasos.

En mi propia recuperación del alcoholismo y mis relaciones profesionales y personales con mujeres en recuperación de diversas adicciones, he descubierto que la mayoría de los programas de los Doce Pasos pasan por alto varios problemas que enfrentamos las mujeres. Entre ellos, se incluyen los efectos del lenguaje de los Doce Pasos en las mujeres, el desarrollo psicológico de las mujeres con respecto a la adicción y la recuperación, y los factores sociales y culturales que nos afectan, tanto en general, al vivir en una sociedad dominada por lo masculino, como en la especificidad de ser mujeres con adicción y en recuperación. De la misma forma, no se consideran los problemas que enfrentan las personas con experiencias de género diversas (no binarias, transgénero, sin conformidad de género, entre otras).

Como resultado de estas omisiones, a muchas de nosotras nos ha costado mantenernos en un programa de recuperación que no satisface por completo nuestras necesidades ni responde a nuestros valores. Otras podrían haber experimentado una recaída o han retomado sus conductas adictivas y sienten que algo le faltaba a su programa de recuperación, sin poder identificar qué era.

Hace treinta años, cuando me propuse crear este libro, mi intención fue descubrir y compartir cómo las mujeres usaban los Doce Pasos originales para respaldar su jornada de recuperación singular. Mi esperanza era ayudar a volver los Pasos originales (con su historia de efectos positivos) más inclusivos y accesibles para las mujeres, y hablar de forma más directa de las formas en que las mujeres experimentamos la adicción y la recuperación, así como la vida cotidiana. Entrevisté a mujeres con diversas experiencias de vida, edades, tiempos en recuperación, razas y etnias, clases y orientaciones sexuales. En esta edición, he agregado las voces de mujeres transgénero y de personas no binarias cuya recuperación ha sido apoyada considerablemente al conectarse con grupos de mujeres. De la misma forma, he actualizado el lenguaje de *La mujer y su práctica* original para que sea más inclusivo, sensible al trauma y reflejo de mis valores actuales sobre género, sexualidad, espiritualidad y recuperación.

Mi esperanza es que este libro te ofrezca una perspectiva nueva y más accesible sobre la recuperación de las adicciones, de modo que se reconozcan tus necesidades e inquietudes. Esta perspectiva se basa en una exploración más abierta y una interpretación más flexible de los Doce Pasos en su relación con las mujeres en recuperación. Se deriva del aprendizaje mutuo que es posible entre las mujeres, a medida que compartimos las historias de nuestras luchas y triunfos en la recuperación. Mi esperanza es que esta perspectiva te empodere para que te apropies de tu proceso de recuperación, así como de tu crecimiento como persona.

Los Doce Pasos los desarrollaron en 1939 los fundadores de los Alcohólicos Anónimos (A.A.). Desde ese momento, varios grupos de apoyo mutuo han adoptado los Pasos y han servido como guía y recurso invaluable para las personas en una jornada de recuperación. Millones han emprendido esta jornada usando los recursos espirituales, emocionales y prácticos de los Doce Pasos en su recuperación del alcoholismo, la adicción a las drogas (o trastornos de consumo de sustancias), los trastornos alimenticios y otras conductas compulsivas.

La historia y la tradición de los Doce Pasos brinda una sensación de seguridad y certidumbre; sabemos que pueden ser eficaces. Al mismo tiempo, es importante reconocer que los Pasos fueron escritos por hombres, para las necesidades de los hombres en recuperación, en un momento en que las mujeres tenían muy pocos recursos y un mínimo poder social, político o económico. En el momento en que se escribieron los Pasos, pocas personas consideraban la posibilidad de que una mujer desarrollara una adicción, y las mujeres con adicciones enfrentaban rechazo y secretismo.

A medida que cada vez más mujeres y personas con una experiencia de género diverso entran a programas de recuperación, encontramos que la recuperación puede verse diferente para nosotras mucho más que para los hombres. Lo que es más, descubrimos que la jornada de la recuperación es singular para cada una de nosotras como persona: no hay una forma correcta o incorrecta a la hora de "trabajar" con los Pasos. Al leer este libro y explorar el significado y la práctica de los Doce Pasos, encontrarás muchas perspectivas diferentes de cada Paso para ayudarte a crear tu propia ruta en tu jornada a la recuperación. Por lo tanto, este libro se puede usar como complemento de *Los Doce Pasos y las Doce Tradiciones* o solo.

Usando los Pasos como guía, redescubrirás lo que piensas, sientes y crees, y luego empezarás a conectar estas experiencias interiores con tus acciones al interactuar con otras personas en el mundo que te rodea. Esta experiencia de conectar tus sentimientos y creencias con tus acciones es lo que llamamos plenitud o integridad.

Volverás a este tema de unificar tu vida interior y exterior a lo largo de la jornada. Cada uno de los Doce Pasos, de alguna forma, se refiere a la integridad porque todos ellos implican la búsqueda del alma y la propia honestidad. En última instancia, la meta subyacente de los Pasos es tener una vida coherente con tus valores más profundos. Los Pasos están diseñados para ayudarte a descubrir cuáles son esos valores (para mirar tu vida interior), de modo que puedas ver cómo podrías estar actuando contra tus valores y aprender a honrarlos en tu vida exterior. De esto se trata la recuperación: integrar lo interno y lo externo y, de esta manera, crear la integridad.

Al ver en tu interior, tendrás que buscar profundamente para que puedas usar los Pasos de forma significativa. Debido a que los Pasos fueron escritos en 1939, por hombres, para alcohólicos masculinos, su lenguaje podría parecer que tiene poca relevancia para ti como mujer del siglo veintiuno. Aunque una buena parte de las publicaciones de A.A. se han revisado y actualizado, los Doce Pasos siguen usando su redacción original. En consecuencia, cuando lees los Pasos en la actualidad, podrían parecer (con toda razón) de otra era. A pesar de mis esfuerzos y los de otras personas a lo largo de los años, Alcoholics Anonymous World Services sigue negándose a hacer cambios para actualizar el lenguaje de los Doce Pasos.

Por supuesto, muchas mujeres no tienen problemas con la redacción de los Pasos, pero a una cantidad considerable de personas les incomoda el lenguaje de los Pasos por sentirlo exclusivo y sexista. Como quedará claro, la gente que ha pasado por un trauma, especialmente la agresión sexual y la violencia familiar, podría encontrar el lenguaje y la estructura de los Doce Pasos inadecuados para sus inquietudes psicológicas y emocionales. Por ejemplo, muchas personas se han alejado por el uso de pronombres masculinos y de la frase "defectos de carácter".

Tras hablar de las limitaciones de los programas de los Doce Pasos, me parece igualmente importante reconocer las muchas formas en las que el espíritu de estos programas puede responder a las necesidades e inquietudes de las mujeres. Tal vez lo más importante para las mujeres es que la recuperación no ocurre en aislamiento, sino en conexión con otras personas en recuperación. A.A. es el modelo de los programas de apoyo mutuo. Es en esta mutualidad (compartir abiertamente los sentimientos, dificultades, esperanzas y triunfos sin culpas ni juicios de valor) que podemos encontrar los recursos más poderosos para la sanación.

La falta de una estructura jerárquica en los programas de los Doce Pasos puede ser especialmente solidaria para las mujeres, así como para las personas no binarias, transgénero y sin conformidad de género, muchas de las cuales han experimentado las agresiones de las estructuras de poder verticales tradicionales. En los programas de los Doce Pasos, no hay expertos ni supervisores o patrocinadores financieros que ejerzan la autoridad sobre los miembros del programa. Cada miembro se ve como un colaborador potencial para el respaldo y la recuperación de todos los demás miembros.

La accesibilidad de las reuniones de los Doce Pasos es importante, en especial para las mujeres que no cuentan con los recursos financieros. Las reuniones son gratuitas, abiertas a todos los que las necesiten, en particular en áreas de alta concentración poblacional, fácilmente disponibles en términos de la ubicación y el horario. Desde la pandemia de COVID-19, las reuniones en línea han vuelto los grupos de los Doce Pasos aún más accesibles.

De muchas formas, los programas de recuperación de los Doce Pasos están basados en un modelo de respaldo y sanación, basado en los lazos comunitarios. Aunque el lenguaje y las prácticas no siempre sigan este modelo colectivo, el espíritu de los Pasos y la estructura de los programas de los Doce Pasos ofrecen una oportunidad para que exploremos tanto nuestra recuperación de la adicción como nuestro empoderamiento como personas únicas en conexión con otras.

En vez de reescribir los Pasos de una forma que trate de ajustarse a todas las mujeres, podemos trabajar con los Pasos originales (poniendo mucha atención al espíritu y el significado) y reinterpretar el lenguaje para respaldar nuestra propia recuperación. Como comenta Ruth, quien se recupera del alcoholismo, la bulimia y la adicción a la nicotina: "El programa desafía el lenguaje". En otras palabras, hay algo poderoso y sanador escondido dentro de la redacción arcaica de los Pasos. Cuando miramos en nuestro interior y reformulamos la redacción original de una forma que funcione mejor para nosotras, cada una, individualmente, puede descubrir el significado por su cuenta.

Aun así, la recuperación no es un proceso solitario. No existe la expectativa de que leamos los materiales del programa solas, que reflexionemos a partir de ellos y que lleguemos, independientemente, a nuestras propias interpretaciones personalizadas. En vez de ello, nos respaldan los demás en la tradición de los Doce Pasos: compartir la experiencia, la fortaleza y la alegría. En los programas de los Doce Pasos, existe un intercambio continuo y profundo de información personal. Otras personas van a compartir sus historias y escucharán las nuestras. Aprendemos de los demás.

En ese espíritu, este libro ofrece las historias de mujeres que han viajado a través y en torno de los Pasos, que han examinado detalladamente el lenguaje y los conceptos y (escuchando tanto su sabiduría interior como las voces exteriores de las mujeres que las rodean en recuperación) han descubierto lo que se ajusta a ellas y lo que no. Las suyas no son las voces de autoridad sino simplemente las de otras mujeres en recuperación, como tú, que han creado por sí mismas una interpretación personal de los Doce Pasos.

· · ·

Nota de la autora sobre el diseño de la portada

El loto me parece un símbolo de la recuperación de las mujeres, así que he vuelto a elegir el loto para la nueva portada de esta edición del 30.° aniversario de *La mujer y su práctica de los Doce Pasos*. El loto es un símbolo poderoso de transformación y resiliencia, dos aspectos de la recuperación de las mujeres. Los lotos se abren camino en el agua lodosa para florecer. Aunque crecen con sus raíces dentro del lodo, surgen puras e inmaculadas. Se abren poco a poco, un pétalo a la vez, para florecer a la luz del sol.

El lodo simboliza los inicios turbios, el mundo material o la oscuridad de la adicción. El agua simboliza la experiencia, la transición o la recuperación. El loto simboliza la pureza del alma, el renacimiento, el despertar espiritual, la transformación y la iluminación. Durante miles de años y en muchas tradiciones religiosas, el loto se ha asociado con las prácticas espirituales y un desapego de las ilusiones.

La recuperación es una experiencia transformativa, un cambio fundamental. Cuando una mujer se recupera, puede decir: "La persona que soy hoy no es la que era". La elegante y hermosa flor del loto que surge del lodo es la hermosa mujer interior.

. . .

Nota de la autora sobre el lenguaje

El lenguaje siempre está cambiando. Aquí hay algunas definiciones y explicaciones del lenguaje usado en este libro.

Antes, *fémina* se usaba como la forma adjetivada de *mujer*. Actualmente, *fémina* (o género femenino) se usa para asignar el sexo al nacer, según la anatomía del bebé, por lo que se considera un término menos inclusivo. No obstante, *mujer* se refiere a una persona completa. *Mujer* puede abarcar a cualquier persona que se defina como mujer, ya sea que se le haya asignado el género femenino al nacer o no.

Cuando me refiero a alguien cuyo género se desconoce, por ejemplo un "miembro de la familia", uso *términos neutros, le(s)* o *la persona*. Estas formas son inclusivas y evitan suposiciones. Sin embargo, cuando se conoce el género, uso las formas que estas personas usan.

Una *mujer transgénero* es una mujer cuya identidad de género no es congruente (o no "coincide") con el sexo masculino que se le asignó al nacer. Todas las mujeres transgénero tienen una jornada singular, que se ve afectada por el nivel de soporte familiar o de rechazo que recibe, por su capacidad financiera y su deseo de invertir en procedimientos y medicamentos para la afirmación de género, su nivel de seguridad ante los prejuicios y/o la policía, y la expresión de género que siente más auténtica.

Transgénero es un adjetivo, no un sustantivo, y a veces se abrevia como "trans".

No binario es un término general que se refiere a un espectro de identidades y expresiones de género. Estas identidades existen fuera de las binarias de macho/hombre/masculino y fémina/mujer/femenina, pero también pueden incluir características de género binario. *Expansión de género* es otro término general que contempla la amplia y diversa experiencia de género que tiene la gente. Algunas palabras que la gente usa para expresar una experiencia de expansión de género pueden incluir *agénero, bigénero, genderqueer, género fluido* y *pangénero.*

. . .

El Paso antes de los Pasos

La jornada a través de los Doce Pasos suele implicar un paso previo, o un "paso anterior a los Pasos". En este paso previo, si aún no estás lista para aceptar que la adicción es el problema, tal vez estés lista para admitir que algunas áreas de tu vida son caóticas o están fuera de control.

Para muchas de nosotras, existe una conciencia creciente de que las cosas deben cambiar. A medida que este sentimiento aumenta, descubrimos que estamos listas para dar este paso previo: admitir que necesitamos ayuda y aceptar la ayuda cuando se nos ofrece, aunque no la hayamos buscado. Luego, entramos a la jornada de recuperación.

La primera parte de la jornada nos lleva a los Doce Pasos desde las perspectivas de un grupo diverso de mujeres. Exploraremos cómo los Pasos nos ayudan a superar las adicciones y a trabajar para cambiarnos, creando la posibilidad de una vida nueva y diferente. Parte de la verdad sorprendente sobre la recuperación es que nuestra capacidad de usar los Doce Pasos y aplicarlos a otras áreas de nuestra vida crece a medida que avanza nuestra jornada. Por eso, en la segunda parte, exploraremos las cuatro áreas de la vida en que las mujeres dicen que experimentan los mayores cambios: el yo, las relaciones, la sexualidad y la espiritualidad.

• • •

Paso Uno

Admitimos que éramos impotentes ante el alcohol, que nuestras vidas se habían vuelto ingobernables.

Todos hemos escuchado la célebre frase de que "una jornada de mil millas comienza con un primer paso". Cada una de nosotras ha dado muchos primeros pasos en la vida: ir a la escuela, iniciar un empleo, asumir la preferencia sexual, casarse o empezar una familia. Y cada una de nosotras conoce los diversos sentimientos que acompañan los primeros pasos en algo nuevo: duda, confusión, miedo, alivio, alegría, tristeza, etc.

Dar el primer paso en la recuperación puede incluir muchos de esos mismos sentimientos. Son naturales e incluso esperados cada vez que empezamos algo nuevo. Muchas mujeres como nosotras han dado ese primer paso en la recuperación sin importar cuán difícil o asustador parecía y, con el paso del tiempo, cada una de nosotras hemos recibido los grandes beneficios de nuestro esfuerzo. La recuperación empieza con el Paso Uno, cuando admitimos que somos impotentes ante la adicción y, como resultado, nuestras vidas se han vuelto ingobernables.

Aunque el Paso Uno de A.A. dice "impotentes ante el alcohol", podemos ser impotentes ante cualquier conducta que no podemos detener o controlar. Los Doce Pasos de A.A. han sido adaptados y utilizados con éxito por personas que luchan con muchos tipos de conductas adictivas. Puedes usar palabras como *drogas, comida, sexo, dinero, juegos de azar,* o *relaciones* como sustitutas de la palabra *alcohol.* También puedes usar *adicción*, para quitarle el enfoque a una sustancia o conducta específica y ponérselo a la propia adicción.

Después de leer este primer Paso, podrías preguntarte cómo se aplicaría a tu caso.

- *¿Tienes noción del poco poder que tienes sobre tu forma de beber o de consumir drogas?*
- *¿Logras ver las formas en que tu vida se ha vuelto ingobernable?*
- *¿Has tratado, sin éxito, de controlar tu adicción?*

Para algunas mujeres, este Paso es claro. Se trata del simple acto de admitir lo que ya sabemos: no podemos controlar nuestra bebida o el consumo de drogas u otra conducta compulsiva. Nos resulta obvio que nuestra vida está fuera de control y es ingobernable.

Recuerdo haber experimentado un vago sentimiento de confort cuando leí el Paso Uno. Admitir mi impotencia ante el alcohol me provocó una sensación de alivio y tranquilidad. Por fin entendí por qué mis intentos de controlar la bebida no habían funcionado. ¡No ser capaz de controlar la bebida significaba que yo era adicta al alcohol! Solo cuando reconocí que no tenía ningún poder sobre mi bebida pude empezar a entender las dificultades que experimentaba en mi vida. Esta comprensión del Paso Uno me dio esperanza.

Para otras personas que inician la recuperación puede ser mucho más difícil reconocer la impotencia y la ingobernabilidad. Esta admisión puede ser particularmente difícil para quienes hemos seguido cumpliendo con nuestros compromisos y responsabilidades a pesar de nuestra adicción.

Algunas sentimos que el Paso Uno nos pide más de lo que esperábamos. Entramos a la recuperación con el único deseo de cambiar nuestra forma de beber o de consumir drogas. O porque queremos *más* control sobre nuestra vida, no menos. E, independientemente de nuestra situación, pensar que somos impotentes o que no tenemos el control puede generar una sensación de amenaza e incomodidad.

Es común preguntarnos cómo un programa como los Doce Pasos, y el Paso Uno en particular, hará una diferencia en nuestra vida. Y, aun así, el Paso Uno nos dice que hay una solución sorprendente: solo cuando nos damos cuenta de que *no podemos* controlar la bebida o el consumo de drogas o la comida, encontramos una forma de cambiar. Abandonar la ilusión de que podemos controlar nuestra conducta adictiva es el primer Paso del camino a la recuperación.

El ciclo interminable de la adicción

Una forma de abandonar nuestra ilusión del control y empezar a reconocer nuestra impotencia es ver el ciclo interminable de nuestra adicción. Consumimos alcohol u otras drogas o tenemos comportamientos compulsivos con cosas como la comida, las relaciones o los gastos excesivos para cambiar cómo nos sentimos: para adormecer el dolor o para sentirnos mejor con nosotras mismas o para olvidar nuestros problemas. Pero el cambio solo es temporal. La realidad vuelve rápidamente cuando nos despertamos a la mañana siguiente con los mismos sentimientos y los mismos problemas... además de una resaca y (tal vez) la culpa de lo que hicimos.

Prometemos que esto no volverá a ocurrir. Pero, a pesar de nuestras mejores intenciones, terminamos ebrias o drogadas o gastando más de lo debido de nuevo, atrapadas en un ciclo de consumo y arrepentimiento: el ciclo interminable conocido como adicción. Al haber perdido el control, nos sentimos frustradas, abatidas, sin esperanza e incluso asqueadas con nosotras mismas. En los grupos de los Doce Pasos existe el dicho de que "estamos enfermos y cansados de estar enfermos y cansados". Cuando llegamos a este punto, estamos listas para reconocer la verdad.

Las verdad es que, independientemente de cuán desesperadas estemos o con cuánta convicción hayamos creído que "nunca volveríamos a beber de esa forma", no pudimos obligarnos a parar. No podemos dominar una adicción. *Una adicción está más allá de nuestro poder de control.* Solo cuando admitimos que somos impotentes ante nuestro consumo de alcohol o drogas es que empezamos a ser libres. Solo cuando nos damos cuenta de que no podemos parar cuando queramos es que finalmente tenemos la oportunidad de detener el ciclo.

¿Realmente somos impotentes?

La palabra *impotente* es un problema para muchas mujeres. A muchas de nosotras nos enseñaron a permitir que algo o alguien más controlara nuestra vida. Puede ser difícil reconocer que somos impotentes ante nuestras adicciones porque ya nos sentimos impotentes en muchas otras áreas de la vida. Admitir la impotencia puede parecer un ejemplo más de nuestra conocida posición inferior. Parece que es pedirnos demasiado.

Y, a pesar de ello, solo cuando admitimos nuestra impotencia y falta de control sobre nuestra adicción es que podemos empezar a descubrir dónde tenemos verdaderamente poder en nuestra vida. Esta es la primera de muchas paradojas que experimentamos en la recuperación.

La recuperación tiene que ver con el empoderamiento: encontrar y usar nuestro verdadero poder interior. Podría parecer contradictorio reclamar nuestro poder cuando acabamos de admitir nuestra impotencia pero, en realidad, esta admisión nos vuelve más poderosas. ¿Cómo? Muy simple. Al reconocer nuestra impotencia sobre nuestra adicción, nos estamos liberando para volver nuestra atención a las áreas donde *sí* tenemos control. Cuando renunciamos a la lucha por controlar las cosas que no podemos controlar, empezamos a descubrir nuestra verdadera fuente de poder.

Cuestionarnos la idea de la impotencia no significa que abandonemos o ignoremos el Paso Uno. Muchas mujeres que han recorrido el camino de los Doce Pasos traducen este Paso en palabras que las ayuden a descubrir cómo las ideas de la impotencia y la ingobernabilidad se ajustan a su experiencia personal. Tenemos la libertad de interpretar este Paso de la forma que nos ayude a reconocer el poder de nuestra adicción.

La idea de la impotencia hizo que Sandy, quien buscaba

ayuda para sus relaciones destructivas y su adicción al alcohol y a otras drogas, se sintiera aún más deprimida que cuando consumía las sustancias. Para ella, fue útil usar diferentes palabras para pensar en este Paso. "Decir que era impotente no fue bueno para mí", recuerda. "No lo sentía correcto. Mi cuerpo respondía con menos energía. En vez de *impotente,* uso la palabra *rendirme,* en el sentido de rendirme a la verdad. Me rindo porque no puedo controlar la cantidad y la forma en que consumo las drogas". Para Sandy, rendirse a su incapacidad de controlar su consumo de drogas fue el principio de su camino a la recuperación.

Algunas de nosotras podríamos no cuestionar nuestros sentimientos acerca de la impotencia porque hemos aprendido que otra gente nos encuentra más atractivas si tenemos menos poder. Podríamos haber recibido mensajes, directa e indirectamente, de que somos más femeninas, más aceptables y más dignas de amor cuando tenemos poco o ningún poder. Es importante que no confundamos nuestro deseo de aprobación con nuestra impotencia sobre nuestra adicción. Es especialmente importante que las mujeres reconozcan el poder de sus adicciones mientras descubren su poder personal mediante la recuperación.

"Como mujer, necesito reclamar mi poder", afirma Sandy. "Estoy empoderada cuando veo en mi interior y me pregunto '¿Qué creo? ¿Qué siento? ¿Cuáles son mis opciones'? Empiezo a concluir lo que vale para mí... no si le gustará a otra gente o la hará feliz. No quiero ser insensible a los demás, pero también necesito ser más sensible conmigo misma".

María, una médica de unos sesenta años, ha pensado seriamente en el poder y la impotencia. María desarrolló el alcoholismo después de su divorcio y logró la sobriedad después de pasar por varios programas de desintoxicación. Debido a que había tenido éxito en una profesión competitiva, al principio le preocupaba admitir la impotencia, se sentía como una derrota y una rendición. Solo después de mucha introspección pudo ver que admitir la impotencia era una forma de *evitar una mayor pérdida de su poder.*

"Las mujeres siempre hemos sido impotentes", comenta María. "Así que, admitir que soy impotente ante el alcohol realmente es una forma de mantener el poder que tengo. Estoy admitiendo que hay algo que no puedo controlar y que, al tratar de controlarlo, voy a perder aún más poder del que ya perdí por el simple hecho de ser mujer".

Al igual que Sandy, María se concentra en aumentar el poder que ha obtenido en su recuperación, en vez de pensar en sí misma como una persona impotente. Ahora que está sobria, expresa sus sentimientos y se afirma sin sufrir por lo que la gente piense de ella. Ella sabe que esto le brinda una verdadera sensación de poder personal. No obstante, reconoce que este poder no significa que tenga control de su bebida. La bebida está fuera de su control.

Para Chase, una persona no binaria en recuperación que orienta a gente de la comunidad queer con problemas de consumo de drogas, el concepto de impotencia le parece "apropiadamente más aleccionador" para un "hombre blanco, cisgénero, heterosexual de ingresos medios". Chase ve que a los hombres con ese nivel de privilegio se les ha enseñado que deben tener todas las respuestas. No obstante, para las mujeres y las personas con una experiencia de género diversa, Chase cree que "no quieres cargar con la sensación de impotencia porque ya te ha causado mucho dolor en la vida". Con sus clientes y en su propia recuperación, a Chase le parece útil ver el consumo de drogas como una forma de tratar de sentirse mejor, de obtener cierto poder sobre un mundo emocional difícil. "Durante un tiempo, resulta adecuado, hasta que deja de serlo", observa. "El proceso de recuperación se refiere a tomar esa parte tuya que quiere manejar el estrés y conectarse con otras personas, y encontrarla de manera continua estando en sobriedad. En ese sentido, se trata de obtener poder, no de perderlo".

Mirar en el interior

Si nos ponemos en recuperación porque otra persona quiere que lo hagamos, podríamos no pensar que la impotencia es el problema. En vez de ello, probablemente parezca que el problema es de alguien más. Muchas de nosotras tratamos de alcanzar la sobriedad porque la familia o los amigos así lo quieren, o porque la corte nos ordenó entrar en un programa de recuperación. Asistimos a las reuniones para agradar u obedecer a alguien, o tal vez para reducir la tensión en el hogar.

"Dejar el vicio no era algo que yo quería", comenta Elena, quien tenía una adicción a la cocaína y empezó a asistir a las reuniones de Narcóticos porque Joe, su esposo, la amenazó con dejarla. "Pensé que era la única forma de salvar mi matrimonio. Si dejaba de consumir, Joe no se iría. Era lo único que me importaba. Fui solo para evitar que me dejara. Nunca se me ocurrió que yo era impotente ante la cocaína o que realmente tenía un problema".

Muchas de nosotras iniciamos la recuperación sin la conciencia de nuestras necesidades interiores y sin la sensación de ser impotentes. Podríamos tardar un poco en creer que tenemos una adicción o en admitir que nuestra bebida o el consumo de otras drogas nos causa infelicidad y conflicto.

El primer paso de la recuperación es ver nuestro interior. Al mirar hacia adentro empezamos a ser más auténticas con nosotras mismas. La honestidad es esencial porque nuestras adicciones se alimentan de la *des*honestidad: nos hemos acostumbrado a escondernos de nuestros verdaderos sentimientos y valores.

La mayoría de nosotras inicia la recuperación sin un sentido claro de nuestra vida interior o nuestros sentimientos. Era exactamente lo que pasaba conmigo. Estaba tan preocupada por las apariencias externas que raramente me detenía a ponerles atención a mis sentimientos reales: ¿quién era *yo*?, ¿qué sentía, quería y necesitaba realmente *yo*? Como sucede con muchas otras mujeres, me había adormecido ante mis sentimientos. A medida que me volví más consciente en la sobriedad, me di cuenta de que el alcohol me había ayudado a evitar mi ansiedad y miedo. Mantenía cerrada la puerta de mi yo interior.

Cuando consumimos drogas, perdemos el contacto con nuestro yo interior. Aunque nuestros valores nos insten a ser responsables, creativas, gentiles y abiertas, nuestras vidas están llenas de deshonestidad, rigidez, miedo y desconfianza. Esta separación entre nuestros valores interiores y nuestra vida exterior causa un dolor profundo.

Por muy difícil que sea, necesitamos permitirnos admitir nuestra impotencia y sentir nuestra incomodidad. De esta forma es como detendremos el ciclo de la bebida y el consumo de drogas y le abriremos la puerta a nuestro yo interior.

Capas de negación

Cuando negamos que algo existe, no podemos cambiarlo. Si negamos un problema, seguirá siendo un problema. Si insistimos en que no estamos lastimadas, solas y asustadas, no habrá oportunidad de aprender a sentirnos mejor. Solo cuando nos decimos la verdad (y nos arriesgamos a vernos tal y como estamos ahora) podemos empezar a cambiar.

Concientizarnos de nuestra relación real con una droga o una compulsión nos permite superar nuestra negación. Con frecuencia nos mantenemos en negación porque no queremos experimentar todos nuestros sentimientos o enfrentar la dolorosa verdad sobre nosotras mismas. Nuestra negación también nos protege del miedo de enfrentar lo que significa ser adictas y de la necesidad de renunciar a nuestras formas usuales de lidiar con el mundo.

Además de nuestros propios intentos de negar la verdad de nuestras adicciones, las personas que nos rodean nos presionan para que neguemos nuestras adicciones. A veces parece que nuestra cultura motiva a nuestras comunidades y familias a pretender que las mujeres no desarrollamos adicciones. Por eso, a menudo sentimos que no nos toman en serio cuando tratamos de obtener ayuda. No siempre la gente está dispuesta a escucharnos porque no es agradable enfrentar un problema como este abiertamente. Para muchas de nosotras, la bebida o el consumo de drogas es subestimado, ignorado o minimizado. Esta negación cultural puede extenderse a nuestras familias, que se unen a la sociedad para mirar hacia otro lado.

Shannon tenía lagunas mentales por la bebida desde que tenía trece años. Su hermano con frecuencia la encubría e incluso distraía a sus padres con su propia conducta adictiva. Los padres de Shannon no podían ver las señales obvias de su alcoholismo.

Para deleite de Shannon, los adultos le compraban licor, los cantineros no le pedían la ID y los oficiales de policía la libraban; incluso una vez la llevaron a su casa en vez de arrestarla después de haberla parado en la carretera por conducir ebria.

Shannon, que ahora tiene veintipocos años y lleva dos años sobria, cree que nadie reconoció su problema porque era una joven atractiva. "Yo podía armar un escándalo y hacer que todo se viera bien porque nadie creía que yo hacía las cosas que hacía", comenta. Su alcoholismo era invisible para todos, por lo que fue difícil que Shannon viera la gravedad de su condición. La negación de las personas a su alrededor reforzaba su propia negación.

Cuando nos atrevemos a admitir abiertamente que tenemos un problema con el alcohol u otras drogas, nos volvemos vulnerables a las críticas y el rechazo, lo que agrega otra presión para mantenernos en negación. La triste verdad es que nuestra sociedad juzga a las mujeres con adicciones de forma más severa que a los hombres en la misma situación. Ser ebrio o adicto ya es lo suficientemente malo; ser una mujer ebria o adicta es doblemente vergonzoso. Las mujeres con adicciones solemos enfrentar el estereotipo de que somos promiscuas, descuidadas e inmorales. Si tenemos hijos y la bebida o las drogas interfieren con nuestra capacidad de cuidarlos, es común que los demás nos avergüencen más.

Se requiere mucho valor para ser honestas con nosotras mismas. Las capas de la negación cultural aumentan nuestra propia negación personal y nos resulta más difícil reconocer y admitir que tenemos un problema. Podemos estar reacias a nombrar nuestra adicción o a admitir que somos impotentes o no tenemos control. Podría parecer que estamos confesando que hemos hecho algo malo. No queremos abrir la puerta a nuestro yo interior si ese yo parece "malo" u "odioso". Por eso, en vez de "admitir", muchas de nosotras preferimos pensar en "aceptar" o "reconocer" nuestros patrones adictivos.

La única salida

Los mensajes culturales sobre lo que significa ser mujer pueden fortalecer nuestra negación. A menudo se espera que concentremos nuestra atención en cuidar a los demás, no en cuidarnos a nosotras, al autoconocimiento o a nuestra propia experiencia interior. Podríamos creer que es egoísta concentrarnos en nosotras mismas. Podríamos sentir que estamos exigiendo mucho cuando pedimos lo que necesitamos, establecemos límites o decimos no. Si nos salimos de los roles que se esperan de nosotras, nos arriesgamos a que nos digan que no damos lo suficiente o no cumplimos con nuestro rol "femenino". Todas estas presiones para ser abnegadas pueden dificultar que miremos en nuestro interior y veamos nuestras propias necesidades. Esto nos mantiene en negación.

Si una mujer se siente desdichada en una relación con un hombre, podría decirse: "Bueno, no soy muy feliz pero él realmente hace lo mejor que puede y necesita mi apoyo, así que yo no debería quejarme". Al creer que es egoísta pensar en lo que *nosotras* queremos o al creer que no merecemos nada mejor, muchas de nosotras aliviamos el dolor consumiendo alcohol u otras drogas. No solo negamos nuestros sentimientos, sino también negamos que somos adictas.

Con el trabajo del Paso Uno, puedes empezar a permitir que afloren tus propios sentimientos. Considera intentar algo nuevo. Apenas durante algunos minutos, ignora las voces que te dicen que eres egoísta y exigente por querer algo mejor para ti. Trata de ignorar la posibilidad de que alguien pueda tratarte como si fueras invisible, como si no importaras o como si fueras algo vergonzoso. En vez de ello, imagina que has abierto la puerta que tenías cerrada con tu negación y ahora estás del otro lado. Imagina que estás en un lugar interior tranquilo y silencioso. Imagina que una voz serena te dice que mereces que te tomen en serio y te acepten sin juzgarte. Imagina que tienes el derecho de pedir y recibir ayuda... y que esa ayuda llega.

En este lugar interior puedes empezar a confiar (o, por ahora, *actuar como si* confiaras) en tu yo interno. Muy pronto, podrías descubrir que necesitas menos negación para protegerte. Eventualmente, te sentirás cómoda con lo que descubras y aumentará tu esperanza sobre tu vida.

¿La vida es ingobernable?

El Paso Uno nos pide que primero obtengamos una mejor comprensión de la impotencia. Luego, nos pide que reconozcamos que nuestra vida es ingobernable. Muchas mujeres escuchan la palabra *ingobernable* e inmediatamente dicen: "¡Sí, así es mi vida!" Otras no están tan seguras de ello.

Decidir si la vida es ingobernable o no puede ser difícil para algunas de nosotras, porque, por lo general, las mujeres manejamos docenas de detalles en el día a día y asumimos la responsabilidad de las necesidades de los demás. En la superficie, podría parecer que estamos "gobernando" las cosas razonablemente bien. Parece que todo funciona a la perfección, siempre y cuando no nos preguntemos cómo nos sentimos y qué necesitamos en realidad.

Mantener la ilusión de una vida gobernable nos impide buscar la ayuda que necesitamos. ¿Cómo podemos tener un problema si aún llevamos a los niños a la escuela a tiempo, equilibramos las cuentas, hacemos las tareas domésticas y vamos a trabajar todos los días? ¿Cómo la vida podría ser ingobernable si parece tan organizada?

Nuestra apariencia de control y orden pueden esconder un miedo y falta de autoestima subyacentes que nos llevan a hacer que, por fuera, todo parezca lo más perfecto posible. En realidad, podríamos estar tratando de mantener el máximo control que podemos (aunque sea *micro*gobernando la vida de quienes nos rodean), de modo que podamos evitar los sentimientos de vacío, inutilidad, ansiedad e incluso pánico.

En la recuperación, aprendemos a poner menos energía para controlar a otras personas y otros eventos, e invertimos más energía en cuidarnos a nosotras. Empezamos a ver que no es nuestro trabajo "gobernar" todo lo que nos rodea. En realidad, *sí tenemos* un trabajo que hacer: asumir la responsabilidad de nuestro propio bienestar. Cuando lo hagamos, tendremos más energía para expresarnos de forma creativa y exitosa.

Para algunas de nosotras, no hay duda de que nuestra vida es ingobernable; no necesitamos que nos convenzan de que no tenemos el control. Muchas de nosotras hemos perdido a nuestros cónyuges, hijos, empleos y reputación como consecuencia de la bebida o el consumo de drogas. Nos hemos avergonzado en público, hemos destruido autos, nos han hospitalizado, hemos estado en prisión. La ingobernabilidad y la impotencia que crea, podrían ser demasiado conocidas para muchas de nosotras.

Para Ruth, no había nada que discutir sobre la ingobernabilidad. Actual ministra en recuperación del alcoholismo, la bulimia y la adicción a la nicotina, Ruth llegó a A.A. a la edad de cuarenta años, después de humillarse sola. Quedó inconsciente en el suelo, en una fiesta que hacían en su honor. Sus invitados tuvieron que pasarle por encima al salir. Fue la última de una larga serie de manifestaciones públicas (cada vez peores) de su bebida.

El reconocimiento de Ruth de la impotencia y la ingobernabilidad es definitivo. "Nada podría haber sido más ingobernable que lo que pasó en la fiesta", afirma. "Fue un símbolo de la ingobernabilidad. Realmente me sentí impotente;

fue demasiado obvio que no tenía control de mi conducta".

Como Ruth y otras, muchas de nosotras conectamos directamente la ingobernabilidad con la falta de poder y control. Vivian, que logró la sobriedad siendo madre soltera de dos niños pequeños, escuchó a una mujer leer el Paso Uno en su primera reunión de A.A. Cuando la mujer pronunció la palabra *ingobernable*, Vivian supo que estaba en el lugar correcto. "Reconocí lo que significaba la ingobernabilidad de inmediato", comenta. "Sabía que era completamente incapaz de dejar la bebida".

Cuando Vivian se despertaba todas las mañanas, empezaba el día diciéndose que no iba a beber. Pero, pronto, empezaba a pensar en el alcohol y se dirigía a la alacena. "Y eso era todo", agrega Vivian. "Bebía hasta perder el conocimiento".

Para Vivian, estaba claro que no podía gobernar su conducta, mucho menos cualquier otra cosa. En una reunión, escuchó a alguien decir: "Si contrataras a alguien como tú para gobernar tu vida, ¿seguirías pagándole?". En otras palabras, ¿estás haciendo un trabajo satisfactorio o incluso pasable al gobernar tu propia vida? Vivian concluyó que se despediría de inmediato. Estaba tan afectada por el alcoholismo que no podía cuidarse a sí misma ni a sus hijos. Se dio cuenta de que su vida realmente era ingobernable.

Essie está feliz de que las recaídas sean parte de su historia porque "han logrado que me rinda". Comenta: "siempre que mi vida parece ingobernable, me gusta regresar al Paso Uno y simplemente rendirme". En vez de pasar por el Paso Uno y no mirar atrás, Essie ha usado el concepto de la impotencia sobre sus adicciones como punto de partida al que puede regresar cuando lo necesita.

Verse bien por fuera

La ingobernabilidad puede ser más difícil de aceptar cuando nuestra vida se ve bien por fuera, en especial si podemos comparar nuestras circunstancias con las de alguien cuya vida parece peor. Katy, que tiene trastornos de consumo compulsivo de alcohol y comida, no podía identificarse con la ingobernabilidad, en parte porque había logrado muchas de sus metas, pero también porque estaba rodeada de alcohólicos y adictos a la heroína que tenían problemas más graves. Comparada a la vida de sus compañeros, su vida parecía gobernable.

Aun así, no le costó admitir la impotencia. Durante seis meses antes de empezar la recuperación, Katy enfrentó una lucha diaria con la comida. Se daba atracones y lloraba todos los días, asumiendo firmemente por la mañana que no lo haría y comiendo sin parar a las tres de la tarde. Sabía que era impotente; que no podía parar.

"Pero ver mi vida como algo ingobernable fue muy difícil porque, de muchas formas, yo era exitosa en el mundo", recuerda. "Siempre he sido triunfadora; inteligente y capaz de lograr que las cosas funcionen. Así que sentía que me iba muy bien".

Aunque para algunas de nosotras las apariencias externas pueden ocultar un torbellino bajo la superficie, puede llegar el momento en que reconocemos que nuestra imagen pública está a punto de colapsar. Shannon aceptó la ingobernabilidad aunque su vida externa parecía funcionar bien. Lo tenía todo: un apartamento lindo, un empleo y amigos. Pero, en secreto, sabía que todo pendía de un hilo muy delgado y que su vida emocional era ingobernable.

"Tenía pensamientos suicidas. Sabía que era una cuestión de tiempo y circunstancias para que todo se empezara a desmoronar", comenta. "Cuando asistí a una reunión y escuché este Paso, algo dentro de mí entendió qué significaba. Realmente no quería admitirlo, pero sabía que mi situación era muy seria. La ingobernabilidad resonó conmigo. Pensé: *¿Cómo es posible que esta gente lo sepa?* Fue un alivio".

Una nueva forma de poder

A pesar de nuestra historia de influencia social y política limitada, las mujeres hemos tenido un enorme poder personal y psicológico. A menudo, lo hacemos apoyando el crecimiento y los talentos de los demás. Lamentablemente, este poder solidario y cooperativo suele darse por sentado y se valora poco en nuestra cultura.

Hay un lugar especial donde este tipo de poder se valora y honra: en los programas de recuperación de los Doce Pasos. Los Doce Pasos de la recuperación dependen de que la gente se apoye mutuamente. Este es un tipo de poder diferente. Es un ejemplo de la mejor forma de poder cooperativo.

Los Doce Pasos enfatizan un poder cooperativo que podría no ser obvio al principio porque las publicaciones originales de A.A. contienen muchas referencias a un tipo de poder muy diferente; un estilo al que se le llama el "poder sobre". El poder sobre tiene que ver con ganar y perder, con el control y el dominio. Muchas mujeres no se identifican muy bien con este tipo de poder. En todo caso, sabemos lo que es estar del lado opuesto, es decir, ser dominadas por otra persona.

Con frecuencia se escuchan en las reuniones de A.A. las referencias al "poder sobre". La gente habla de la "derrota completa", "la debilidad devastadora" y el "combate solitario" en su descripción de la batalla entre quien bebe y la bebida: "El alcohol, ahora convertido en nuestro acreedor más despiadado, nos despoja de toda confianza en nosotros mismos y toda voluntad para resistirnos a sus exigencias"[1]. En otras palabras, el alcohol gana y la persona con alcoholismo pierde.

En vez de experimentar el poder como una batalla, el poder cooperativo usa la idea del "poder con" o el "poder *para*". A diferencia de la lucha que involucra el "poder *sobre*", la idea es compartir el poder para que podamos aumentarlo.

A lo largo de los Doce Pasos, hay muchas referencias al poder de trabajar con otras personas para sanar y prosperar de una forma que no podríamos lograr en aislamiento. Este es el "poder con" o "poder para" en acción. Se trata de una experiencia compartida, una situación donde todos ganan.

Todas estas ideas sobre el poder pueden ayudarte a empezar a explorar lo que significa para ti el poder.

- *¿Dónde tienes poder en tu vida?*

- *¿De dónde viene ese poder?*

- *¿Dónde tienes la capacidad de unirte a otras personas y crear una experiencia compartida del poder?*

- *¿Dónde tienes el poder de hacer mejores elecciones para ti?*

En la recuperación, desarrollamos el poder de la elección. Cuando estamos luchando contra una adicción, nuestras elecciones son muy limitadas. La sensación es que la adicción decide qué haremos y adónde iremos y cómo actuaremos. No obstante, al dar el Primer Paso, recuperamos el poder de decidir por nosotras mismas. Podemos elegir si queremos seguir tratando de controlar las cosas que no podemos controlar, como nuestro ciclo adictivo, o de controlar las cosas que podemos, como nuestra participación en la recuperación. Al admitir nuestra falta de control sobre nuestras adicciones, nos empoderamos para experimentar una forma de vida completamente nueva.

Deja que la impotencia sea tu socia y te guíe a una nueva experiencia del poder. La conciencia de ingobernabilidad en tu vida es una señal de que estás en la ruta de la recuperación. El cambio es posible; *hay solución.*

• • •

Paso Dos

Llegamos a creer que un Poder superior
a nosotros mismos podría devolvernos el sano juicio.

¿En qué podemos creer? ¿En quién podemos confiar?

Al inicio de nuestra jornada por los Doce Pasos, la mayoría de nosotras está dolorosamente consciente de nuestra falta de confianza. A menudo sospechamos de las otras personas, o de la vida en general. La vida podría parecer dolorosamente injusta e imprevisible. ¿Por qué nos pasan cosas malas? ¿Por qué parece que nada nos sale bien? Cuando estamos atrapadas en una conducta adictiva, la vida presenta una decepción tras otra. No es de extrañar que nos sintamos a la defensiva, temerosas, molestas o deprimidas... incluso un poco locas.

La mayoría de nosotras iniciamos nuestro programa de recuperación sintiéndonos muy autoprotectoras. Cuando otra gente nos ha traicionado o sentimos que la vida nos ha engañado, queremos defendernos de más daños. No obstante, este deseo de protegernos se basa en la ilusión del control, la misma ilusión que impulsó nuestras adicciones, y el resultado es una sensación cada vez más profunda de aislamiento. El problema es que *la vida se vuelve más difícil y más vacía sin alguien o algo en quien confiar y en qué creer.*

Nadie quiere vivir con miedo y desconfianza, pero puede

parecer que no hay otra opción. ¿Cómo puedes bajar la guardia cuando estás segura de que te volverán a lastimar? ¿Cómo puedes empezar a creer en un Poder edificante superior a ti? ¿O en una fuerza vital buena?

Pero, ¿qué pasaría si pudieras confiar en que la vida te respalde? ¿Qué pasaría si pudieras entregarle tus preocupaciones a un Poder Superior? ¿La vida no sería mejor si no tuvieras que luchar por tu cuenta?

Este valor y respaldo es exactamente lo que ofrece el Paso Dos: confianza y esperanza de que hay ayuda disponible. "Llegar a creer" significa hacer a un lado nuestra ilusión del control. Cuando hacemos esto, abrimos un espacio en nuestra vida que permite que entre una presencia orientadora, más poderosa que nosotras. Cuando llegamos a creer en "un Poder superior a nosotras", nos damos cuenta de que no estamos solas. No tenemos que hacerlo todo solas. Podemos dejar de intentar controlar. Cuando empezamos a confiar, nos sentimos más leves y más a gusto.

Encontrar algo en qué creer

Creer en algo no ocurre de la noche a la mañana. Podríamos tardar mucho tiempo en descubrir, poco a poco, nuestros valores y creencias personales. Una buena forma de empezar el proceso de los Doce Pasos es saber qué creemos sobre *cualquier cosa* porque, como mujeres, a veces aprendemos a renunciar a nuestro conocimiento interior para adecuarnos a las expectativas de los demás y obtener aceptación. Es muy frecuente que sacrifiquemos algunas de nuestras creencias más importantes por el bien de las relaciones; por ejemplo, algunas renunciamos a nuestras tradiciones religiosas cuando nos casamos. Pero renunciar a nuestros valores y creencias puede ser algo que también hacemos de muchas otras formas: podría significar que no actuamos según lo que nos dice nuestra sabiduría interna que es lo correcto.

Natalie, en recuperación del alcoholismo, se encontró en esta situación. "El hombre con el que he estado saliendo me propuso matrimonio", comenta Natalie, "y yo quiero desesperadamente tener una relación. Pero él quiere que me convierta a su fe y pase un año con su maestro religioso. Yo tengo miedo de que me deje si le digo que no. Algo me dice que este no es mi camino espiritual y empiezo a sentirme incómoda... Como si él me presionara".

En otra situación, una mujer dejó de apoyar causas sociales liberales cuando empezó a interactuar con amigos políticamente conservadores. Era desconcertante: ¿ella se había vuelto más conservadora? o ¿no era capaz de conciliar sus creencias liberales con su deseo de mantener estas nuevas relaciones? ¿En qué creía realmente?

Al igual que estas dos mujeres, podríamos perder el contacto con la forma en que realmente nos sentimos sobre muchas cosas cuando tememos que nos abandonen. Cada vez nos alejamos más de nuestras creencias reales cuando tratamos de agradar a otras personas o evitar su rechazo. En la recuperación, aprendemos a escuchar nuestra sabiduría interior y a reencontrarnos con lo que sabemos que es correcto y verdadero para nosotras.

A veces rápido, a veces lento

El "Poder superior" siempre está allí para nosotras. Llegamos a creer y a conectarnos con un Poder Superior a nuestro tiempo y a nuestra manera: a veces rápido, a veces lento.

Haz a un lado lo que alguien de tu familia, vida amorosa o comunidad podría pensar.

- *¿Cómo te sientes con la idea de un Poder superior a ti?*

- *¿Te sientes reconfortada por esta idea? ¿Atemorizada? ¿Amenazada? ¿Furiosa?*

- *¿Tiene sentido para ti o te suena un poco anticuado, tal vez como "la escuelita dominical" de la iglesia?*

- *¿En qué crees?*

No eres la única si te sientes escéptica con respecto a una fuerza universal o un espíritu guía. Esa también era mi actitud cuando empecé mi recuperación. ¿Cómo puede el mundo ser tan violento y atemorizante si existe una inteligencia que lo guía? Simplemente no tenía lógica. Yo no creía en la existencia de un Dios: no había un Poder superior a mí. A Dios lo debe haber inventado alguien completamente diferente de mí y este "invento" no cabía en mi vida.

Así como otras personas en recuperación, eventualmente llegué a creer en mi propio Poder Superior. Vi este poder trabajar en la vida de otra gente antes de empezar a creerlo para mí. Lo vi más claramente en mi madrina, una mujer con una serenidad interior que admiraba. Cuando me dijo que su serenidad provenía de su creencia en un Poder Superior, sabía que quería encontrar el mío.

Mi fe también creció a partir de la experiencia de los cambios milagrosos en mi propia vida. Sin quererlo conscientemente, mis relaciones empezaron a mejorar, mi actitud se volvió más positiva y mi "mala suerte" empezó a cambiar. ¿Cómo ocurrieron estos cambios? Poco a poco fui creyendo que existía *una fuerza vital con la que podía aprender a cooperar* y que tenía que ver con todo este cambio saludable.

Cuando necesitamos una señal de que existe un poder transformador, podemos escuchar las historias que otras mujeres cuentan en las reuniones de los Doce Pasos. En sus relatos, podemos escuchar cómo descubrieron la fortaleza y los recursos para sobrevivir a lo que tuvieron que enfrentar e incluso empezar una nueva vida. Podemos aprender que sus vidas, así como las nuestras, se vieron interrumpidas o casi destruidas por sus adicciones... Y, aun así, en su recuperación han encontrado *una gracia que las guía*.

¿Cómo recibimos esta gracia? Simplemente creemos. Y, asumiendo que logremos creer, ya sea de forma rápida o lenta, exactamente ¿en qué o en quién creemos? ¿Dónde depositamos nuestra confianza? ¿Qué significa exactamente un "Poder superior a nosotras"?

Crear una imagen personal de Dios

"Un Poder superior a nosotras" podría ser una idea familiar porque muchas de nosotras estamos acostumbradas a pensar que el poder es algo externo. A menudo buscamos en el mundo exterior (y a menudo en los hombres) la protección y la seguridad. Incluso si no dependemos de un hombre en particular, solemos guiarnos por instituciones basadas en las formas masculinas de ver y experimentar el mundo.

Esta dependencia de la orientación externa, masculina, podría ser particularmente fuerte para quienes hemos sido criadas con las enseñanzas cristianas, islámicas o judías tradicionales. Al empezar a considerar nuestras imágenes de un Poder superior a nosotras, podríamos preguntar:

- *Si interpreto este poder como un Dios masculino, paternal, que recompensa y castiga, ¿cómo afectará eso mi sentido de poder personal?*

- *¿Cómo puedo, como mujer, conectarme con esta imagen?*

A Raquelle, al principio le resultó muy difícil el Paso Dos porque le sonaba a "demagogia bíblica". Eventualmente, comentó que un terapeuta le había dicho que no necesitaba llamar a su Poder Superior "Dios"; podía llamarlo de la forma que quisiera. Escuchar esto la ayudó a ver la posibilidad de abrirse a un Poder superior a ella. Ahora, piensa en su padre, que falleció cuando ella era una niña muy pequeña, como el Poder Superior que le ofrece lecciones y orientación.

El Dios tradicional de los judíos, los cristianos y los musulmanes es apenas una imagen de este Poder superior a nosotras. Hay muchas otras. Algunas mujeres se sienten más a gusto usando imágenes femeninas, neutras o personales. Esta práctica (la creación de nuestro propio concepto de un espíritu guía) es exactamente lo que los fundadores de A.A. querían que hiciéramos. De hecho, *Alcohólicos Anónimos,* comúnmente conocido como el Libro Grande, nos motiva a crear nuestra propia interpretación individual de este poder.

El Libro Grande sugiere que elijamos nuestro "propio concepto de Dios"[1], lo que vuelve la base espiritual del programa accesible a la gente que podría temer que A.A. sea en realidad una iglesia o un grupo religioso. Definitivamente no lo es.

El Libro Grande ofrece muchos conceptos alternativos de un Poder Superior (la Gran Realidad, la Inteligencia Creativa, el Espíritu del Universo[2]) pero, con frecuencia, refleja una visión tradicional de la espiritualidad. Podemos ver referencias a Dios como "Él", un poder superior que todo lo sabe. Leemos que "Él" es el "Padre" y nosotras somos sus hijas.

Las imágenes y el lenguaje masculino podrían ser confusos y enajenantes para algunas mujeres cuya experiencia de Dios, Alá, el Padre, la iglesia o la mezquita o el templo, o la propia religión no fueron fuente de afirmación o apoyo. Por eso, algunas mujeres rechazan el concepto de Dios en general.

En una interpretación tradicional de los Pasos, este rechazo podría considerarse una rebeldía peligrosa que conduce a la bebida o el consumo de drogas. Las publicaciones de A.A. advierten sobre el alcohólico "beligerante" que no cree en Dios: "Su estado de ánimo solo puede describirse como salvaje"[3].

Pero, para algunas de nosotras, podría tener un valor real rechazar la idea de Dios tal y como lo hemos entendido antes. Este puede ser un acto de afirmación vital si nuestro concepto de Dios es opresivo y punitivo. Al permanecer fieles a lo que nos parece correcto, podríamos tener más éxito en la recuperación si olvidamos nuestra antigua idea de Dios por completo.

Shirley, por ejemplo, se dio cuenta de que asociaba a Dios con su padre, quien siempre la golpeaba cuando era niña. Pero temía renunciar al concepto tradicional de Dios debido a la presión de su comunidad. "Dios es lo que nos dio los derechos civiles", comenta. "En mi tierra, no te atreves a decir que no crees en Dios. Es lo más bajo e inaudito que puedes pensar". Shirley decidió no renunciar a la idea por completo, sino creó una nueva comprensión e imagen de Dios que funcionaba para ella: una presencia amorosa y segura.

Masculino, Femenino, Ambos, Ninguno o... ¿Más?

La sugerencia del Libro Grande de que elijamos nuestra propia idea de Dios honra nuestra experiencia. Podemos ir más allá de las imágenes que solemos escuchar en las reuniones de los Doce Pasos y crear imágenes sanadoras y validadoras para nosotras mismas (dejando atrás el Dios de nuestros padres), si eso ayuda. No hay nada malo con la imagen masculina tradicional de Dios, *siempre y cuando sea compasiva.*

Lavonne, que era adicta al crack y se puso en recuperación cuando enfrentó una abstinencia forzada estando en prisión, tiene una imagen muy positiva de un Dios masculino. Después de muchos años como musulmana, Lavonne se había vuelto cristiana en la prisión. Su fe está estrechamente relacionada con su programa de recuperación. "Los Doce Pasos me ayudan a llevar una vida cristiana", comenta. "Me muestran cómo dejar que Dios haga lo que necesita hacer en mí".

Lavonne experimenta a Jesús como el primer hombre que

la ha amado incondicionalmente. "Yo quería una relación con un Poder Superior que percibía como masculino, saludable y amoroso", recuerda. "Y no tuve que hacer nada para que Él me amara; no tuve que planchar sus camisas, prepararle el desayuno o dejarlo que se quedara a pasar la noche. Entré a esta relación sabiendo que Él me amaba desde antes".

Si un Poder Superior masculino no te brinda el mismo consuelo, permítete pensar en una imagen femenina o neutra, si esa tiene más significado para ti. ¿Cuál imagen es la correcta para ti? Puedes empezar con una idea y cambiarla después si quieres.

Algunas mujeres le rezan a una Deidad Madre, a un Dios que es Madre y Padre a la vez, o a la Diosa. Otras visualizan imágenes personales para representar la espiritualidad, a veces incluyendo animales o elementos de la naturaleza (viento, agua, flores, tierra). Y otras se sienten más a gusto pensando en su Poder Superior como la Madre Naturaleza, una Luz Interior o una Fuerza Vital. Al pensar en la naturaleza de tu Poder Superior, también podrías querer preguntar si es "superior" del todo.

- *¿Dónde existe el poder para ti?*
- *¿Dentro o fuera?*
- *¿En ningún lugar o en ambos?*

Tal vez creas en un Poder en tu interior que es superior a tu identidad externa. Tu Yo profundo interior es el que es superior a quien pareces en la superficie.

Maureen, quien sufría de alucinaciones antes de buscar

ayuda para su alcoholismo, confía en "una guía interna y una sabiduría interior". Cuando la llevaron a su primera reunión de los Doce Pasos, una amiga le advirtió antes sobre el "fundamentalismo", es decir, sobre la conversación sobre el Dios tradicional que, sin duda, Maureen escucharía. Pero eso no asustó a Maureen. Estaba completa y definitivamente dispuesta a buscar la sobriedad.

Cuando escuchó el Paso Dos, de inmediato buscó el poder *dentro* de ella. Sabía que era importante buscar el "ser superior" internamente.

"Desarrollar un sentido del yo es esencial para mi bienestar", afirma. "Hay un poder en mí que es superior al yo pequeño al que estaba acostumbrada; es superior a la forma en que me habían entrenado a pensar en quien soy. Es mi yo-alma. Al cooperar con ella, me rindo a una parte de mí que conlleva sabiduría y verdad. Me devuelve a la armonía y al equilibrio... esa es la espiritualidad para mí".

El poder del grupo

Otra forma en la que podemos creer en un espíritu de sanación es pensarlo como el poder del grupo. Esta idea también proviene de las publicaciones originales de A.A.: "Si quieres, puedes hacer de A.A. Tu 'poder superior'. Aquí tienes un grupo grande de gente que ha resuelto su problema con el alcohol. En este sentido, constituye sin duda un poder superior a ti... Seguro que puedes tener fe en estas personas"[4].

Al mirar a tu alrededor y ver a otros que tienen lo que tú quieres (sobriedad, esperanza, serenidad), puedes confiar en que hay un espíritu que trabaja dentro del grupo y hace posible la recuperación. Puedes empezar a depender de algo o de alguien más allá de ti misma y de tu adicción.

La experiencia de Ruth de un poder Superior proviene de su sensación de estar conectada con los demás, de ser parte de un grupo. En su recuperación, reconoció que los Pasos enfatizan el sentido de *nosotros*, por ejemplo, al afirmar "Admitimos que éramos impotentes...".

"Dios no es una divinidad abstracta o un Dios más alto que encuentro sola", explica Ruth. "Para experimentar a Dios, tengo que tener a otra gente en mi vida. Para mí, Dios está inmerso y lo generamos todos nosotros". Su Poder Superior es la energía, el espíritu, que trabaja a través de sus relaciones con otra gente. No es algo que se le entrega desde arriba.

"Realmente es *nuestro* poder... no es mío, ni tuyo, ni suyo, sino *nuestro*", agrega. "Solo es poder porque es compartido. Si no se compartiera, no existiría. Está en medio de nosotros, llamándonos a ser nuestra mejor versión".

Podríamos creer en un poder que es algo superior que nuestro ser separado, algo en lo que podemos *participar*. Podemos experimentar este poder al establecer relaciones con otra gente. Es mediante este tipo de conexión que las mujeres suelen encontrar la plenitud. De forma fundamental, las mujeres a menudo desarrollan su sentido de sí mismas en relación con los demás, estableciendo relaciones y buscando conexiones con otras personas.

En nuestra cultura, la conexión que las mujeres buscan es malentendida. Debido a que nuestra sociedad valora la autosuficiencia y la competencia, la dependencia y la interdependencia a menudo se ven de manera negativa. Se hace una mínima distinción entre la dependencia destructiva (como la que generamos al alcohol, las drogas o las relaciones agresivas) y los patrones saludables y creativos de la dependencia y la interdependencia.

Todos los seres humanos dependemos de los demás, pero es la forma en que ponemos en práctica nuestra necesidad de otros seres humanos lo que hace la diferencia. Se trata de un impulso positivo por *inter*depender, interactuar en cooperación y mutuamente con otras personas y nuestro entorno. Si no encontramos nuestra interdependencia respaldada en otro lugar de nuestra vida, la encontraremos honrada en la recuperación.

La recuperación es un proceso comunitario basado en la misma conexión y el apoyo mutuo que varias generaciones de mujeres conocen muy bien. Durante siglos, nos hemos apoyado las unas a las otras al reunirnos en grupos, compartir información y recursos. Nos hemos juntado para lavar la ropa, coser colchas, compartir historias al calor de un café, criar a los niños, jugar a las cartas, generar conciencia, intercambiar contactos de negocios. Debido a que muchas tradiciones culturales se centran en las mujeres reunidas en grupos, a menudo nos sentimos en casa en una reunión de recuperación.

Sin embargo, no todas nos sentimos de inmediato en casa en un entorno grupal. Sherie me contó que ella no estaba segura de sentirse bien en grupos porque es una mujer transgénero y con frecuencia ha experimentado hostilidad y prejuicios. "Soy ingeniera, científica", comenta. "Probé experimentos para mantenerme sobria por mi cuenta durante dos años. Probé una y otra vez y descubrí que, si trataba de mantenerme sobria sola, no funcionaba de ninguna forma". Así, aunque estaba preocupada, Sherie se comprometió a ir a las reuniones para mantenerse sobria. Para su sorpresa, la gente fue extremadamente acogedora y solidaria con ella durante y después de su transición. "Jamás me imaginé la aceptación que recibí", comenta.

En los programas de los Doce Pasos, salimos del aislamiento y nos reunimos para apoyarnos mutuamente. Para muchas de nosotras, esta podría ser una experiencia de gracia. Si necesitamos una señal de un Poder Superior, podríamos encontrarla en el apoyo que recibimos del grupo.

Recuperar la sensatez

El Paso Dos nos dice que nuestro Poder Superior o espíritu guía nos "devolverá el sano juicio". ¿Qué significa esto? ¿Implica que, de alguna forma, no estamos en nuestros cabales? Para muchas de nosotras, la vida realmente parece demencial. Seguimos repitiendo los patrones autodestructivos de beber o consumir drogas. Realmente queremos devolverle el sano juicio a nuestra vida. Y algunas de nosotras tememos por nuestra sensatez *personal*. Podríamos tener miedo de estar dementes en realidad: ¿qué otra cosa podría explicar nuestra conducta?

Aunque podemos tener diferentes interpretaciones de la insensatez, los Doce Pasos tienen una definición que funciona para mucha gente: *la insensatez es hacer lo mismo una y otra vez y esperar resultados diferentes.*

¿Cómo nos devuelven el sano juicio? Podemos leer el Paso Dos y quedarnos con la idea de que el sano juicio proviene de una fuente externa. El lenguaje de este Paso parece implicar que esperemos pasivamente el sano juicio. Pero, en realidad, creamos nuestra propia sensatez al elegir ser mujeres en recuperación y abrirnos a un Poder Superior.

La seguridad de la "insensatez"

Para algunas de nosotras, es más seguro creer que tenemos algo malo que ser conscientes de la realidad de nuestra vida. Esto es especialmente válido para las mujeres que han sido víctimas de agresión física, emocional y sexual, ya sea cuando eran niñas o siendo adultas. Puede ser más fácil pensar que estamos dementes que reconocer que nos sentimos sin esperanzas en una situación agresiva.

Algunas de nosotras nos repetimos que tal vez estamos siendo demasiado sensibles, dramáticas o exigentes. Podríamos tratar de convencernos de que las cosas no están tan mal o tan fuera de control. Podría ser aterrorizante reconocer la agresión o la disfunción que nos rodea.

Eve viene de un entorno "capaz de volver loco a cualquiera", donde no podía manifestarse o expresar sus sentimientos sin correr el riesgo de que la avergonzaran o castigaran. Creció en una familia que ocultaba sus adicciones y agresión detrás de la fachada de la clase media respetable. Ningún miembro de la familia debía notar que había algo malo.

Eve no podía discordar de la versión de la realidad de su familia sin provocar agresión física o emocional. Así que empezó a negar y dudar de sus propios sentimientos y percepciones porque le dificultaban mucho la sobrevivencia. A los catorce años, se adormecía con alcohol, velocidad, cigarrillos, sexo y marihuana.

"No podía confiar en mi propia intuición", recuerda. "Si entraba a un lugar y sentía hostilidad pero todos fingían ser mis mejores amigos, me sentía un poco chiflada. Empezaba a creer que, en realidad, no había ninguna hostilidad, que me lo estaba inventando. Luego, me cuestionaba qué había de malo conmigo. ¿Me había imaginado la hostilidad?".

Eve aprendió poco a poco que, cuando algo no se siente bien, no significa que haya algo malo con *ella*. No siempre es seguro compartir sus sentimientos en voz alta, pero puede decirse la verdad. "No tengo que creer que estoy loca porque veo cosas que otra gente no quiere ver", agrega.

Aunque nuestras familias no sean obviamente agresoras, podrían hacer que nos cuestionemos nuestro sano juicio. Julia, por ejemplo, ha recibido muy poco apoyo de su familia cínica-aunque-encantadora. La madre de Julia falleció cuando ella tenía nueve años pero no pudo manifestar su luto abiertamente porque no se permitía que nadie de la familia se sintiera triste. Se sintió aislada, su autoestima poco a poco se fue hundiendo y, al final, se sintió deprimida y suicida.

Cuando empezó su recuperación, Julia se odiaba y pensaba que su vida no tenía sentido. "Esa era mi versión de la insensatez", comenta. "Pienso que es el tipo de insensatez que aflige a la mayoría de las mujeres. Y es una distorsión total de la realidad. No creo que haya estado demente pero mi propia imagen estaba distorsionada".

Para Julia, el sano juicio es sinónimo de amor propio y cuidado personal. Después de un par de años de sobriedad, se dio cuenta de que su visión de la realidad era diferente de la de su familia. Julia siempre había sentido que había algo malo con ella porque se tomaba las cosas muy en serio, mientras que para su familia todo era una broma. Cuando entendió que su perspectiva era una *fortaleza,* su amor propio empezó a crecer. "Tal vez nos han hecho sentir que estamos locas, pero podemos entender que no es y no era así", afirma actualmente.

Trauma y salud mental

Cuando la adicción al alcohol o a las drogas está involucrada, a veces es difícil saber si una mujer está luchando con una condición de salud mental subyacente. Es inquietante saber que, históricamente, la mayoría de los pacientes de las instituciones de salud mental han sido mujeres. ¿Tantas mujeres padecen inevitablemente de problemas mentales? ¿O podría haber otras formas de pensar en sus síntomas? Tenemos sistemas de diagnóstico sexistas que diagnostican en exceso a las mujeres, especialmente cuando muestran señales de trauma.

El campo de la salud mental poco a poco está mejorando en su comprensión de las mujeres y el trauma, pero las mujeres con adicciones aún corren el riesgo de recibir un diagnóstico incorrecto. Los síntomas de la adicción entre las mujeres no se reconocen universalmente en la medicina y la psicología, y las mujeres con trastornos de consumo de drogas suelen recibir diagnósticos incorrectos de trastornos de alimentación, trastornos disociativos o trastornos límite de la personalidad, en vez de entenderlas de una forma más holística como sobrevivientes de traumas. Cuando usamos los lentes del *trauma*, podemos empezar a ver y a entender la conducta externa nociva, autodestructiva y adictiva como reacciones comunes a experiencias traumáticas.

Irónicamente, algunas mujeres prefieren un diagnóstico de salud mental. De cierta forma, es más aceptable tener un trastorno de salud mental que cargar con la vergüenza de la adicción. También podemos ocultarnos detrás de la etiqueta de enfermedad mental, mantenernos en negación y evitar el problema de nuestra adicción: ¿por qué dejar de beber y de consumir drogas si ya estamos afectadas mentalmente? Usar el lente del trauma crea un enfoque diferente del tratamiento que apenas considerar otro diagnóstico de salud mental.

Aunque algunas mujeres podrían preferir este diagnóstico, muchas otras tienen un miedo auténtico de que las diagnostiquen con un trastorno de salud mental. Nuestro temor de perder el sano juicio podría ser extremo y grave, en especial al inicio de la recuperación. A Constance, que provenía de una familia con historial de problemas de salud mental, la aterrorizaba la idea de desarrollar una enfermedad de este tipo. Cuando logró la sobriedad, se dio cuenta de que sufría de ataques de ansiedad severos, una revelación que había mantenido oculta mediante el consumo de alcohol y anfetaminas.

"Tuve que enfrentar el hecho de que soy una persona tímida y socialmente ansiosa", recuerda. "Durante el primer año y medio de mi sobriedad pensaba que me iba a volver loca porque me ahogaba la ansiedad". Durante esos primeros dieciocho meses, Constance estaba tan angustiada que no lograba dormir en una cama. Tenía que envolverse en un edredón, sentarse en un sofá y mecerse sola.

Para superar este periodo difícil, Constance se apoyó en lo que aprendió del Paso Dos: que había un poder capaz de devolverle el sano juicio. Para ella, esto significaba que podía confiar en algo más que en sí misma para salir adelante. El Paso Dos le recordó que no estaba sola. Empezó a tener la esperanza de mejorar.

"A veces me repetía el Paso Dos mil veces al día para no desmoronarme y para recordar que tenía ayuda a mi disposición", recuerda Constance. "Cuando empecé mi recuperación, me sentía molesta y cínica, y odiaba a Dios. Pero, de alguna forma, pude sentir esta atmósfera increíble en el lugar donde me estaba recuperando. Fue así como experimenté el Poder superior a mí. Me dio esperanza y, en última instancia, esto me ayudó a superar los peores momentos".

El sentido de pertenencia

Creer en "un Poder superior a nosotras" es un paso significativo para conectarnos con una energía sanadora que ya actúa en el mundo. No obstante, nuestra sanación no ocurre si nos mantenemos pasivas. En vez de ello, nos volvemos receptivas a la idea de la orientación espiritual, independientemente de que provenga de un Poder Superior, el conocimiento interior o de otra forma.

Esta energía sanadora, esta gracia, puede volverse una presencia que te guía en la vida. Después de un tiempo en recuperación, podrías percibir que respondes naturalmente a las situaciones con seguridad y fortaleza, sin ningún esfuerzo consciente de tu parte. Podrías preguntarte en voz alta, "¿Yo hice eso?", al ver cómo te relacionas con el mundo de formas nuevas y más constructivas.

Esta gracia podría sorprenderte. Podrías encontrar un nuevo empleo o un nuevo hogar justo cuando acabas de perder el que tenías. Placeres inesperados y eventos útiles podrían aparecer en tu camino sin que tengas que provocarlos. Tal vez te preguntes: "¿Quién hizo esto?" Quién, de hecho. La gracia es el trabajo de un Poder Superior en tu vida.

Incluso si aún no crees, puedes empezar por estar *dispuesta* a creer en este poder. Si caminas en dirección a la fe, eventualmente la encontrarás.

En nuestras adicciones, estábamos aisladas y solas. Ahora tenemos la oportunidad de experimentar la pertenencia. Pertenecemos a una comunidad de recuperación que comparte el poder de dar y recibir apoyo. También formamos parte de un universo mayor que nos apoya. Con el respaldo de esta base, participamos en el trabajo transformador de nuestra propia recuperación.

. . .

Paso Tres

Decidimos poner nuestras voluntades y nuestras vidas al cuidado de Dios, como nosotros lo concebimos

Cuando admitimos que somos impotentes ante nuestra adicción, aprendemos una verdad importante: hay cosas en nuestra vida que simplemente no podemos controlar. No siempre estuvimos en control de lo que hicimos para satisfacer nuestras ansias de consumir alcohol o de nuestro comportamiento en medio de una borrachera. Ver el poco control que tenemos sobre algunas de nuestras conductas puede ser una experiencia asustadora y de humildad.

Hay muchas cosas más que no podemos controlar. Otras personas siguen haciendo lo que quieren y las situaciones no siempre conspiran a nuestro favor. Esto puede hacer que nos sintamos frustradas, molestas y resentidas.

Podemos tratar de asumir el control de varias formas. Muchas de nosotras usamos el desamparo o la deshonestidad o la culpa para obtener los resultados que queremos. O tratamos de "arreglar" o "resolver" las cosas, incluso si nadie necesita nuestra ayuda. Y, a veces, usamos nuestra sexualidad para obtener poder sobre otras personas, ya sea para castigarlas o recompensarlas. O podríamos tratar de mantener el control al intimidar o amenazar a los demás para que cooperen con nosotras.

Podríamos usar estas tácticas intencionalmente, pero no de forma maliciosa. Cuando queremos controlar o arreglar o influir en una situación, con frecuencia se debe a que estamos asustadas y ansiosas. Podríamos estar tratando de evitar sentirnos completamente impotentes. Es deprimente sentir que siempre tenemos que someternos a las exigencias de otra persona o que la vida nos lleva por caminos que no queremos seguir. El problema es que terminamos atrapadas en la lucha de tratar de controlar las cosas que no podemos.

Es como llevar una carga demasiado pesada. Toda nuestra energía disponible se va en equilibrar el peso para no caernos. Nos tambaleamos bajo el peso y no podemos hacer nada más hasta que no lo soltamos.

El Paso Tres nos dice que podemos liberarnos de esa carga. Cuando la soltamos, algo o alguien más puede asumirla. Ahora podemos ser libres para vivir con una nueva energía creativa.

La sabiduría para reconocer la diferencia

A la mayoría de nosotras nos asusta la idea de soltar. ¿Quién o qué se encargará de nuestra vida si no la asumimos? Erróneamente, podemos creer que somos capaces de evitar más dolor si simplemente nos aferramos a las cosas.

Es fácil pensar de esta forma si estamos convencidas de que somos responsables de todo. Pero, ¿lo somos? El hecho es que *solo podemos ser responsables de nosotras mismas*, de nuestras propias acciones y actitudes. Todo lo demás está más allá de nuestro control. En los grupos de los Doce Pasos escuchamos la Oración de la serenidad:

*Señor, dame serenidad para aceptar
las cosas que no puedo cambiar,
valor para cambiar las cosas que puedo
y sabiduría para reconocer la diferencia.*

No tengo idea de la cantidad de veces que he rezado la Oración de la serenidad en mi recuperación. Con frecuencia la rezo para alejarme de mi situación y ver el panorama general. Haciéndole honor a su nombre, me tranquiliza y me ayuda a recordar que el universo no siempre va a cooperar con mis deseos y planes.

La Oración de la serenidad puede recordarnos buscar la orientación del poder espiritual que descubrimos en el Paso Dos. Luego, en el Paso Tres, decidimos dejar que este espíritu o poder guíe nuestra vida, en vez de tratar de controlarla nosotras. Simplemente decidimos conectarnos con nuestro Poder Superior.

La promesa de alivio

¿Por qué es tan importante renunciar *al control*? Porque no podemos crecer en nuestra recuperación si seguimos tratando de cambiar cosas que están más allá de nuestro poder de cambiar. Nos hundimos bajo el peso de tratar de hacer lo imposible. Esto nos distrae de lo que realmente podemos cambiar.

Con frecuencia, las mujeres dicen que temen que todo se derrumbe si dejan de tratar de controlarlo. Pero, piensa en esto: *podría ser que las cosas tengan que derrumbarse* y que solo nos agotaremos tratando de impedirlo. Cuando nos ponemos en la posición de mantenerlo todo junto, es como tratar de detener una roca que va rodando cuesta abajo.

Por ejemplo, si eres la intermediaria en tu familia, es decir, quien escucha la versión de cada uno en una historia y trata de que todos se lleven bien, tu trabajo nunca terminará porque siempre habrá algún conflicto familiar. Si tu papel es evitar que los conflictos empeoren, siempre estarás mediando y tratando de mantener las emociones de todos bajo control. Nadie, incluyéndote a ti, puede cambiar o crecer en esta situación.

Pero, pregúntate, ¿por qué es tu responsabilidad manejar los sentimientos de los demás? ¿Qué pasaría si te concentraras apenas en tus propias necesidades emocionales? Tal vez tu familia enfrentaría muchas protestas y turbulencia, pero eso ya pasa bajo la superficie. Si dejas de tratar de "arreglar" el problema, podría avanzar en una dirección sorprendente.

Aunque puede sonar aterrador soltar las cosas, también puede ser un alivio y abrir nuevas oportunidades. Sabemos que la vida de las mujeres por lo general está sobrecargada de responsabilidades; millones de nosotras luchamos para pagar las cuentas o tenemos empleos exigentes que nos exigen equilibrar nuestra carrera, familia y vida social. Muchas de nosotras criamos a nuestros hijos solas, cuidamos a nuestros padres ancianos y mantenemos a la familia junta. De hecho, podríamos sentirnos gratas y aliviadas al descubrir que no nos toca a nosotras hacer que todo funcione a la perfección.

A las mujeres nos motivan para que nos preocupemos por las cosas. Se espera que cuidemos de todos los detalles, de modo que quienes nos rodean queden libres para vivir a plenitud.

Nos preocupamos porque los niños lleguen a casa a tiempo, por nuestras relaciones interpersonales y por nuestras finanzas. Nos preocupamos por estar en contacto con los miembros de la familia, por recordar los cumpleaños, por cuidar la casa, por hacer bien nuestro trabajo, etc.

Pero, ¿qué pasaría si confiáramos en un Poder Superior para apoyar a los otros, tal y como aprendemos que puede apoyarnos a nosotras? Probablemente nos preocuparíamos menos por algunas de estas cosas y nos ocuparíamos mejor de nosotras mismas. Cuando soltamos, podemos enfocar nuestra energía en las áreas donde *sí* tenemos influencia y verdadera responsabilidad, incluidos nuestra salud y bienestar.

La primera vez que Julia vio que la vida era incontrolable tenía nueve años y fue cuando su madre falleció. Ahora, al enfrentar un divorcio a los cincuenta y con una chica pequeña para criar, sigue consciente de que muchas cosas en su vida están más allá de su control.

"Creo que probablemente el noventa por ciento de la vida está más allá de nuestro control: el clima, las otras personas, la casualidad", comenta. "Me preocupa lo que le pueda pasar a mi hija, pero no puedo hacer mucho al respecto. Puedo poner bajo llave los productos tóxicos de limpieza, pero no puedo controlar que un conductor ebrio se salte un semáforo en rojo. Preocuparnos por las cosas incontrolables solo nos roba el tiempo que tenemos".

En vez de concentrarse en lo que no puede cambiar, Julia pone su energía en las cosas que *sí puede*: establecer conexiones con amigas y cuidarse mejor. En vez de desesperarse por su esposo, que la dejó por alguien más joven, busca apoyo emocional con las otras mujeres en recuperación.

Al elegir enfrentar el dolor de su divorcio en vez de tratar de cambiarlo, negarlo o beber por él, Julia se abre para recibir el cariño de otras personas. A veces se pregunta qué hizo para merecer esto. Al darse cuenta de que la conducta de su esposo estaba más allá de su control, Julia se permite hacer el duelo por la traición y la pérdida. Al aceptar los hechos de la situación sin caer en la amargura, suelta y se concentra en lo que puede hacer. "Realmente se necesita sabiduría para reconocer la diferencia entre lo que podemos y lo que no podemos cambiar", afirma.

Someterse y rendirse

Algunas mujeres objetan el lenguaje del Tercer Paso. Poner nuestra vida "al cuidado de Dios, *como nosotros lo concebimos*" podría parecer que estamos renunciando a todo. Parece sugerir que nos rescatará una autoridad masculina, que nos cuidará siempre y cuando nos portemos bien. El Libro Grande de A.A. dice: "Teníamos un nuevo Patrón. Siendo Todopoderoso, Él proveía todo lo que necesitábamos si nos manteníamos cerca de Él y desempeñábamos bien Su trabajo"[1]. Esta imagen de una figura paterna dominante es muy difícil de aceptar para muchas mujeres.

Este Paso parece implicar la sumisión. Pero *hay una diferencia entre someterse y rendirse.* Cuando nos sometemos, cedemos ante una fuerza que trata de controlarnos. Cuando nos rendimos, cedemos nuestra necesidad de control. *El Paso Tres nos pide que nos rindamos, no que nos sometamos.*

La idea de la sumisión puede ser preocupante para nosotras, porque tradicionalmente se espera que cedamos al control de otra persona. Todas hemos sentido la presión de dejar que nuestros padres, esposos, jefes, médicos y otras figuras de autoridad tomen decisiones importantes sobre nuestra vida. Incluso podríamos ser recompensadas por la sumisión: recibir elogios por ser buenas hijas, esposas devotas, pacientes que no reclaman o empleadas modelo.

La idea de rendirnos puede producir mucha ansiedad particularmente en mujeres que han sido agredidas. Cuando esto forma parte de nuestra historia, por lo general queremos mantener el control porque nos sentimos vulnerables a más daños si no lo hacemos.

A María, una médica, le ha preocupado entregarle su voluntad y su vida a un poder exterior porque le parece un acto de sumisión. En vez de ello, ha encontrado una forma de rendirse.

"No tuve problema en reconocer la necesidad de renunciar al control de mi bebida y mis intentos de controlar a otra gente", recuerda. Al principio de su carrera, María era una mujer profesional que actuaba en un entorno principalmente masculino. "Tenía que pelear por cada centímetro de espacio. La idea de dejar que otra cosa dirigiera mi vida era extraordinariamente difícil. Parecía que estaba cediendo".

María logró creer que su Poder Superior la apoyaría. Y entonces se sintió segura para soltar. Su solución fue pensar en su grupo de recuperación como su espíritu guía.

"Tuve que decirme: 'sé que no puedo controlar muchos

aspectos de mi vida y que tratar de hacerlo me devolverá a la bebida. Así que voy a confiar en el poder del grupo'", explica. "Aún no pienso al respecto como algo que me cuida, pero la sabiduría del grupo me ayuda a rendirme sobre mi deseo de control".

Así como María, podemos descubrir que es mucho más fácil soltar y liberarnos al flujo de la vida si tenemos la sensación de que nos mantendremos a flote. Eso es la fe.

Una vez que nos sintamos seguras para soltar, ocasionalmente podríamos necesitar recuperar esa seguridad. Este es un buen momento para hablar de tus sentimientos con tu grupo de apoyo para la recuperación. Para la mayoría de nosotras, rendirnos (o sea soltar) es un proceso al estilo de arranque y parada o dos pasos adelante y uno atrás. Es común ceder el control, recuperarlo y soltarlo de nuevo... y de nuevo... y de nuevo.

Bee, quien ha estado sobria la mayor parte de su vida adulta, recuerda un momento particularmente valioso que la ayudó a rendirse. Los primeros años de su recuperación estaban siendo muy difíciles y un día llamó a su madrina desesperada. "Había lanzado todo contra la pared", recuerda. "Mi madrina me preguntó si había orado, si había ido a una reunión, si había hecho esto o lo otro, y le respondí que nada había funcionado. Me sentía desolada. Había mucho orgullo de por medio porque no quería ser alcohólica". Entonces, su madrina le dijo algo que nunca más olvidó. "Me dijo: 'Bee, algunos días, solo tienes que luchar por llegar a la medianoche. Tienes que poner el bebé a dormir. El bebé eres tú y la medianoche podrían ser las 7:30 p. m.'"

Rendirse es como aprender a equilibrarse. Durante algún tiempo, podríamos tener que inclinarnos hacia adelante y hacia atrás entre la sumisión y el control. Rendirse es el punto de equilibrio, la sensatez y la serenidad que experimentamos cuando estamos seguras de nuestro Poder Superior. Como dice Bee: "los Pasos son tan buenos que vale la pena seguirlos aunque no sea de la mejor manera".

Una relación bilateral

En el Paso Dos, empiezas a mirar tu interior para encontrar a un Dios o un Poder Superior que trabaje por ti y te haga sentirte segura. Piensa en tu relación con este poder sanador. ¿Es como una relación padre-hija? ¿O es una relación más equitativa e interdependiente?

Podría ser peligroso, especialmente para las mujeres, pensar que recibiremos cosas buenas de nuestro Poder Superior si nos portamos bien, de forma infantil y pasiva. En vez de ser sumisas, podemos vislumbrar una relación interactiva en la que alimentemos a nuestro Poder Superior de la misma forma que él nos alimenta a nosotras.

Grace, que pasó veinte años comiendo compulsivamente y desarrolló alcoholismo, dice que tiene una relación mutuamente protectora con su Poder Superior. "Mi relación con un Poder Superior es mutua (bilateral): me cuidan y cuido", comenta. "Cuando me alineo a la voluntad de Dios, significa que soy quien realmente puedo ser. Y creo que eso es lo que mi Poder Superior *necesita de mí*. Este es un proceso muy activo de dedicarme o rendirme a algo mayor que mi ser individual".

Para Grace, con frecuencia significa defenderse o hacer algo que teme hacer, que son las dos cosas que más le cuestan. "Al estar dispuesta a actuar (intentar algo diferente o arriesgarme a cometer un error), estoy cooperando con este poder expansivo", agrega. "No siempre sé qué va a suceder y al principio eso me aterrorizaba. A menudo cedía por puro miedo. Pero ahora me siento más a gusto con lo desconocido. Dejo que la vida me sorprenda con lo que pueda traerme".

Las mujeres y la voluntariedad

¿Qué significa cooperar con nuestro Poder Superior? En el lenguaje de A.A., significa "entregar nuestra voluntad". Pero incluso esta frase podría no estar clara. ¿Cómo entregamos algo?

Me gusta pensar que "entregar algo" es estar sosteniendo algo firmemente y luego soltarlo. Si tengo un problema que no deja de preocuparme, imagino que estoy sujetándolo con todas mis fuerzas. Y luego lo suelto, se lo entrego a mi espíritu guía.

Algunas mujeres en recuperación usan "piedras de la preocupación" para recordar la necesidad de soltar. Cuando Frances no logra dejar de preocuparse por una situación o una relación (y trata de resolverla o de hacer que las cosas salgan como ella quiere) se echa una piedra al bolsillo y la lleva adónde va. La piedra es lo suficientemente grande y pesada para sentir cómo su presencia la sobrecarga. Cuando está lista, se saca la piedra del bolsillo y esto la libera de la carga que generaba. "Me recuerda que 'entregar' puede ser tan simple como eso", dice Frances.

Claro que las cosas simples no siempre son *fáciles*. Este Paso nos pide entregar nuestra voluntad. Cuando nos aferramos a nuestra voluntad (nuestra determinación férrea de que las cosas salgan como queremos) siempre vamos a estar en conflicto con algo.

Nuestra voluntariedad nos mantiene luchando contra la vida, en vez de fluir con ella. Si no renunciamos a nuestra voluntad, difícilmente podemos renunciar a cualquier otra cosa: "entregar" se vuelve casi imposible.

Pero, ¿qué es "nuestra voluntad" que se debe entregar? Las publicaciones de A.A. tienen muchas referencias a la fuerza de voluntad y, en particular, al concepto de *la propia voluntad*. Esta es la tendencia de la gente con alcoholismo de usar su voluntad para fines egoístas. "Por encima de todo, nosotros los alcohólicos tenemos que librarnos de ese egoísmo", advierte el Libro Grande[2].

Las mujeres debemos definir con mucho cuidado *voluntariedad* y *egoísmo*. Nuestra tarea es liberarnos del *egoísmo* destructivo, el que se centra en nosotras mismas sin que nos importen los demás. Pero también queremos volvernos más *completas,* es decir, establecer una conciencia de nosotras mismas más profunda. Muy a menudo, empezamos nuestra recuperación sin esta conciencia. Nos hemos perdido (nuestra identidad real) en nuestras adicciones.

En vez de renunciar por completo a nuestra voluntad y a nuestro egocentrismo, podemos reorientar nuestra atención al mirar en nuestro interior. De esta forma, nos volvemos más conscientes de nosotras mismas y exploramos nuestros verdaderos sentimientos y valores. Al aumentar nuestra consciencia interior de esta forma, podemos crear una nueva conciencia que nos ayuda a aprender más sobre quiénes somos y qué necesitamos.

Esta atención en ti misma puede parecer contraria a la filosofía de A.A., que advierte sobre demasiada autodeterminación. "Con cuánta insistencia reclamamos el derecho de decidir por nosotros mismos precisamente lo que vamos a pensar y exactamente lo que vamos a hacer"[3]. No obstante, muchas mujeres aún tienen que reclamar este derecho. Somos demasiadas las que hemos gastado la vida siendo abnegadas.

La falta de esa conciencia de nosotras mismas, que la sociedad con frecuencia considera un rasgo deseable en las mujeres, puede dificultarnos la lucha contra nuestras adicciones y obstaculizar nuestra recuperación. Sin este sentido de identidad, no podemos conectarnos con un Poder superior a nosotras, ni asumir la responsabilidad de nosotras mismas ni determinar lo que podemos y lo que no podemos controlar.

En la recuperación, descubrimos nuestro derecho de decidir por nuestra cuenta. Aprendemos a hacer nuestras propias elecciones. Renunciamos a la voluntariedad y el egoísmo impulsados por el miedo y experimentamos un sentido más completo de quiénes somos.

En el Paso Tres, aprovechamos la oportunidad de concentrarnos en nosotras mismas, no en el yo exterior que depende de la voluntariedad de hacer que el mundo obedezca a nuestros deseos, sino en el yo interior que está conectado al espíritu. Esta conexión nos guía para usar nuestra voluntad en armonía con la vida, no contra ella.

Disposición

La voluntad es decirle sí a la vida. La diferencia entre la *voluntariedad* y la *voluntad* es esta: la voluntariedad es obtener poder sobre la gente y las situaciones; la voluntad es ser receptiva a nuevas posibilidades.

Somos voluntariosas cuando nos mueve una actitud de "yo primero", de dominar a los demás y a cualquier cosa que se atraviese en nuestro camino. Cuando tenemos voluntad, participamos en un dar y recibir entre nosotras mismas y la gente que nos rodea, entre nosotras y la vida. La voluntad nos permite experimentar el poder que proviene de participar en la vida en vez de tratar de controlarla.

La voluntad te ayuda a crecer en tu recuperación. Encontrarás que los Doce Pasos todo el tiempo te piden que tengas voluntad: de probar algo nuevo, de estar abierta al cambio y de soltar el pasado. Cuando entregas tu voluntad de esta forma, muestras tu disposición. Se trata de un acto de fe y confianza: estás dispuesta a ver qué pasa si dejas de tratar de controlar los resultados y dejar que la vida siga su curso.

Se necesita tiempo para darse cuenta de que estar dispuestas y soltar son procesos que requieren práctica. Tendremos que hacerlo repetidas veces y no siempre lo haremos "bien", lo que puede ser frustrante si eres perfeccionista como yo. Para todas nosotras, la voluntad es algo que viene y va. Aun así, solo necesitamos un poco de ella para encauzarnos.

Podemos aprender de *Los Doce Pasos y las Doce Tradiciones* de A.A.: "(...) un comienzo, incluso el más tímido, es lo único que hace falta. Una vez que hemos metido la llave de la buena voluntad en la cerradura, y tenemos la puerta entreabierta, nos damos cuenta de que siempre podemos abrirla un poco más"[4]. Si la puerta se cierra, podemos volver a abrirla. Siempre hay más oportunidades si estamos dispuestas a ellas.

Se requiere voluntad para dar el Paso Tres. Si te sientes temerosa y ansiosa, como si no pudieras relajarte ni un momento, podría tranquilizarte recordar que la decisión que tomas en el Paso Tres no es algo que haces una sola vez. Al principio, tal vez tengas que hacerlo muchas veces al día. Puede ser un proceso momento a momento.

A menudo es más fácil pensar en una renuncia por tiempo limitado, *un día a la vez.* Aprendemos a soltar diariamente: solo por hoy, por esta hora, o por este minuto, elegimos no beber, no usar drogas o no comportarnos compulsivamente. De manera similar, podemos dejar de luchar por el control, *solo por hoy.*

Si quieres, siempre puedes volver a hacer las cosas a tu manera en el futuro, pero mira qué pasa si cedes por una hora, o por un día. *Un día a la vez,* solo haz lo que puedas.

Tomar una decisión

El secreto sutil del Paso Tres es que se trata de *decidir* soltar. El Tercer Paso dice que "decidimos" poner nuestras voluntades y nuestras vidas al cuidado de Dios. Decidimos que haremos las cosas de forma diferente, probar otra perspectiva. Decidimos estar dispuestas o incluso *estar dispuestas a estar dispuestas.*

En el Paso Tres, eres libre de elegir. Cuando empiezas tu recuperación, obtienes el poder de tomar decisiones por tu cuenta en vez de dejar que la adicción te controle y controle tu forma de vivir.

Esta podría ser una nueva experiencia para quienes no hemos tenido mucha práctica en tomar decisiones conscientes por nuestra cuenta. A muchas de nosotras nos han enseñado desde pequeñas a dejar que los demás decidan por nosotras, así que podríamos tener miedo de cometer errores o de parecer muy prepotentes o exigentes. Nos preocupa que si somos decididas, pareceremos egoístas o alienaremos a la gente que nos rodea. La firmeza podría parecernos demasiado arriesgada y muy probable de causar conflictos y soledad.

Irónicamente, podríamos sentirnos relativamente cómodas tomando decisiones sobre nuestros hijos, amantes, hogares, cónyuges, familias y vida laboral, es decir, decisiones que tomamos cuando nuestro *rol* está bien establecido. Pero es mucho menos probable que tomemos decisiones seguras sobre nuestro *verdadero* yo, de forma que satisfagamos nuestros deseos y necesidades íntimos. A muy pocas de nosotras nos han enseñado a hacer esto. ¿Cómo tomar decisiones empoderadoras para nosotras mismas y mantener nuestras relaciones? ¿Cómo podemos cuidarnos a nosotras y seguir cuidando a los demás?

Aprendemos las respuestas a estas preguntas en nuestro proceso de recuperación. Los Pasos ofrecen orientación para aprender y volvernos responsables de nosotras mismas y para conectar ese sentido de identidad recién descubierto con un espíritu guía. En nuestras reuniones, aprendemos cómo otras mujeres han descubierto el equilibrio entre ellas mismas y los demás en su recuperación. Y en la relación con los demás en la recuperación, tenemos la oportunidad de probar y aumentar nuestra seguridad a la hora de tomar decisiones empoderadoras que nos apoyen a nosotras y a los demás.

Tomaremos muchas decisiones en el Paso Tres. Podemos decidir cómo se acopla nuestro Poder Superior a nuestra vida. Solíamos organizar nuestra vida en torno de nuestra droga. Ahora podemos decidir colocar la espiritualidad en el centro de nuestra vida.

Podemos usar la energía que gastamos en la bebida, en la comida o en el juego para cooperar con los altibajos de la vida. Podemos decidir estar dispuestas a dejarnos llevar por la marea en vez de luchar contra ella, elegir participar en nuestra recuperación en vez de combatirla o de esperar que ocurra.

Un detalle especialmente importante es que podemos decidir renunciar a saber todas las respuestas. Marta da en el punto: "En el Paso Tres, libero a quien yo era y suelto esa imagen para que pueda llegar otra cosa. El momento de rendirme es cuando permito la posibilidad de poder actuar diferente, aunque no sepa lo que se supone que deba hacer. Hago una pausa y digo: 'No lo sé y renuncio'. Sé que no puedo volver donde estaba, pero no sé qué vendrá. El trabajo de dar las respuestas le corresponde a mi Poder Superior".

Marta describe la aceptación y la rendición: la intención. Cuando tomamos la decisión de entregar nuestra voluntad y nuestra vida, es posible rendirnos. Liberamos nuestra lucha de hacer que las cosas salgan de cierta forma. Dejamos de combatir las cosas que no podemos combatir y confiamos en que el universo nos llevará en la dirección correcta y nos dará lo que necesitamos. Entramos en el propio y más profundo misterio de la vida.

Una gratificación no tan inmediata

Al principio de mi recuperación, mi madrina me señaló que yo ya había pasado muchos años entregándole mi voluntad y mi vida al alcoholismo. ¡Con qué facilidad me había rendido a mi bebida compulsiva, la había transformado en mi "Poder Superior" y la había dejado que destruyera mi calidad de vida! Ahora que me estaba recuperando, tenía la oportunidad de rendirme a un tipo de poder diferente, capaz de darme la sensación de bienestar, autoestima y sensatez.

¿Por qué rendirme a un Poder Superior sería más difícil que rendirme a una adicción? La mayor dificultad podría ser no ver los resultados con la misma rapidez. Con la adicción, nuestra motivación es la gratificación instantánea: no queremos esperar, la queremos *ahora*. Podría ser frustrante descubrir que las recompensas de la recuperación suelen venir a nosotras de forma gradual e, incluso tal vez, sin drama.

Debido a que estamos acostumbradas a la recompensa inmediata, podríamos sentirnos incómodas si no experimentamos un alivio inmediato. En momentos como este, acudimos a nuestra fe en un Poder Superior para recordar que no tenemos que saber todas las respuestas ya. Simplemente confiamos en que recibiremos apoyo y recordamos que la vida puede presentarse de una forma diferente a lo que habíamos planeado.

Cuando le decimos que sí a la vida, nos rendimos. La vida se vuelve nuestra compañera, no algo que hay que controlar ni dejar que nos controle. Podemos relajarnos, desacelerar y disfrutar la serenidad. Podrías tardar en ajustarte al nuevo ritmo de tu vida en sobriedad. Pero, una vez que lo logras, puedes tomar decisiones conscientes y aceptar a un Poder Superior que trabaje a tu favor. Nómbralo como quieras y podrás cooperar con él, cuidarlo y aprender a rendirte a su gracia.

Cuando recuperamos nuestro verdadero poder, abandonamos la voluntariedad y adoptamos la voluntad y nos comprometemos con el crecimiento espiritual. Ahora, buscamos la sabiduría interior para reconocer la diferencia entre lo que podemos y lo que no podemos controlar.

• • •

Paso Cuatro

Sin miedo, hicimos un minucioso
inventario moral de nosotros mismos.

El Paso Cuatro nos pide que continuemos nuestro propio autodescubrimiento mirándonos profundamente, especialmente las actitudes, acciones y experiencias que contribuyeron con nuestras conductas compulsivas. Cuando encontramos este Paso por primera vez, podría parecer abrumador; son comunes sentimientos de culpa, vergüenza, confusión y dolor.

Cuando cargamos una culpa intensa, nos cuesta mucho lidiar con la idea de revisar nuestros actos pasados. Podría ser demasiado doloroso pensar cómo les hemos hecho daño a los demás y cómo nos hemos lastimado nosotras mismas. Podríamos cuestionarnos el valor de abrir antiguas heridas y recordar escenas que preferiríamos olvidar. ¿No sería mejor olvidar el pasado y seguir adelante?

Esa fue, sin lugar a dudas, mi primera reacción al Paso Cuatro. ¿Cómo podría verme de forma "inquisidora y valiente"? Así como sucede con la mayoría de las mujeres al inicio de la recuperación, me sentía culpable y avergonzada de muchas cosas en la vida. Pero, al ser amable conmigo misma, superé el miedo y la ansiedad del Paso Cuatro. Poco a poco me di cuenta de que podía dar este Paso con el espíritu de autoaceptación.

Fue una revelación descubrir que el Paso Cuatro no se limitaba a agonizar por mi pasado. Mas bien se trata de conocerme mejor. Como dice una mujer: "Si puedes descubrir algo pequeño sobre ti misma que te brinde cierta perspectiva, habrás hecho el Paso Cuatro".

¿Por qué hacer un inventario?

El Paso Cuatro ofrece una oportunidad de autoexploración, tal vez nuestra primera oportunidad. Cuanto más nos conozcamos (nuestra historia personal, sentimientos, motivaciones, conductas y actitudes) menos probable es que volvamos a beber, consumir drogas o gastar en exceso. Piensa en este Paso como encender una luz en un cuarto oscuro: si sigues caminando en la oscuridad, probablemente te tropieces en los muebles y te lastimes. Pero al encender la luz, puedes ver por dónde caminas. De la misma forma, el inventario del Paso Cuatro arroja luz sobre los obstáculos de tu camino. Al realizar un inventario, podrás ver lo que haya en tu recorrido a la recuperación.

También podrías pensar en el inventario como un ritual de limpieza de tu hogar. Organizas tu vida, ves lo que no quieres y el desorden que te quita espacio. Decides qué vale la pena mantener y te deshaces del resto. Solo entonces puedes abrir espacio para algo nuevo. Cuando tu casa interior está limpia y organizada, hay espacio para que un Poder Superior guíe tus pensamientos y acciones.

¿Qué es un inventario?

Básicamente, el inventario del Paso Cuatro es una lista, o una descripción, de tu historia personal. Aunque hay muchas formas de abordar la elaboración de un inventario, el resultado es un recuento de tu vida, por lo general por escrito, que considera preguntas como estas:

- *¿Cuáles han sido los eventos significativos en tu vida?*
- *¿Cómo reaccionaste a esos eventos?*
- *¿Qué tipo de relaciones has tenido con otras personas?*
- *¿Cómo te portaste en tus relaciones?*
- *¿Cuáles son tus sentimientos más profundos y tus actitudes básicas hacia la vida?*
- *¿Cómo te transformaste en la persona que eres hoy?*

La meta de este cuestionamiento es entender mejor el rol que tú y los demás han desempeñado al moldear tu vida. Podrías resumir el Paso Cuatro preguntándote estas dos cosas:

- *¿Qué ha contribuido a la forma en que ha evolucionado mi vida?*
- *¿Qué responsabilidad tengo en la forma en que ha evolucionado mi vida?*

Cuando te enfrentas activamente a ti y a tu pasado, empiezas a asumir tu vida.

Escribir tu inventario facilita darles seguimiento a tus pensamientos y perspectivas. Un inventario escrito también te preparará para Pasos posteriores. Y escribir te involucra en una acción tangible con resultados visibles.

Para algunas mujeres, este es el primer Paso que realmente

tiene sentido porque implica una actividad externa. Los Pasos iniciales son más abstractos; implican reflexión interna y toma de decisiones. Con el Paso Cuatro, tomamos un papel y empezamos a escribir nuestras experiencias: los pensamientos y sentimientos internos y nuestras circunstancias externas. Al describir honestamente lo que hemos hecho nosotras y los demás y cómo nos sentimos al respecto de esos eventos, nos llegamos a conocer.

De la misma forma que una tienda de departamentos registra un inventario para ver lo que tiene en existencias, creamos un inventario para ver lo que tenemos, lo que perdimos y lo que necesitamos sustituir o eliminar. Con esta información, podemos ver los obstáculos y dificultades de nuestra vida y los evitamos o los eliminamos antes de que nos vuelvan a lastimar.

La búsqueda de los "defectos"

Escribir un inventario probablemente parecería menos amenazador si no fuera por la palabra *moral*. Algunas mujeres reaccionan con tanta intensidad a esta palabra que evitan el Paso Cuatro durante años. Un motivo común es el miedo del juicio implícito: *¿probaré que soy moralmente deficiente?* Constance, por ejemplo, llevaba sobria doce años cuando empezó su inventario porque se avergonzaba mucho de su conducta sexual. Era demasiado amenazador describir, incluso a sí misma, lo que había hecho.

La expectativa común del Paso Cuatro es que solo enumeremos nuestros "pecados". Las publicaciones de A.A. incluso sugieren que usemos los Siete Pecados Capitales (soberbia, avaricia, lujuria, ira, gula, envidia y pereza) como guía para identificar nuestras faltas, desajustes y errores[1]. Al hacerlo, nuestro inventario se vuelve una lista de "defectos de carácter", es decir, rasgos que nos gustaría cambiar, como el egoísmo o la deshonestidad[2].

Natalie, una estudiante universitaria, escribió un inventario tradicional en el Paso Cuatro de A.A. De hecho estaba ansiosa (tal vez demasiado) por empezar a trabajar con él. Como recomiendan las publicaciones tradicionales de A.A., registró todos sus resentimientos hacia otra gente, mirando detenidamente el conflicto que sentía en su vida. Con esta larga lista de quejas, pasó a la siguiente recomendación del Libro Grande:

> (...) *quitando de nuestras mentes los errores que los demás habían cometido, buscamos resueltamente nuestras propias fallas... Aunque no enteramente culpables de una situación, tratamos de hacer a un lado completamente a la otra persona involucrada en ella. ¿En qué estaba nuestra culpabilidad?*[3].

Pensando en esto, Natalie se dispuso a descubrir su rol en estos conflictos. El resultado fue un recuento detallado de sus muchos defectos. Concluyó que sus principales fallas eran el orgullo, la ira, la cobardía y los celos y que todas ellas habían contribuido a la infelicidad diaria de su vida. Esto le dio información útil sobre su estilo de relacionarse con los demás. Pero no era suficiente conocer estos "defectos de carácter". Tenía que mirar más a fondo para encontrar la fuente de estos patrones.

Términos como *defectos* y *moralidad* con frecuencia pueden llevar a las mujeres en la dirección incorrecta. Muchas de nosotras nos enfocamos en nuestros errores de una forma que nos causa daño en vez de ayudarnos. Al igual que Natalie, cuando buscamos los defectos, sin duda los vamos a encontrar (¡y probablemente en abundancia!), lo que solo aumenta nuestros sentimientos de inadecuación. En un primer momento, es posible que no nos sintamos muy bien con respecto a nosotras mismas y que nos sintamos aún peor cuando nos concentramos solo en nuestras faltas.

Buscar los defectos puede ser benéfico si no estamos acostumbradas a pensar que podamos tener fallas. Pero es común que las mujeres siempre estemos listas para buscarlas. Incluso si somos intrépidas por fuera y parecemos seguras, es probable que seamos nuestras peores críticas por dentro.

Si reflexionamos, podemos ver que nos han condicionado a encontrar fallas en nosotras mismas. Con mucha facilidad asumimos la culpa de los problemas, en especial si es para salvar una relación o agradar a alguien más. La motivación de Natalie era completar el Paso Cuatro de la mejor forma que su madrina había visto en la vida. Pero, cuando buscamos nuestros "defectos" de manera incansable, simplemente exageramos nuestras tendencias a la autocrítica y la culpabilidad.

Chase dice que el Cuatro Paso, cuando se usa sin consideración, puede contribuir con un sentido inapropiado de responsabilidad por los daños que sufrimos en el pasado y puede minar nuestra sanación de los traumas. La historia de agresión de Chase le ha causado un "sentido de responsabilidad super desarrollado" y "durante mucho tiempo, el Cuarto Paso me hizo mucho daño". Al buscar los "defectos" de la forma tradicional de A.A., Chase pasó años solidificando su perspectiva de que todo el dolor que sufría era cien por ciento su culpa. Ahora, tiene una perspectiva diferente. Con la ayuda de un excelente terapeuta de traumas, "Tengo una mayor claridad sobre cuándo podría tratarse de una responsabilidad compartida o cuándo la culpa no es mía", comenta. "También veo el valor de trabajar para entender el daño que le he hecho a otra gente y, especialmente, de trabajar para entender lo que genera frustración o enojo. El Cuarto Paso puede referirse a obtener una mejor comprensión de ti y brindarte oportunidades reales de crecer".

Crear nuevos enfoques de autoexamen

A medida que cada vez más mujeres buscan significado personal y relevancia en los Pasos, creamos nuevas formas de comprender y usar el inventario del Paso Cuatro. Estos nuevos enfoques responden a nuestra tendencia de ser autocríticas, así como a nuestro miedo de ser juzgadas, lo que podría inhibir una exploración plena y lúcida de nosotras mismas.

Julia ha abordado de forma diferente su inventario y le ha resultado más útil pensar en *defensas* en vez de *defectos*. Evita el término *defectos* porque le recuerda a un auto que no funciona y se debe recoger. Y afirma: "Solo Dios sabe cuánto nos dicen constantemente a las mujeres que tenemos defectos de carácter. En esta sociedad, ¡a menudo nos consideran defectuosas por el simple hecho de haber nacido del sexo femenino!".

Con mucha frecuencia, internalizamos estos mensajes de inadecuación y defectos inherentes, y creemos que son verdaderos. Pero los Doce Pasos pueden ayudarnos a abandonar esas creencias equivocadas sobre nosotras mismas.

Cuando llegó a A.A., Julia vivía a la defensiva y siempre protegiéndose. No quería que nadie se le acercara lo suficiente para ver cómo se sentía realmente por dentro. Sus defensas se habían construido durante toda su vida, desde que era una niña y su madre había fallecido. Julia se había entrenado para ocultar sus sentimientos reales, porque su familia la ignoraba o la ridiculizaba cuando expresaba sus emociones. En vez de ello, aprendió a obtener una atención positiva al ser inteligente, articulada e independiente. Cuando Julia era niña, su autosuficiencia la ayudó a sobrevivir y a protegerse del rechazo. Pero, como adulta, se volvió prisionera de su autosuficiencia y se aisló por dentro.

El inventario de Julia la ayudó a ver cómo mantenía a las personas alejadas con su encanto distante. Atrae a la gente con su inteligencia y franqueza, pero luego la aleja cuando se acerca demasiado. Aunque nunca había hecho un inventario escrito en sus quince años de sobriedad, ha hablado sobre este patrón con otras mujeres del programa y ha aprendido que crea esta distancia porque teme el rechazo y el abandono. Comprender esto la ha ayudado a volverse más vulnerable y abierta.

Debemos ser compasivas con nosotras mismas al escribir nuestro inventario, pero también debemos estar dispuestas a admitir dónde hemos estado y qué hemos hecho.

- *¿Cuáles son nuestras tendencias destructivas?*

- *¿Qué nos impide tener relaciones saludables con otras personas?*

- *¿Qué tipo de cosas hacemos una y otra vez y quisiéramos dejar de hacer?*

- *¿Cómo hemos tratado a otra gente?*

- *¿Cómo nos hemos tratado nosotras?*

La clave es mantener una perspectiva equilibrada: asumir la responsabilidad sin asumir la culpa. Al principio, puede ser asustador pensar en todo lo que hemos hecho mientras estábamos ebrias o drogadas. Admitir la responsabilidad puede parecer una confesión forzada de la culpa. Pero podemos aprender a *nombrar* nuestras acciones pasadas sin *juzgarlas*, a describir de forma realista cómo ha sido nuestra vida y cuál ha sido nuestra conducta. Al describir nuestras acciones pasadas sin juzgarlas, podemos empezar a ser honestas con nosotras mismas y a sanar nuestra vergüenza.

A veces, logramos esta honestidad de forma indirecta, como Katy. Katy tenía a una madrina sabia y maravillosa que encontró una forma creativa de ayudarle a Katy con su Cuarto Paso. En vez de pedirle un inventario de defectos tradicional, su madrina reconoció el enojo de Katy, y tal vez su miedo, con respecto a su programa de recuperación y la guio en otra dirección.

Desde el primer día en Comedores Compulsivos Anónimos, Katy detestó el programa y a la gente que conoció allí. Su madrina le sugirió que escribiera sobre la gente que le parecía tan ofensiva. Aunque Katy no entendió cómo esto podría ayudar, empezó a escribir con entusiasmo sobre la gente horrible de su grupo. Le leyó en voz alta sus largas descripciones a su madrina. La madrina le pidió a Katy que encerrara en un círculo palabras como *moralista, hipócrita, prepotente* y *ofensiva*.

Luego, le preguntó si alguna vez ella había actuado como cualquiera de las personas que detestaba. Es decir, ¿las palabras que había encerrado en un círculo alguna vez se habrían aplicado a ella? "Bien, claro, en algunas ocasiones", recuerda Katy que le respondió. "Pero yo soy más sutil, y esa gente es mucho peor". Poco a poco, Katy se dio cuenta de que los rasgos que tanto detestaba en los demás en realidad eran cosas que se aplicaban a ella. Con esta perspectiva, pudo identificar los rasgos de personalidad y los patrones que le causaban dificultades en la vida.

El panorama general

Hasta ahora, podrías tener la impresión de que la única meta del Cuarto Paso es examinar y nombrar tus acciones y actitudes. Pero es mucho más que eso. Cuando haces el inventario, también tienes la oportunidad de entender *por qué* te has comportado de la forma en que lo has hecho.

Esta comprensión le faltaba al inventario de Natalie. Ella hizo una lista larga de sus errores, pero ignoró lo malo que habían hecho otras personas o los errores perpetuados por una sociedad injusta. Y, al eliminar de su mente los errores de los demás, olvidó que *su conducta a menudo era una respuesta a su entorno.*

Al igual que muchas otras mujeres, Natalie estaba tan ansiosa por admitir sus "fallas" que olvidó lo que la había motivado en primer lugar. ¿Por qué era temerosa, celosa y estaba enojada? ¿Cómo estos sentimientos le sirvieron y la protegieron? Sin esta comprensión profunda, se sintió muy confundida cuando empezó a trabajar en sus "errores" en los siguientes Pasos. No podía avanzar hasta que buscara en su interior la fuente de sus emociones de enojo y sus conductas. Le había echado un vistazo superficial al abandono y al incesto de su pasado porque le resultaba muy doloroso. En un momento posterior de su recuperación, pudo enfrentar la realidad de su vida.

Cuando nuestros inventarios solo se concentran en nuestras fallas de carácter, perdemos de vista el panorama general. En realidad, nos volvemos falsas, vengativas, arrogantes y pasivas en respuesta a las circunstancias negativas del pasado. Estos rasgos no surgen de la nada. Los desarrollamos como reacciones a las amenazas reales o percibidas a nuestro bienestar físico o emocional.

Muchas mujeres en recuperación provienen de entornos que no las apoyaban ni las cuidaban y han sufrido agresiones evidentes u ocultas. En la recuperación es cuando muchas mujeres empiezan a sanar de estas experiencias de agresión. Algunas mujeres buscan ayuda profesional adicional a su programa de los Doce Pasos. Incluso cuando no hemos sufrido de abuso, podrían habernos lastimado cuando nuestras familias o amigos nos ignoraron, no nos comprendieron o nos lastimaron de manera insensible. Muchas de nosotras crecimos sintiendo que no éramos valiosas y dignas de ser amadas, *sin ningún sentido de pertenencia.*

Incluso si venimos de familias relativamente estables, vivimos en una sociedad que considera a las mujeres menos importantes que los hombres. En respuesta, podríamos desarrollar defensas para protegernos de juicios y críticas explícitas e implícitas.

Las defensas de protección son exactamente el tipo de características que descubrimos en nuestro Cuarto Paso. Si en nuestros inventarios nos damos cuenta de que hemos sido deshonestas, moralistas, mojigatas, propiciadoras o que hemos hecho daño, podemos preguntarnos:

- *¿Qué otras opciones tenía?*
- *¿Podría haber actuado mejor, considerando las circunstancias en las que estaba en ese momento?*
- *¿A qué respondía, en el entorno y en mí?*

De nuevo: buscamos equilibrar las circunstancias con la responsabilidad. No es saludable que pensemos en nosotras mismas solo como víctimas. Por otro lado, rehusarnos a asumir nuestra responsabilidad porque estábamos traumatizadas puede impedir nuestra recuperación. Necesitamos reconocer los efectos que ciertos eventos han tenido en nuestra vida.

Cuando podemos ver el contexto en el que se desarrollaron nuestras vidas y ocurrió nuestra conducta, podemos ver que, con frecuencia, hacíamos lo mejor que podíamos en la medida de nuestras posibilidades. Y ahora que estamos sobrias y en abstinencia, podemos hacer elecciones diferentes. Incluso si arrastramos las cicatrices de un pasado doloroso, podemos ser responsables de nuestra vida hoy.

Perder el miedo

¿Qué significa "no tener miedo" en nuestros inventarios? En realidad, ninguna de nosotras hace un inventario sin temor. ¡Si esperáramos hasta no sentir miedo, probablemente nunca empezaríamos! En vez de esperar a que pase el miedo, *podemos rehusarnos a que el miedo nos detenga*. Podemos seguir adelante, incluso si es asustador, incluso si nos sentimos abrumadas o avergonzadas. Recuerda que el valor no es la ausencia del miedo; significa actuar a pesar de él. Y podemos pedir ayuda para superarlo.

Sin duda, no estás sola si tienes miedo de seguir el Paso Cuatro. Tal vez no quieras recordar lo que has hecho o experimentado. Si te sientes especialmente frágil, tal vez no estés lista para seguir el Paso Cuatro hasta que haya pasado un poco más de tiempo en tu recuperación. O tal vez quieras seguirlo lentamente, poco a poco. Podrías tardar un poco en empezar y un poco en terminar.

La mayoría de las mujeres consideran que el Cuarto Paso es un desdoblamiento gradual. Incluso quienes nos lanzamos de cara, a menudo nos atascamos o decidimos que es muy doloroso. Casi todas nosotras nos enfrentamos a alguna dificultad. Como cuenta Shannon: "Escribía algo y decía 'No quiero que sea verdad'. Era muy doloroso reconocer partes de mí misma que nunca había enfrentado en realidad". Cuando llegamos a este punto, debemos detenernos, desacelerar o superar las lágrimas, la indignación y la incomodidad.

También es el momento de acudir al Poder Superior, al Yo Interior o a otra fuente espiritual en busca de orientación. Como a menudo escuchamos en los programas de los Doce Pasos, los Pasos siguen cierto orden por un buen motivo. El Paso Tres va antes del Paso Cuatro porque es útil tener una relación con una guía espiritual antes de empezar nuestro inventario. Podemos permitir que esta orientación nos indique cuándo estamos listas y qué ritmo debemos seguir. Si podemos poner nuestra voluntad y nuestra vida al cuidado de un Poder sanador, también podemos pasar por el Paso Cuatro.

Tener a una madrina sensible o el apoyo de otras mujeres en el programa también puede volver el Paso Cuatro menos intimidador. Gretchen tenía a una madrina compasiva que le aconsejó explorar poco a poco y asumir su inventario con cuidado. "Mi madrina decía: 'Escucho mucha culpa. No creo que estés lista'", recuerda Gretchen. "Y tenía razón. Quería salir de eso de una vez porque me sentía muy culpable. Tenía miedo de lo que pasaría si *no hacía* mi inventario. Realmente era mejor esperar y atravesar el miedo".

Cuando nos preocupemos por el Paso Cuatro, es útil recordar que no tenemos que hacerlo perfectamente. La mayoría de nosotras haremos muchos inventarios a lo largo de nuestra recuperación, así que no hay duda de que lo que no surja en el primero aparecerá después. En A.A., dicen "Se revelará más". Pero, debido a que muchas de nosotras somos perfeccionistas. Sentimos que fallamos si no descubrimos hasta el más íntimo detalle en nuestro primer proceso de inventario.

La verdad es que algunas de nosotras excluimos información significativa la primera vez. Una mujer casada olvidó mencionar un pequeño detalle en su primer Cuarto Paso: estaba teniendo un romance extramatrimonial, incluso al escribir su inventario. Otra mujer bloqueó el recuerdo de haber agredido físicamente a su hija años antes. Ambas mujeres eventualmente pudieron bloquear estas conductas, pero en sus primeros inventarios no estaban listas.

¿Cómo sabrás que estás lista para enfrentar la verdad sobre ti? Confía en tu voz interior. Aprenderás lo que puedes manejar y lo que no. Y empezarás a reconocer cuándo te estas alejando de algo solo para facilitarte la vida.

Claro que la tentación es hacer a un lado las cosas que más te avergüenzan, con el fin de cubrir las verdades que realmente son difíciles. Y tal vez sea lo que necesites hacer ahora. Podrías necesitar negar la verdad para sobrevivir; tal vez no seas tan fuerte para dejar que se caiga toda tu negación. Pero la verdad sigue ahí, como una piedra en tu zapato. Descubrirás que por negar o ignorar un asunto importante no desaparecerá por arte de magia.

Evitar la verdad puede ser como tener un diente con un absceso y rehusarse a ir al dentista. Durante un tiempo, podrías no darte cuenta de la gravedad del problema, o decidir que el dolor de la infección es mejor que sentarte en la silla del dentista. Pero, eventualmente, el dolor se vuelve muy intenso. La ironía es que es probable que experimentes un enorme alivio cuando finalmente te saquen el diente y luego te preguntarás por qué no fuiste antes al dentista. Podrías experimentar la misma sensación al trabajar con el Paso Cuatro.

Al trabajar en tu inventario, pregúntate:

- *¿Qué cargo de un lado a otro y necesito soltar?*
- *¿A cuál dolor innecesario me aferro?*
- *¿Qué preferiría evitar saber sobre mí misma?*

Cuanto más dispuesta estés a ver las verdades más duras, más rápido te darás la oportunidad de conocerte y aceptarte.

Temas comunes de las mujeres

Todo el mundo en la recuperación (independientemente del género) tendrá similitudes en sus inventarios. No hay duda de que todas nosotras suframos por la impulsividad y el resentimiento. Y todas tenemos un miedo subyacente que tratamos de evitar al adoptar conductas compulsivas.

También hay temas comunes que las mujeres compartimos. Ciertos patrones parecen surgir de nuestro deseo de relacionarnos. Podríamos tratar *demasiado* de conectarnos con otra gente. Podríamos terminar frustrándonos y dificultándonos la creación de relaciones. Podrías repetir algunos de los siguientes patrones.

Perfeccionismo

Muchas mujeres se sienten obligadas a hacerlo todo a la perfección. Cuando nos atrapa el perfeccionismo, suele acaparar todas las áreas de nuestra vida. Sentimos que siempre debemos vernos atractivas, nunca cometer errores y tenemos que saber qué decir y hacer en todas las circunstancias.

¡Una señal clara de perfeccionismo es creer que tu Cuarto Paso del inventario debe ser impecable! Si algo no sale perfecto, podrías sentirte ansiosa e inadecuada. Irónicamente, cuando nos esforzamos tanto por ser perfectas, podríamos alienar a la gente a la que queremos impresionar.

Somos muy duras con nosotras mismas porque tememos que los demás nos rechazarán o lastimarán si no parecemos perfectas. Nos cuesta mucho creer que somos aceptables y dignas de ser amadas siendo apenas seres humanos falibles.

En busca de agradar a los demás u obtener su aprobación

Todas podemos obtener una profunda satisfacción de las relaciones. Pero, ¿hasta dónde estás dispuesta a llegar para mantener una relación? Al igual que muchas mujeres, podrías enfocarte tanto en agradar a la otra persona que te olvidas de tus propias necesidades y deseos.

Con algunos de sus amigos, Norma obviaba el hecho de que tenía un título universitario porque la habían ridiculizado y llamado de engreída por mencionarlo. Su reacción fue la misma de muchas mujeres que tienen algo de lo que se pueden enorgullecer: ocultar los logros y fortalezas para proteger el ego de quienes las rodean. Durante mucho tiempo, Norma trató de ser una persona que sus amigos pudieran aceptar pero, en su inventario, se dio cuenta de que había pagado un precio muy alto por esta actitud de querer agradar a los demás. Eventualmente, buscó a nuevos amigos que la aceptaban como era, incluso con su título universitario.

Con frecuencia, negamos nuestros talentos y aspiraciones

para mantenernos cerca de otra persona, ignorando nuestros sueños y pretendiendo que no tenemos opiniones o sentimientos. La motivación es mantener la relación funcionando. Pero, por dentro, sentimos que nos hemos abandonado. Nos sentimos solas, aun cuando nos rodean los seres queridos, porque no podemos ser quienes realmente somos.

Negar la agresión

Cuando alguien se comporta de forma agresiva hacia nosotras, puede parecernos más seguro ignorarlo. Pero, ¿cómo nos sentimos con nosotras mismas cuando negamos lo que de hecho está ocurriendo?

El jefe de Katy asumió como propio el trabajo que ella había hecho. Cuando ella se quejó, le recordó que él era la autoridad y que probablemente ella volvería a beber y a comer en exceso si se molestaba por cosas sin importancia. Lastimada por estos insultos, Katy trató de convencerse de que simplemente estaba exagerando y portándose de forma egoísta. Trató de detectar cuáles de sus propios defectos de carácter eran la causa del problema. A medida que evolucionó su inventario, vio que su verdadero error era inventarle excusas a su jefe y culparse. Eventualmente, alzó la voz y se defendió ante él. El resultado inicialmente fue doloroso, pero en última instancia benéfico: el jefe la despidió pero ella encontró un mejor empleo.

Debido a las consecuencias, no siempre enfrentar al agresor podría ser la mejor opción. Pero eso no significa que sea buena idea negar la agresión. Podemos lastimarnos más si tratamos de decirnos que la agresión en realidad no importa o que la culpa es nuestra. La clave es reconocer la conducta agresiva tal y como es. Luego, podemos decidir si queremos dar un paso al frente, como Katy, y defendernos.

Pasividad

Lois descubrió que su patrón más autodestructivo era hacerse a un lado y observar su propia vida. Pasivamente, dejaba que los demás tomaran las decisiones para ella. Sus relaciones eran superficiales y no parecía que le importara si seguían adelante o terminaban.

Lois temía apegarse a algo o a alguien. Por eso, casi nunca se permitía involucrarse profundamente con otra gente. No podía tomar decisiones por sí misma (ser activa en su propia vida) porque temía cometer un error o decepcionarse.

Muchas de nosotras nos cerramos de esta forma y nos replegamos en el miedo en vez de participar en nuestra vida. Se siente más seguro y fácil convencernos de que no nos importa, pero esto no es muy satisfactorio. En la recuperación, podemos empezar a darnos cuenta de todo lo que nos hemos perdido por vivir de una manera pasiva.

Culpa

En el caso de las mujeres que beben o consumen drogas, la culpa es probablemente el tema más familiar. Como la mayoría de nosotras, yo estaba convencida al principio de la sobriedad de que la mayoría de las cosas que habían salido mal en mi vida, de una forma u otra, eran mi culpa: debí haber desconfiado, debí haberme controlado, debí haber hecho algo para arreglar las cosas. Me consideraba inadecuada y me sentía pésima conmigo misma.

Incluso quienes habitualmente culpamos a los demás, en secreto podríamos compartir este sentimiento de culpa. Cuando sentimos que la culpa es nuestra, rápidamente podríamos señalar a otra persona para evitar ese sentimiento terrible que nos corroe.

Tal vez seas menos culpable de lo crees. *¿Realmente* podías haber actuado de manera distinta, bajo esas circunstancias? ¿Realmente tenías otras opciones? Poner la culpa en perspectiva (identificar su verdadera dimensión) no es algo fácil. Pero dejar que siga abrumándote es autodestructivo. Si te mantienes en un estado constante de culpa y recriminación, solo seguirás castigándote sin necesidad.

Estos temas de perfeccionismo, búsqueda de aprobación, negación de la agresión, pasividad y culpa pueden decirnos mucho de nuestra vida, en particular si vemos bajo la superficie. Existe una amenaza oculta en medio de todo esto y en mi propia recuperación me resultó muy útil seguirla: una buena parte de nuestro malestar se debe a cosas que no hemos hecho. Por muchos motivos, no hemos dicho la verdad sobre cómo nos sentimos o qué pensamos. No nos hemos defendido ni hemos sido fieles a nuestros sentimientos. Hemos seguido la agenda de otra persona y ni siquiera nos preguntamos si eso era realmente lo que queríamos. Cuando no somos capaces de mantener la conexión con nuestro yo interior, experimentamos ansiedad y sufrimiento.

Encontrar el equilibrio

Es importante recordar que el Cuarto Paso tiene que ver con el *equilibrio*. Tu inventario no es un interrogatorio en el que juras decir la verdad, toda la verdad y nada más que la verdad. Quieres ser tan honesta como puedas, pero también quieres darte el beneficio de la duda. Asume lo mejor sobre ti misma. Piensa en tu inventario como una forma de ver dónde tu vida está desequilibrada (¿cómo tus "defectos" o "defensas" te desorientan?), de modo que puedas dar pasos para corregirlo.

Con la intención de encontrar el equilibrio, debemos reconocer nuestros atributos positivos al hacer nuestros inventarios. Necesitamos crear una lista de nuestras fortalezas, junto con nuestras limitaciones, y preguntarnos:

- *¿Qué es lo que hago mejor?*
- *¿Cuáles son mis victorias?*
- *¿Cuándo he hecho lo correcto?*
- *¿Qué me gusta de mí misma?*

Identificar nuestras fortalezas podría ser sorprendentemente más difícil de lo que parece. A muchas de nosotras nos cuesta nombrar nuestros puntos fuertes. Podríamos sentir que estamos presumiendo o exagerando al escribirlos.

Aunque te sientas incómoda, enumera tus fortalezas. Aprenderás algo importante sobre ti en el proceso. ¿Qué significa que no puedas asumir el crédito de tus mejores características? Hay algo muy poderoso en reconocer y asumir tus virtudes.

Esta es otra sorpresa: muchas de nosotras, inesperadamente, encontramos fortalezas ocultas en nuestras "limitaciones". Una mujer luchó por años contra su "mal carácter" y luego se dio cuenta de que podía canalizar su ira apasionada hacia las cosas que le importaban, como enfrentar a la administración escolar cuando quiso minimizar la conducta sexualmente inapropiada de un maestro. Otra mujer pudo apreciar cómo sus rasgos la ayudaron a evitar relaciones nocivas y malas decisiones. Pero, primero, tuvo que reconocer su miedo como guía, no como el motor de su vida. Al igual que estas dos mujeres, cada una de nosotras podría descubrir que las cosas de las que más queremos deshacernos en realidad vale la pena conservar.

Si mantienes presente la idea de la autoaceptación, tu Cuarto Paso será más fluido. Recuerda que te estás conociendo, es decir, encontrando el equilibrio entre tus fortalezas y tus limitaciones. Toma tu tiempo, sé gentil contigo misma, no trates de hacerlo a la perfección. Sobre todo, no te preocupes por si actuaste de forma "moral" o no. Deja que el proceso se vaya desarrollando y que tu espíritu guía muestre el camino. Estás a punto de aprender cosas muy importantes sobre ti misma, de ver la realidad de una forma nueva.

Hacer un inventario puede aumentar nuestra conciencia, honestidad y respeto hacia nosotras mismas. Y, cuando pasemos al siguiente paso, tendremos una autoaceptación más profunda, independientemente de dónde hayamos estado o de qué hayamos hecho.

. . .

Paso Cinco

Admitimos ante Dios, ante nosotros mismos, y ante otro ser humano, la naturaleza exacta de nuestros defectos.

Al principio, podrías desconfiar del Paso Cinco. Podrías sentir que te consume el miedo, convencerte de que te humillarán y rechazarán si alguien se entera de lo que has hecho. Ya es lo suficientemente difícil mirarnos en el Paso Cuatro. Compartir nuestros inventarios con otra persona podría parecer imposible.

Cuando estaba lista para el Paso Cinco, me preocupé: ¿Qué pensará esta persona de mí? ¿Le seguiré cayendo bien y querrá seguir siendo mi madrina? Enfrenté mi miedo y seguí adelante con el Quinto Paso, confiando en el consejo de las mujeres que llevaban más tiempo de sobriedad que yo.

Para mi sorpresa, sentí un alivio enorme cuando hice mi Paso Cinco. Mi madrina me aceptó tal cual soy, con todos mis secretos. No me juzgó. En vez de ello, me escuchó y entendió. Para mí, fue un paso gigante para salir del aislamiento y entrar en el sentido de pertenencia. Al recibir la aceptación sin críticas de parte de otra mujer, empecé a aceptarme y a librarme de la culpa y el remordimiento que cargaba desde hacía mucho tiempo.

Muchísimas otras mujeres han tenido experiencias similares con el Paso Cinco. Nuestra vergüenza empieza a disiparse cuando nos damos cuenta de que alguien se mantendrá a nuestro lado *sin importar lo que hayamos hecho.*

"Otro ser humano"

En el Paso Cinco le contamos la verdad a otra persona después de habérnosla contado a nosotras mismas en el Paso Cuatro. Podemos leerle en voz alta y de principio a fin nuestros inventarios del Cuarto Paso a esta persona, o podemos resumir lo que aprendimos al hacerlos. Si suena demasiado formal o estructurado, simplemente puedes hablarle de tu vida a alguien que sepa escuchar.

Ten mucho cuidado para elegir a alguien que entienda lo que estás tratando de lograr y que pueda respetar tu privacidad y anonimato. Elige a alguien que esté a tu lado en medio de tus lágrimas, dolor y miedo (y, quién sabe, incluso tu risa) al describir tu vida y cómo te sientes al respecto. La apertura y disposición de tu confidente de estar contigo son lo más importante. La sanación ocurre al hablar y ser escuchadas.

Podrías elegir compartir partes de tu historia con diferentes personas. Podrías compartir parte de tu inventario con una madrina y otras partes con un terapeuta, pastor, rabino, consejero espiritual, sacerdote o amigo. Lo importante es compartirlo todo (no guardarte nada) y elegir a gente a la que no lastimará personalmente nada de lo que puedas decir. ¡Ni tu ex cónyuge ni tu madre, por ejemplo, serían las mejores personas para escuchar tu Quinto Paso!

La ventaja de seguir el Paso Cinco con otra mujer en recuperación es que ella también tendrá su propia historia que contar. Este podría parecer un motivo extraño; después de todo, nos toca a nosotras contar nuestra historia. Pero ocurre algo interesante cuando otra mujer nos dice que ha tenido experiencias similares: descubrimos, de una forma personal, que no somos únicas en nuestro dolor o nuestros errores, que no somos las únicas mujeres que hemos pasado por eso.

Cuando otra mujer en recuperación escucha nuestro Quinto Paso, podríamos descubrir que ella ha estado tan deprimida o que ha sido tan deshonesta o agresiva con sus hijos como nosotras, incluso tal vez más. Obtenemos una sensación de perspectiva cuando otra mujer nos cuenta que ha hecho cosas similares. Y podría darnos esperanza ver cómo su vida ha cambiado.

Mary Lynn se sintió motivada a leerles su inventario a varias personas. Quería deshacerse de él, sacarlo de su sistema. Sintió que la mejor forma de hacerlo era leérselo a la mayor cantidad de gente posible. Pero guardó una parte de su inventario para una persona especial. No se sentía cómoda compartiendo su historia sexual con cualquiera, así que solo se la leyó a Tanya. Tanya, que llevaba muchos años en recuperación, tenía una cierta sabiduría tranquila. Mary Lynn sabía que para Tanya había sido muy vergonzoso lidiar con su propio pasado sexual.

Con Tanya, Mary Lynn pudo hablar de las experiencias que más la avergonzaban: buscar hombres en los bares, tener sexo delante de sus hijos pequeños, seducir a un amigo de su esposo. Su historia era difícil.

Mientras Mary Lynn le contaba su historia, Tanya escuchó con atención y, ocasionalmente, compartió su propia experiencia. Describió cómo había usado su cuerpo para mantener su suministro de drogas y alcohol. Se había acostado con muchos hombres y se había sometido a lo que ellos querían, incluida la violencia. En la recuperación, se dio cuenta de que podía tener una vida sin alcohol ni otras drogas y que podía rehusarse a tener el tipo de sexo que no quería.

Aunque los detalles de la historia de Tanya eran diferentes de los de Mary Lynn, la experiencia de Tanya le dijo a Mary Lynn: "Yo también he estado en tu lugar". Esta conexión emocional ayudó a aliviar a Mary Lynn de la vergüenza y la culpa. Saber que una mujer segura como Tanya alguna vez había estado tan desesperada como ella le ayudó a Mary Lynn a tener compasión por sí misma. Y fue toda una revelación que una mujer tuviera el poder de decir que no. Como resultado de su Quinto Paso, Mary Lynn tuvo una nueva perspectiva de sus conductas anteriores y nuevas opciones para actuar de forma diferente en el futuro.

No todo el Quinto Paso implica este nivel de compartir bilateralmente. De hecho, tu confidente podría contarte muy poco de su propia historia. En mi primer Quinto Paso, mi madrina me escuchó con paciencia e hizo comentarios solidarios conforme yo avanzaba, pero no me contó nada de su experiencia personal. De la misma forma, sentí que estaba a mi lado en cada paso del camino.

Sentimientos de temor, falta de merecimiento o humillación

Incluso si el Quinto Paso parece una buena idea, podríamos sentirnos inseguras al revelarle tanto de nuestra vida a otra persona. Hay mucho en juego cuando desnudamos el alma ante otro ser humano. A muchas de nosotras nos inundan las dudas y el temor al acercarnos a este Paso.

Irónicamente, la mayoría de las mujeres suelen sentirse cómodas al compartir historias de su vida personal. Podemos llamar a nuestras mejores amigas para comentar nuestros problemas o hablar con nuestro terapeuta sobre nuestras relaciones y desafíos cotidianos. Pero el Quinto Paso es diferente. En el Quinto Paso, profundizamos nuestra exploración y recuerdos y, con frecuencia, vamos más a fondo que nunca.

Es posible que ni siquiera nuestros amigos más cercanos ni nuestro terapeuta de larga data conozcan nuestros secretos más guardados. Para mantener las relaciones, podríamos sentir que tenemos que mantener ocultos ciertos hechos y sentimientos. Muchas de nosotras hemos ocultado estos "secretos" de nosotras mismas y solo los recordamos al escribir el inventario.

Para las mujeres que crecieron en familias que ocultaban los secretos del mundo, decir la verdad puede ser aterrador. A menudo experimentamos un pánico infantil cuando nos preparamos para contarlo todo. Estamos seguras de que ocurrirá algo terrible, pero no sabemos a ciencia cierta qué será. A veces, cuando tratamos de describir los incidentes de agresión en nuestro Paso Cinco, nos ponemos tan ansiosas que no podemos hablar.

Si contar tu verdad te genera este tipo de terror, puedes empezar recordando que ya no corres peligro. Con el confidente o la madrina correctos, puedes decir *cualquier cosa* en tu Quinto Paso y seguir a salvo. Cuando atraviesas tu miedo, creas la posibilidad de experimentar alivio y compasión. Si el miedo te debilita, obtener el apoyo de un terapeuta de traumas podría ser una parte importante de tu proceso. Para Chase, una terapeuta de trauma fue parte fundamental para lograr su sobriedad porque tenía mucha agresión infantil que procesar. Dijo que el Quinto Piso era importante porque ayudaba a identificar la incomodidad y permitía avanzar hacia la conexión. No obstante, advierte que "es fácil tener mala suerte con las madrinas, por lo que necesitas garantizar que estás compartiendo tu historia con una persona realmente confiable".

Tal vez estés reacia a seguir el Paso Cinco porque no crees que merezcas este tipo de atención de parte de otra persona. A veces las mujeres sienten que están siendo egocéntricas si piden algo para ellas. Pero, para continuar con tu recuperación, tienes que pedirles a otros que te escuchen, que te den tiempo y atención, que escuchen tu historia.

Nos mostramos amor y respeto cuando les pedimos a los demás que escuchen nuestro Quinto Paso. Nos decimos que somos importantes cuando asumimos que merecemos el tiempo y la atención de otras personas. Incluso si en realidad no creemos que nos lo merecemos, podemos fingir y pedirle a otra persona que escuche nuestro Quinto Paso de todas formas.

Las publicaciones tradicionales de A.A. nos dicen que este Paso desinfla el ego[1]. Se supone que es humillante que acudamos a otra persona para hablar de nuestra vida. Culturalmente, esto podría ser así para los hombres, a quienes se les ha enseñado que no hablen de sus sentimientos y experiencias de vida para que no los consideren "blandos". Pero la mayoría de las mujeres han intercambiado sus historias personales durante toda su vida. Cualquier humillación que podamos sentir probablemente esté mezclada con el miedo. Aunque estemos acostumbradas a contar nuestras cosas, podríamos no sentirnos a gusto de pedirle a otra persona que se siente a escuchar la historia de nuestra vida. Podríamos pensar que no nos lo merecemos. Para las mujeres, el Quinto Paso puede ser realmente *empoderador*. Reconoce nuestro valor al decir que merecemos que nos escuchen.

Asumir los "defectos" demasiado literalmente

El Quinto Paso nos pide que revelemos "la naturaleza exacta de nuestros defectos". Si nos tomamos esto demasiado literalmente, podríamos asumir que debemos enfocarnos en nuestros errores y fallas. Desde esta perspectiva, no es de extrañar que esperemos que nos juzguen y rechacen en el Paso Cinco.

Pero este paso se refiere a la apertura y el compromiso de ver profundamente en nuestro interior. Usar palabras como *errores* y *defectos* podría no sernos útil para ver nuestro pasado o entender nuestro presente. Podríamos escuchar o leer esas palabras y, automáticamente, sentir culpa y criticarnos. Y claro que son cosas que no necesitamos. Como me dijo una amiga: "Ya es suficiente el mensaje de que por haber nacido mujeres nacimos equivocadas". Las personas de la comunidad LGBTQ+ también escuchan el mensaje de "haber nacido equivocadas". Con demasiada frecuencia es una parte degradante de vivir en una cultura prejuiciada.

En vez de pensar en términos de correcto e incorrecto,

podemos pensar en discernir nuestras fortalezas y limitaciones sin juicios ni culpas. El Quinto Paso es nuestra oportunidad de describir de forma puntual nuestra conducta y experiencia. Esto no significa que leamos nuestro inventario desprovistas de emociones, como si fuera la lista de compras del mercado. De hecho, es posible que haya lágrimas y momentos de enojo en el proceso. En mi propio Quinto Paso, hubo muchas emociones, junto con risas inesperadas y muy terapéuticas. Mi madrina fue excelente al mostrarme el humor absurdo en algunas de mis experiencias más devastadoras.

El punto es que no necesitas minimizar las partes difíciles ni necesitas dramatizarlas. Simplemente estás compartiendo tu pasado para dejar de cargarlo sola y en secreto. Esta es tu oportunidad de sacarlo y de soltarlo. Ahora puedes romper el secreto y el aislamiento y atreverte a contárselo a alguien más. Pero no creas que *eres* "mala".

Francesca, una chica en su último año de secundaria, piensa en el Quinto Paso como "sincerarse" con otra persona. Para ella, se trata de la honestidad emocional: ser capaz de admitir cómo se siente en realidad. Ya pasó por su Quinto Paso formalmente, al sentarse con su madrina para compartir su inventario. Justo por eso, sabe cómo tener conversaciones profundas con otras personas. Las considera mini Quintos Pasos espontáneos.

Un día, después de una reunión de A.A., su amiga Jill vio que Francesca había sido grosera con otra joven que ambas conocían. "Te cae muy mal, ¿verdad?", se animó a decirle Jill. Hasta ese momento, Francesca no se había dado cuenta de que sus sentimientos fueran tan intensos. De hecho, le molestaba que la otra chica buscara siempre ser el centro de atención en las reuniones.

Al principio, a Francesca le avergonzó que su amiga viera sus sentimientos con tanta claridad. Pero cuando se dio cuenta de que Jill estaba haciéndole una observación y no una crítica, Francesca pudo hablar de los motivos por los que la conducta de esta chica la incomodaba. En vez de etiquetarse como "mala", Francesca aprovechó la oportunidad para aprender algo sobre sí misma con la ayuda de una amiga intuitiva.

Admitir nuestras "fallas" nos ayuda a descubrir la realidad del pasado y del presente, de modo que podamos cambiar. El Quinto Paso está más relacionado con la verdad y el aprendizaje que con "fallas". Si la idea de "fallas" interfiere con esta oportunidad de aprender sobre nosotras mismas, podemos considerar preguntas como estas al prepararnos para contarle nuestra historia a alguien más:

- *¿Dónde está el desequilibrio de mi vida?*
- *¿Dónde no estoy desarrollando todo mi potencial?*
- *¿De qué formas he negado mis verdaderos sentimientos o incluso actuado en una dirección opuesta a ellos?*
- *¿Qué patrones no debería repetir en el futuro?*
- *¿De qué soy responsable y de qué no lo soy?*
- *¿Dónde estoy asumiendo demasiada culpa?*

De la misma forma que lo hiciste en el Paso Cuatro, también puedes permitirte hablar de tus éxitos. Podría ser difícil reconocer ante otro ser humano cuáles son tus mejores cualidades. ¿Cómo te sientes cuándo le hablas a alguien de tus fortalezas? Tienes el deber de descubrirlo. Al incluir nuestros éxitos, revelamos la naturaleza exacta de *lo que somos*, no solo la "naturaleza exacta de nuestros defectos".

El verdadero yo sexual

Incluso cuando empezamos a pensar de forma diferente en nuestras "fallas", es probable que sigamos sintiendo que hay algo malo con nosotras cuando se trata del sexo. Para bien o para mal, el sexo siempre ocupa un lugar especial en el Quinto Paso. No podemos contar nuestras historias por completo sin al menos tocar el tema de nuestra sexualidad. La gente que se identifica en el espectro de la asexualidad tal vez no experimente el deseo sexual de la misma forma, pero el hecho de asumirlo puede significar haber pasado por años de vergüenza y mensajes mixtos. Las mujeres con historias de agresión sexual podrían no haberse sentido nunca seguras en su sexualidad. Además, todas hemos recibido cacofonía de mensajes sobre lo que es la sexualidad "normal". Muchas de nosotras nos sentimos tan incómodas hablando de la sexualidad de una forma directa que ni siquiera sabemos por dónde empezar.

El Libro Grande de A.A. recomienda que dediquemos una parte considerable de nuestro inventario del Cuarto Paso a nuestra vida sexual[2], concentrándonos en el daño que podemos haber causado con nuestras actividades sexuales. Y aunque sigamos esta sugerencia, solo tendremos una parte de la historia. Para estar seguras, podemos haber lastimado a otras personas y a nosotras mismas con nuestra conducta sexual, y necesitamos ver las formas en las que podemos haber ignorado la necesidad de consentimiento o irrespetado los límites de los demás. ¡Pero muchas de nosotras nos avergonzamos de nuestra vida sexual solo porque tenemos una!

Lamentablemente, la sociedad aún tiene un doble estándar para la conducta sexual que se deriva de la creencia en un género binario y las normas de la heterosexualidad monogámica. Aunque ahora es más aceptable que las mujeres se interesen abiertamente en la sexualidad, aún nos bombardean con mensajes contradictorios. Según los hombres, se supone que seamos sexis, pero sin llamar demasiado la atención. Debemos ser asertivas, pero solo en el momento correcto, o nos dejarán de considerar femeninas. Se espera que seamos sexualmente sofisticadas, pero no se supone que tengamos mucha experiencia. Si no somos heterosexuales y buscamos conexión con otras mujeres o gente queer, los mensajes son mucho más complejos.

La mayoría de nosotras nos sentimos confundidas y ansiosas al tratar de entender estas "reglas". Creemos que existe un cierto tipo de autenticidad sexual que lograr, pero ¿cómo lo hacemos? ¿Cómo sabremos que nos aman y desean tal y como somos y no apenas por representar una sexualidad que creamos para complacer la fantasía de otra persona?

Existe un yo sexual auténtico, pero no lo encontrarás buscándolo en las fantasías de los demás. El verdadero yo sexual está en tu interior: en tus deseos, preferencias, curiosidades y sentido de la seguridad. Lo que vale para tus deseos sexuales podría cambiar con el paso del tiempo y con tu sanación. Podría cambiar con la edad y la experiencia. La verdadera expresión sexual no es una conquista ni un destino; es un proceso de descubrimiento que requiere que estés en sintonía con tu propio cuerpo y con tus sentimientos.

Yo descubrí que la única forma en que podía sentirme bien con respecto a mi sexualidad era ver en mi interior y explorar lo que era realmente correcto para mí. Hablar de mis experiencias sexuales en el Quinto Paso me ayudó a empezar a entender esta sexualidad auténtica para mí.

El Quinto paso puede brindar un espacio seguro para hablar de los asuntos sexuales. Al hablar de sexo, podrías descubrir cuánto te has alejado de tus intereses y tu seguridad.

A veces estamos tan preocupadas por complacer a los demás sexualmente, o en "seguir la corriente para quedar bien", que perdemos de vista lo que nos gusta. Tal vez tuvimos sexo con gente que ni siquiera nos atraía o nos caía bien, porque sentimos que, de alguna forma, era obligatorio. Tal vez nos sentimos atraídas por las mujeres y luchamos con cuándo y cómo expresar nuestros sentimientos. Casi todas nosotras hemos estado preocupadas por nuestro atractivo sexual y hemos criticado fuertemente nuestro propio cuerpo. Tal vez nos hemos colocado en situaciones peligrosas o degradantes para obtener nuestra droga. Estos son apenas algunos ejemplos de las confusiones y los temas sexuales que podrían surgir en nuestro Quinto Paso.

Constance esperó hasta que tenía doce años de estar en recuperación antes de seguir el Cuarto y el Quinto Paso porque no soportaba pensar en su pasado sexual. Creció en la década de 1950, cuando las "chicas buenas" no tenían sexo y las "chicas malas" sí. Constance había tenido sexo con muchos hombres y mujeres cuando estaba ebria. Se avergonzaba tanto de ello que quería mantener esta parte de su vida en secreto para siempre.

En A.A. tenemos el dicho de que estamos tan enfermas como nuestros secretos. Al igual que muchas de nosotras, Constance descubrió que cuando trataba de ignorar la verdad, ella encontraba una forma de hacerla sentirse realmente mal. Durante años, se atormentó con los recuerdos de su pasado secreto. Finalmente se dio cuenta de que el Cuarto y el Quinto Pasos podían ayudarla a soltar el pasado y sentirse más a gusto consigo misma. Decidió que probablemente no podría sentirse mucho peor de lo que se sentía al cargar con su dolor a lo largo de doce años de sobriedad.

Al contar su historia, Constance descubrió algo inesperado sobre sí misma. Se dio cuenta de que no le importaba haber roto las reglas de la sociedad sobre la conducta sexual de las mujeres. En realidad, lo que la entristecía y deprimía era haber infringido su propia guía interior, sus valores más profundos.

Lloró y recordó lo mal que se había tratado cuando bebía. Vio el poco respeto que se tenía y tuvo conciencia clara de cómo se había lastimado.

En su Quinto Paso, Constance también se deshizo de su vergüenza por su conducta sexual con mujeres. Al hablar de sus sentimientos y experiencias, se dio cuenta de que se avergonzaba porque la sociedad le había dicho que las mujeres no debían manifestar su sexualidad con otras mujeres. Pero, cuando percibió que no estaba de acuerdo con ello, pudo abandonar la vergüenza. Descubrió la importancia de sus propios valores.

Sherie comenta que el Cuarto y el Quinto Pasos fueron transformadores para ella, porque sentaron las bases de su transición de género. Sherie llevaba varios años de sobriedad y volvió a consumir drogas, pero en su segundo trabajo con los Pasos se asumió como una mujer transgénero y decidió vivir a plenitud. "No me di cuenta del precio que pagaba constantemente al ocultar de todo mundo quién soy", agrega. "Padecía de culpa y vergüenza crónicas, además del miedo de que me descubrieran. Tenía que esconder de todos quién era yo". Ahora, Sherie vive en integridad, de acuerdo con quien es y siente una gratitud enorme. "Vivía con ese dolor, culpa y vergüenza", comenta, "y no me daba cuenta de cómo me estaba enfermando. No es de sorprender que bebiera para lidiar con todo".

Culpa parental

Muchas mujeres enfrentan otro tema desafiante en el Quinto Paso: la parentalidad. Al igual que numerosas mujeres en recuperación, me avergonzaba la forma en que había tratado a mis hijos. No dudo que esta haya sido la parte más difícil de mi Quinto Paso. ¿Cómo podía contarle a otra persona que había lastimado a mis hijos?

Muchas de nosotras luchamos con la angustia de la "culpa materna". Ya sea que hayamos actuado de forma violenta o negligente o que hayamos estado emocionalmente indisponibles para nuestros hijos, podríamos creer que no merecemos perdón.

Todas las madres sienten una presión enorme por ser la madre perfecta, y ninguna lo es. Todas tenemos momentos de los que no nos enorgullecemos.

Hay una lista casi infinita de cosas que nos hacen sentirnos culpables. Con frecuencia somos sobreprotectoras, con tanto miedo de que algo les pase a nuestros hijos que no queremos perderlos de vista. O tal vez nos aferramos a ellos para no sentirnos solas. De cualquier forma, sobrecargamos a nuestros hijos al esperar que atiendan nuestras necesidades emocionales. No pueden tener su propia vida si los cercamos con nuestra ansiedad o nunca los soltamos.

En el otro extremo, podríamos haber sido indiferentes con nuestros hijos. Podemos haber estado tan obsesionadas con la bebida, el consumo de drogas u otra conducta compulsiva, que fuimos negligentes con las necesidades básicas de nuestros hijos. Muchas de nosotras estábamos tan anestesiadas que ni siquiera nos dimos cuenta de que nuestros hijos pueden haber estado realmente en peligro. Tal vez los dejamos solos en la casa, a una edad en la que no eran capaces de cuidarse por su cuenta. Podemos haber ignorado señales de agresión sexual. Quizás no percibimos que se aislaron porque les daba demasiada vergüenza traer a sus amigos a casa. Si no podíamos cuidarnos a nosotras mismas, era imposible que estuviéramos al tanto de lo que pasaba en la vida de nuestros hijos.

Yo era una extraña distante de mis hijos porque vivía perdida en la niebla del alcohol. Cuando logré la sobriedad, fue muy doloroso ver cuán alejados estábamos. Yo no había estado disponible para ellos y casi no los conocía. Tuve que empezar desde el principio, a construir relaciones con mis hijos.

De milagro, mi descuido no hizo que mis hijos sufrieran ningún daño físico serio. Pero no todas tenemos esa suerte. Por pura falta de atención, podríamos haber dejado drogas al alcance de nuestros hijos pequeños. Podríamos habernos desmayado en el sofá con un cigarrillo encendido en la mano. Podríamos haber conducido en estado de ebriedad con los niños en el auto. En medio del estupor o de una resaca, podríamos haberlos agredido física o verbalmente. Nuestra imprudencia y desenfreno pueden provocar tragedias irreversibles. A veces los niños salen lastimados o incluso fallecen en circunstancias como estas.

Independientemente de cuál sea nuestra historia, todos somos seres humanos y cometemos errores. Tal vez no tuvimos los mejores ejemplos. Nuestros padres también pueden haber sido niños lastimados que crecieron con una capacidad parental limitada. No aprendimos buenas destrezas parentales con ellos. Pero podemos mirar a padres que admiremos y recordar cómo otros adultos amorosos nos trataban cuando estábamos pequeñas. Ahora, podemos enseñarnos a ser el tipo de madres que queremos ser.

La culpa parental es una carga pesada. Y podría no desaparecer por arte de magia como resultado de tu Quinto Paso. Tal vez sientas siempre una punta de remordimiento y a lo mejor eso esté bien. Pero no eres incapaz de redimirte. Compartir tu dolor y arrepentimiento puede ser un paso enorme hacia la sanación. Puedes ser aceptada independientemente de lo que hayas hecho. Cuanto más dolorosa sea tu historia, más necesitarás compartirla con alguien que te escuche con compasión en el Paso Cinco. Esta fue una de las partes más sanadoras del Quinto Paso para mí y podría pasarte lo mismo.

"Admitirlo ante Dios"

Una buena parte del poder del Quinto Paso reside en nuestra interacción con otra persona. Los resultados son claros e inmediatos. Contamos nuestra historia y vemos la compasión en el rostro de la otra persona. Al contarlas, nuestras historias se vuelven reales; son más "verdaderas" tras narrarlas en voz alta a un oyente solidario.

Pero nuestra conexión con nuestra fuente espiritual es una parte igualmente poderosa del Quinto Paso. Al contarle nuestra verdad a un Poder Superior, nos abrimos a una comunicación más profunda. Esta podría ser la primera vez que hablamos directamente con nuestra fuente espiritual. Podría ser la primera vez que experimentemos la presencia amorosa de un Poder Superior o la posibilidad de la unidad con nuestra fuente.

Pero, ¿qué pasa con la comunicación: admitir ante Dios la naturaleza exacta de nuestros defectos? Esto dependerá de nuestro concepto de un Poder superior a nosotras mismas.

Marta, por ejemplo, piensa en su Poder Superior como un espíritu universal. Lo percibe en todo lugar al mismo tiempo, dentro de ella y a su alrededor. Su Dios no "escucha confesiones", así que la idea de admitir algo ante Dios no calza con la imagen que ella tiene de Dios. En vez de ello, Marta piensa en esta parte del Quinto Paso como un simple reconocimiento de la verdad. Cree que ser honesta consigo misma es una forma de ser honesta con su Poder Superior.

Como cristiana, Lavonne tiene una orientación diferente. Pasó mucho tiempo orando como parte de su Quinto Paso, diciéndole a Dios lo que pretendía decirle a su madrina. Para ella, fue importante pasar este tiempo en oración y contemplación. Esta comunicación la ayudó a organizar sus pensamientos y sentimientos y le dio una sensación de plenitud.

Elena encontró su Poder Superior al pasar por su Quinto Paso. Hasta ese momento, no había logrado aceptar la idea de un Poder Superior. Su origen religioso le impedía imaginar a un Dios que la amaría incondicionalmente. Pero, entonces, compartió su inventario con su madrina. Para sorpresa de Elena, experimentó el amor y el apoyo de su madrina como su Poder Superior. El Poder le llegó a través de la conexión de persona a persona que tuvo en el Quinto Paso.

En muchas formas, el Quinto Paso amplía el Paso Dos, donde logramos creer en un Poder superior a nosotras mismas. Ambos Pasos nos sacan del aislamiento. Cuando logramos creer en este poder en el Paso Dos, nos damos cuenta de que no estamos solas. Empezamos a sentirnos conectadas: con un Poder Superior y con otras personas en recuperación. Esta conexión se profundiza en el Quinto Paso. Al compartir nuestra historia con una oyente receptiva, sabemos que no estamos solas e incluso podríamos empezar a tener un sentido de intimidad y pertenencia.

Este es el espíritu de "admitir ante Dios". Independientemente de la forma en que elijas hacerlo, creas un sentido de conexión con otra persona y de compasión contigo misma. Cuéntale tu historia a tu Dios, Diosa, Espíritu Universal o la Guía Interior de la forma que te resulte cómoda. Experimenta la aceptación y la compasión disponibles para ti.

Un nuevo tipo de relación

El Quinto Paso ofrece sanación. Nos muestra cómo crear un nuevo tipo de relación con otras personas. Nos volvemos vulnerables y abiertas, nos permitimos ser vistas tal y como somos, tal vez por primera vez. Experimentamos una relación en desarrollo, construida a partir de la honestidad y la confianza. La mayoría de nosotras hemos deseado profundamente este tipo de relación, pero tal vez no sabíamos cómo crearla hasta ahora.

Ahora nos arriesgamos a ser honestas con otra persona. Podemos ver que merecemos el tiempo y el esfuerzo. Descubrimos que decir la verdad no siempre es catastrófico y puede ser un gran alivio.

El Quinto Paso también nos brinda la oportunidad de tener un tipo de relación diferente con nosotras mismas. Incluso si hemos hecho nuestro mejor esfuerzo por ser gentiles en nuestros inventarios del Cuarto Paso, perfectamente podemos llegar al Quinto Paso condenándonos. Muchas de nosotras luchamos con la autocompasión. Pero, si somos receptivas, la persona que escucha nuestro Quinto Paso podría ayudar a que nos tratemos con más gentileza.

Desarrollar este tipo de autoaceptación y perdón es realmente un arte que puedes aprender. Y, cuando lo logras, cuando practicas el arte de sentir compasión por ti misma, te abres a una de mayores promesas de la recuperación, establecida en el Libro Grande: "No nos arrepentiremos del pasado ni desearemos cerrarle la puerta"[3].

No nos arrepentiremos del pasado, pero tampoco queremos repetirlo. Debido a la mirada honesta que le dimos a nuestro pasado en los Pasos Cuatro y Cinco, podemos ver las experiencias y patrones que nos han lastimado y limitado. En este momento, probablemente sabemos cuáles son los patrones que más queremos cambiar. Pero ver nuestros patrones y renunciar a ellos son dos cosas muy diferentes. En el siguiente Paso, nos preparamos para soltar.

. . .

Paso Seis

Estuvimos enteramente dispuestos a dejar que Dios nos liberase de nuestros defectos.

Al principio, el Paso Seis podría parecer extremo.

- *¿Cómo podemos estar "completamente listas" para renunciar a todos nuestros "defectos"?*
- *¿Qué significa que Dios los "quite"?*
- *¿Cómo será la vida sin ellos?*

Podría parecer que el Paso Seis te pide que te abras y renuncies a todo a la vez y eso podría ponerte ansiosa. Podría parecer más de lo que puedes hacer... más de lo que quieres hacer. Sin embargo, el Paso Seis solo te pide que te prepares.

En este Paso, nos disponemos a estar abiertas al cambio, a dejar hábitos o rasgos que desequilibran nuestra vida. Nos abrimos a un conocimiento más profundo y a una visión más clara.

¿Cuáles conductas nocivas pareces repetir constantemente? Tu ciclo de bebida, de consumo de drogas u otra conducta compulsiva es un ejemplo claro: es un patrón que repetías aun cuando sentías que te hacía daño. Y cuando estuviste lista, lo dejaste ir.

Puedes hacer lo mismo con tus otros patrones. A partir de

tu Cuarto y Quinto Paso, sabrás por dónde quieres empezar, de cuáles conductas y actitudes habituales quieres deshacerte, de modo que puedas ser quién quieres ser y tener mejores relaciones con otras personas y contigo misma.

Mirar hacia dentro

Al igual que en los primeros Pasos, no queremos concentrarnos tanto en los defectos y las fallas al punto de volvernos excesivamente críticas con respecto a nosotras mismas. Pero queremos ser honestas sobre nuestros errores y las formas hirientes o destructivas en que nos comportamos.

Piensa en el Paso Seis de esta forma: *¿Qué es lo que más quieres cambiar de ti misma?* Tu lista de patrones podría incluir algunos que mucha gente comparte: culpa excesiva, perfeccionismo, necesidad de agradar a los demás, baja autoestima, pasividad o deshonestidad. Podrías haber estado emocionalmente distante o cerrada, controladora, prejuiciosa o responsable en exceso. Tal vez quieras ser más asertiva o aceptarte como eres o ser sexualmente honesta. O quizás quieras ser menos dependiente de tu familia o menos crítica con tus hijos.

Todas nosotras queremos cambiar patrones que lastiman a otras personas y nos causan dolor. Pero ver nuestros patrones y hacer algo al respecto son dos cosas muy diferentes. La mayoría de nosotras descubrimos que los patrones no cambian apenas porque podemos verlos. También debemos estar dispuestas a renunciar a ellos, es decir, "prepararnos completamente" para soltarlos. Cuando lo hacemos, descubrimos que hay un Poder superior a nosotras mismas que nos ayuda.

En el Paso Seis, nos preparamos para cambiar al ver cada patrón o rasgo y preguntar:

- *¿Qué evita que renuncie a este patrón?*
- *¿Para qué me sirve este patrón?*
- *¿Qué necesito hacer para soltarlo?*
- *¿Qué pasará si lo dejo ir?*

Cuando miramos con mayor profundidad dentro de nosotras, empezamos a ver cómo nos mantenemos aferradas a antiguos patrones de conducta y relaciones con otras personas.

Este Paso puede parecer desconcertante. Puede dar la impresión de que no hay que hacer nada. En los Pasos Cuatro y Cinco, escribiste un inventario y le contaste a alguien tu historia. Hiciste algo concreto y visible. Pero el Paso Seis es un "trabajo interno". Te vuelcas a tu interior y examinas tus motivos y las razones detrás de tus patrones.

Algunas mujeres anotan sus perspectivas al trabajar en este Paso; otras hablan con sus madrinas y amigas o comparten sus pensamientos en las reuniones. Y algunas de nosotras no "hacemos" formalmente este Paso, sino usamos las ideas como ayuda para aprender más sobre nosotras mismas. Como sucede con los otros Pasos, cada una de nosotras hace lo que le resulta más significativo.

Miedo de soltar

Al trabajar con cada patrón o conducta, podemos descubrir que la renuncia se parece mucho a renunciar al alcohol, a otras drogas o a cualquier otra conducta compulsiva. Primero, nos damos cuenta de lo que estamos haciendo; luego empezamos a considerar renunciar a ello. La mayoría de nosotras sabe que la bebida o el consumo de drogas nos hace daño mucho tiempo antes de que podamos dejarlos. A menudo, el miedo es el obstáculo para nuestra renuncia.

Yo seguía bebiendo aunque sentía que tenía un problema. Antes de poder renunciar, tuve que vivir con la conciencia de mi problema y fue lo que me preparó para el cambio. La bebida se fue volviendo cada vez menos "divertida" a medida que fui adquiriendo conciencia de mis experiencias negativas. Después de un tiempo, me di cuenta de que la bebida me causaba graves dificultades, pero la idea de no beber me aterrorizaba. En ese momento, reconocí mi impotencia: vi el poco control que tenía sobre el alcohol y cómo dominaba mi vida. Por fin, llegó el día en que estuve lista para cambiar, lista para probar algo (¡cualquier cosa!) diferente.

De la misma forma que temía renunciar al alcohol, con frecuencia me ha asustado y me ha puesto ansiosa la idea de soltar otros patrones destructivos. Ahora, a partir de mi propia experiencia y de escuchar las historias de otras mujeres en recuperación, puedo ver que hay buenos motivos para que no queramos renunciar.

Parece una contradicción, pero la mayoría de nosotras nos aferramos a los patrones y conductas que más dolor nos causan. Eso se debe a que nos sentimos más seguras haciendo lo que nos resulta familiar. De hecho, nuestros patrones nos han ayudado a sobrevivir y a salir adelante en el mundo. Son defensas que nos protegieron adecuadamente *cuando necesitamos protección.*

Por ejemplo, la furia podría evitar que nos sintamos deprimidas e indefensas. O, si queremos agradar a los demás o cuidarlos todo el tiempo, podríamos estar tan concentradas en los demás que no nos damos cuenta de lo infelices que somos. Creamos patrones como este para aislarnos del dolor.

A medida que nos sintamos más fuertes, necesitaremos menos defensas para este tipo de "protección". Nuestro sentido de seguridad aumenta conforme desarrollamos un grupo de personas de apoyo a nuestro alrededor y una conexión espiritual con un Poder Superior.

Al principio, probablemente te sentirás insegura cuando salgas de tus antiguas defensas. Podrías sentirte como un bebé que empieza a dar sus primeros pasos. Si te sientes desorientada o insegura en esta etapa, no estás sola. Todas nosotras nos hemos sentido de esa forma en algún momento cuando aprendemos a abandonar nuestros viejos hábitos conocidos.

Adentrarse en lo desconocido

Cuando Hannah se describe, dice que era pasiva y complaciente porque estos patrones le daban seguridad, aunque no la hacían feliz. Cuando empezó su recuperación de la alimentación compulsiva, empezó a entender por qué temía soltar este patrón.

Liz, la pareja de Hannah, era alcohólica y todos sus amigos bebían en exceso. A Hannah no le gustaba este grupo de gente, pero no se atrevía a decírselo a Liz ni a buscar sus propias amistades. Empezó a depender de la comida como compañía y para adormecer sus sentimientos.

Cuando dejó de darse los atracones de comida, Hannah

se dio cuenta de que no era feliz con Liz y tenía miedo de manifestarse en su relación. En su inventario y el Quinto Paso, descubrió este patrón de complacencia y pasividad. Constantemente se sometía a los deseos de los demás. No tenía una vida propia.

Para romper este patrón, Hannah se preguntó en el Paso Seis *por qué* dejaba que otra gente la dominara. ¿Qué le impedía cuidarse sola? Y la respuesta fue que *era lo único que sabía hacer*. Este rol era familiar y conocido. Si no lo desempeñaba, ¿quién era? ¿Cómo se sentiría si pidiera lo que quería? ¿Cuál sería la reacción de Liz?

Con el tiempo, a medida que se fortaleció y adquirió suficiente seguridad para enfrentar su miedo a lo desconocido, Hannah se volvió más asertiva y buscó a sus propios amigos. Liz no pudo aceptar su nueva asertividad y, eventualmente, Hannah se fue a vivir sola.

Al igual que Hannah, podríamos estar tan aferradas a nuestros patrones y roles que tenemos que empezar por identificarlos. Ellos nos brindan una sensación de seguridad. Cuando pensamos en renunciar a ellos, enfrentamos una crisis: ¿Quiénes seremos si no desempeñamos este rol ni actuamos de esta forma? ¿Qué pasará si cambiamos? Es inquietante abandonar nuestros patrones familiares; son cómodos y predecibles. Sabemos qué va a suceder y lo que se supone que hagamos. Sabemos quiénes somos en relación con los que nos rodean. *La alternativa es probar algo nuevo sin saber cuáles serán los resultados.*

Para mí, la sensación de renunciar a mis antiguos patrones

era como estar frente a un vacío terrible, un enorme agujero negro en medio de la nada. Era exactamente lo que sentía sobre dejar de beber. ¿Qué iba a hacer en un evento social sin un trago en la mano? ¿Cómo pasaría de la cena a la cama sin varios tragos? Sería demasiado difícil lidiar con mis hijos, mi matrimonio y mi negocio. El alcohol aliviaba mi estrés y reducía mi ansiedad. Más que nada: llenaba un vacío en mi vida. ¿Cómo podría enfrentar el vacío sin beber? Estaba segura de que si dejaba el alcohol, no habría nada.

Claro que cuando logré estar sobria, descubrí que funcionaba mejor sin alcohol. Esta conciencia me ayudó cuando choqué contra un muro emocional en el Paso Seis. Cuando entraba en pánico, convencida de que no tendría un sentido de identidad si abandonaba mis antiguas defensas y hábitos, recordaba que hacía poco había pasado por lo mismo al pensar en renunciar al alcohol. *Confiaba* en que sería capaz de salir adelante, aunque no supiera cómo hacerlo. Esta confianza se basaba en mi relación creciente con mi Poder Superior. Había logrado creer en un Poder superior a mí y le había entregado a ese poder las cosas que estaban fuera de mi control. En mis luchas con el Paso Seis, descubrí que esta misma fuente espiritual estaba presente para guiarme a través de mi miedo a lo desconocido.

Esta parte del Paso Seis significa "dejar que Dios nos libere de todos estos defectos de carácter". Un Poder Superior está presente para revelar el significado de nuestras defensas y hábitos. Ese poder nos apoya al cambiar.

También ha sido un lado muy práctico de mi renuncia en

el Paso Seis. Con algunos patrones y defectos, he llegado a un punto de inflexión que muchas de nosotras alcanzamos: ha habido momentos en que me he dado cuenta de que *era más doloroso quedarme en el antiguo patrón que arriesgarme con algo nuevo y desconocido.* En otras palabras, lo desconocido empezó a parecer la mejor alternativa. En este punto, pude empezar a soltar.

Conciencia antes de acción

Muchas veces, podemos ser conscientes de un patrón mucho antes de estar listas para soltarlo. Este puede ser uno de nuestros mayores desafíos.

Es común tener una relación de amor y odio con nuestra conciencia. Al principio, puede ser un enorme alivio ser consciente de nuestros patrones o motivos subyacentes. Es como encender una luz, ese tipo de sentimiento de "revelación". Con una nueva conciencia, viene una nueva sensación de esperanza: podemos cambiar. No obstante, esa esperanza puede desvanecerse si nos damos cuenta de que aún no estamos listas para actuar según nuestra nueva perspectiva.

Por ejemplo, podrías acabar de darte cuenta de que tiendes a trabajar demasiado. Luego, conforme pasan los días, ves que asumes un proyecto más *aunque no quieres hacerlo.* ¿Te suena conocido? Es bastante parecido a verte inhalar cocaína o tomarte una botella de vino después de haber jurado que nunca más lo harías. Tienes la conciencia, pero aún no estás lista para dejarlo. Puede ser una experiencia dolorosa y aleccionadora.

Essie dice que el Paso Seis puede ser un freno para la gente

LGBTQ+ porque parece que "te dice que eres deficiente". Para Essie, era importante recordar que estar lista para cambiar no significaba que fuera una persona deficiente. "Aún me siento frustrada y furiosa a veces", comenta, "y aún bebo mucho café y como mal, aunque estoy plenamente lista para adoptar hábitos diferentes. Mi cuerpo y mi mente se aferran a los patrones antiguos, aunque esté lista para empezar los nuevos. Al mismo tiempo, sé que soy menos reactiva, más paciente y más comprensiva, así que el Paso Seis me recuerda que soy una obra en construcción, siempre".

Una amiga una vez me contó cómo su hijita pequeña se ponía furiosa antes de dominar una nueva habilidad física. La bebé pasaba por periodos de llanto y enojo intensos que terminaban de repente cuando lograba sentarse, ponerse de pie o caminar. "La impresión que te da es que ella sabe qué quiere hacer pero aún no lo logra", explicaba mi amiga. "Entonces se frustra mucho. Realmente se pone furiosa".

Al igual que esta niñita, seguramente nos ponemos de mal humor y "furiosas" cuando sabemos qué queremos hacer pero aún no lo logramos. Puede ser frustrante seguir trabajando tanto o mintiendo o enfureciéndonos tras haber identificado estos patrones o defectos como cosas que queremos cambiar.

En el Paso Seis, *la conciencia antes de la acción* es una parte natural del proceso. En las reuniones de los Doce Pasos, escuchamos gente que dice que debemos "usar las palabras" antes de "pasar a los hechos". Esto significa que, con frecuencia sabemos qué se supone que hagamos antes de poder *hacerlo* en realidad.

Regalos disfrazados

La vida nos brindará oportunidades de experimentar nuestros patrones y de decidir si estamos listas para renunciar a ellos. Un chiste común en los círculos de los Doce Pasos es que la vida no nos presenta problemas, traumas o catástrofes: nos brinda "oportunidades de crecimiento". Pueden ser regalos disfrazados.

Shannon, quien luchaba contra un patrón de mentiras compulsivas, descubrió que ir a las reuniones de A.A. le daba una mayor motivación para ser deshonesta. Cuando bebía, mentía para zafarse del problema. En las reuniones, empezó a decir mentiras para llamar la atención y recibir solidaridad.

Eventualmente, Shannon se dio cuenta de que mentir era una defensa contra sus sentimientos de inseguridad. En A.A., se sentía fuera de su elemento y no sabía cómo impresionar a este nuevo grupo de personas, así que inventaba historias y exageraba la verdad. Cuando se preguntó cómo este patrón la protegía, vio que le daba una sensación de seguridad. Había creado un "yo falso" que pensaba que era más aceptable para otras personas que su yo real.

Para Shannon, estar "enteramente dispuesta" a dejar de mentir significaba arriesgarse a que la gente no la quisiera si era ella misma. Tenía que estar dispuesta a arriesgarse a ese rechazo. Durante un periodo de varios meses, y muchos episodios más de mentiras y remordimientos, pudo renunciar a mentir.

Shannon tuvo que comparar cómo se sentía mintiendo y diciendo la verdad, repitiendo su vieja conducta o probando algo nuevo. Una vez que superó su ansiedad inicial y dijo la verdad, descubrió que era más fácil ser honesta y permitir que los demás la vieran tal cual es.

Monique, que buscaba compulsivamente relaciones sexuales, sentía que uno de sus mayores desafíos era dejar de comportarse de manera seductora con los hombres que no le interesaban. En su Cuarto y Quinto Pasos, reconoció que la mayoría de las veces se portaba así con hombres mayores, tradicionales y paternales. Como parte de su recuperación, Monique mantuvo una distancia segura de este tipo de hombres. Pero un día le asignaron a un nuevo jefe, ¡un hombre mayor, tradicional y paternal! Monique había recibido la oportunidad perfecta de trabajar en su patrón compulsivo.

Para su pesar, Monique empezó a tratar de llamar la atención de su nuevo jefe. Descubrió que temía *no* portarse de forma seductora con él, temía ser invisible o indigna si él no pensaba que era atractiva. Al igual que muchas mujeres, sentía que solo era valiosa y digna si un hombre la consideraba un objeto sexual deseable.

Monique no quería renunciar a la seducción porque se sentía poco atractiva y poco importante sin ella. Pero tampoco quería seguir actuando así. Para ella, la clave fue enfrentar su sentimiento interior de indignidad. Una vez que se sintió lo suficientemente fuerte para experimentar ese sentimiento en vez de esconderse de él, estuvo dispuesta y lista para renunciar a su conducta seductora. Y pudo empezar a crear una sensación de valor dentro de ella.

Las experiencias de Monique y Shannon son comunes. En la recuperación, todas tenemos oportunidades de representar nuestros patrones de conducta y de aprender más sobre nosotras mismas. Esto podría no parecer justo. Podemos empezar a creer que estamos condenadas a repetir ciertos patrones para siempre.

Si volver a los viejos hábitos parece una pesadilla, piensa de esta forma: *un Poder Superior te está dando exactamente lo que necesitas para que lo dejes ir.*

Progreso, no perfección

Al trabajar en el Paso Seis y ver exactamente cuán lista estás para renunciar a tus patrones, ten en mente mi frase favorita de A.A.: "Lo que pretendemos es el progreso espiritual y no la perfección espiritual"[1]. En otras palabras, puedes concentrarte en tu progreso y aceptar que eres *im*perfecta, *re*nuente y *no* estás listas.

La clave del Paso Seis es mantener la honestidad que hemos venido desarrollando en todos los Pasos anteriores... y tratar de ser pacientes con nosotras mismas. Muchas de nosotras nos enojamos cuando podemos ver un patrón pero no logramos renunciar a él. Casi nos avergonzamos de ser imperfectas. Recuerda que no puedes obligarte a estar dispuesta, así como no pudiste obligarte a dejar de consumir drogas. Si aún no estás dispuesta, acéptate. Confía en que estarás lista para renunciar cuando llegue el momento. Confía en que un Poder superior a ti está restaurando tu equilibrio y plenitud.

Las publicaciones tradicionales de A.A. nos instan a buscar la perfección aunque no podamos lograrla[2]. Los fundadores de A.A. querían asegurarse de que no nos libráramos de la culpa tan fácilmente. Les preocupaba que, como alcohólicas, nos esforzáramos por mejorar apenas para lo básico. Aunque algunas personas podrían verse tentadas a tomar el camino más fácil, muchas de nosotras podríamos desviarnos para seguir el Sexto Paso de la forma más perfecta posible, incluso sin esta motivación adicional.

La meta del Paso Seis es lograr un conocimiento profundo, ser todo lo que podemos ser. Podemos confundirnos al tratar de lograr la perfección. Estaremos mejor si dejamos de buscar un Paso Seis perfecto y nos permitimos ser gentiles, confiar en el proceso y tratarnos con paciencia y respeto.

Prepararse

El Paso Seis aún podría parecer misterioso, incluso después de toda esta conversación. ¿Qué hacer en este Paso? La forma más fácil es repasar tu inventario de patrones y hábitos, concentrándote en un patrón a la vez y preguntándote cómo te protege. ¿Qué temes que pasará si dejas de comportarte de esta forma? Tal vez tengas la respuesta en la punta de la lengua o quieras hablar con alguien o pensar un poco al respecto. Podrías representar el patrón una o dos veces, o muchas, hasta que tengas una comprensión de él. Podría tardar un poco que tus acciones tengan sentido para ti.

Una vez que veas lo que está por debajo del patrón o la conducta (el sentimiento que te ayuda a evitar), puedes preguntarte si estás lista para enfrentar ese sentimiento subyacente. Si lo estás, quizás ya no necesites ese patrón para protegerte. En este momento, podrías estar lista para soltarlo, tal vez "enteramente dispuesta".

Pero, ¿dispuesta a qué? El Paso Seis dice que nos volvemos "enteramente dispuestas a dejar que Dios nos libere de nuestros defectos de carácter". ¿Qué significa que Dios nos libere de ellos? Esto podría no calzar en la imagen de algunas mujeres de un Poder Superior o un Ser Superior. Otras no tienen ningún problema en pensar en un poder o una gracia que se lleve o las libere de los defectos.

En el próximo capítulo, el Paso Siete, hablaremos de cómo "se liberan" estos rasgos. Por ahora, el Paso Seis solo nos pide que nos preparemos. Nos preguntamos qué es lo que más queremos cambiar y descubrimos cuán vulnerables estamos dispuestas a ser. ¿Estamos listas para abrirnos y enfrentar la vida de forma diferente? ¿Estamos anuentes a creer que un Poder Superior trabaja con nosotras? Este es el espíritu del Paso Seis. Nos exige mirar más a fondo, ser más honestas y consideradas. El Paso Seis nos ayuda a entendernos de nuevas formas y nos prepara para los Pasos restantes de nuestra recuperación.

. . .

Paso Siete

*Humildemente le pedimos que nos
liberase de nuestros defectos.*

En el Paso Seis, nos preparamos para el cambio. En el Paso Siete, pedimos ayuda para hacer esos cambios. Nuestra forma de pedirla (mediante la oración, a través de otra forma de práctica espiritual o quizás simplemente pensando al respecto) es cuestión de cada una de nosotras.

Tal y como sucede en el Paso Seis, nuestras "fallas" probablemente no "se eliminarán" de inmediato. Los patrones y hábitos que hemos arrastrado toda la vida y que más queremos cambiar podrían acompañarnos durante un buen tiempo, incluso cuando estemos listas y le pidamos ayuda a nuestro Poder Superior.

Esto podría ser frustrante y podrías cuestionarte cómo funciona el Paso Siete o incluso *si* funciona. Si te sientes así, podría serte útil pensar en el Paso Siete como una forma de abrirte al cambio, de pedir ayuda y dejar que un poder superior haga el resto.

En el Paso Siete, trabajamos con nuestro Poder Superior para cambiar nuestra vida. Aprendemos a "actuar y renunciar al resultado", a hacer nuestra parte sin preocuparnos por lo que pase.

Muchas de nosotras descubrimos que podemos estar listas para cambiar, para renunciar a nuestros patrones menos agradables y pedir sinceramente ayuda, pero es todo lo que podemos hacer por nuestra cuenta. La verdad es que *no tenemos el control completo de cuándo y cómo cambiarán nuestras vidas, por dentro o por fuera.* Hacemos lo que podemos y nos despreocupamos por lo que pase después, cooperando con nuestro Ser Superior o nuestra fuente espiritual de la mejor forma posible. El Séptimo Paso significa darnos cuenta de los límites que tenemos con respecto a lo que podemos cambiar y controlar solas. En sí, este es un entendimiento aleccionador.

Probablemente hayas experimentado algo similar cuando dejaste de consumir alcohol u otras drogas o cuando suspendiste una conducta compulsiva. Tal vez lo intentaste durante un tiempo y no pudiste cambiar tu conducta hasta que, en un momento de gracia, se eliminaron tus ansias de consumir o descubriste la fortaleza de seguir adelante sin drogas.

En el Paso Siete, esperamos que esos momentos de gracia nos ayuden a renunciar a nuestros antiguos patrones. Somos conscientes de nuestras acciones y pedimos ayuda para renunciar.

Humildad, no humillación

Muchas mujeres que ven por primera vez la palabra *humildemente* en el Paso Siete no están seguras de cómo reaccionar. La palabra *humilde* suele significar "disminuirse" o "bajar el tono" y evitar ser asertivas. Nos recuerda que con frecuencia nos presionan para ser humildes. Nos han enseñado a no ser exigentes ni pedir directamente lo que queremos. Si pedimos algo para nosotras mismas, a menudo nos sentimos obligadas a disculparnos. A muchas mujeres les preocupa que este paso nos pida ser pasivas o compungidas.

Podemos aprender de mujeres como Elena que la verdadera humildad significa tener un sentido de identidad fuerte. Señala que los Pasos Cuatro, Cinco y Seis preparan la ruta para este tipo de humildad al darnos una visión más clara de nosotras mismas.

Elena explica que también le resultó difícil lidiar con la idea de "pedir humildemente" hasta que se dio cuenta de que solo significa pedir ayuda. Con una visión más clara de sí misma y de los cambios que quiere hacer, también sabe que no puede lograrlo sola. Sabe que no es perfecta (y nunca lo será), así que le pide a su Poder Superior orientación y apoyo. "La humildad también significa que reconozco una fuente espiritual mayor que yo", comenta.

En los programas de los Doce Pasos, con frecuencia escuchamos a la gente hablar sobre la diferencia entre la humildad y la humillación. Todas conocemos la humillación: las escenas penosas, la pérdida de control, la vergüenza que sentimos por nuestra conducta. Todas hemos pasado por momentos en los que quisimos escondernos debajo de una roca. Todas hemos temido (o sabido con una certeza horrible) que alguien vio exactamente lo que hicimos en nuestra última borrachera. O tal vez nos sentimos profundamente humilladas por el simple hecho de que sabemos la verdad.

La humildad es diferente de la humillación. La humildad

es una perspectiva lúcida que no minimiza o evita los hechos. Con humildad, pudimos decir: "Esto es lo que hice y punto". No negamos nada, pero tampoco nos juzgamos.

Una mujer dice: "Mis errores son simplemente mis errores; ya no me *definen*". Esta distinción es esencial. Cuando nos definimos por nuestros errores, nos humillamos. Pero cuando podemos verlos tal y como son (apenas errores), podemos humildemente perdonarnos y pedir ayuda para hacer las cosas diferentes la próxima vez. Hay una autoaceptación silenciosa y reflexiva que viene con la humildad.

Maureen contó con buenas amigas que la acogieron y le explicaron el concepto de humildad. Le dijeron que no se trataba de denigrarse. Sino de conocerse, aceptarse y saber cuál es su lugar en el universo. "Para mí, esto significó que podía ser quien soy sin tener que disculparme por ello", explica Maureen. "Entender lo que esto representaba fue un momento profundo: que ocupaba un lugar divino en el panorama general en el que simplemente puedo *ser yo*".

De manera similar, escuchamos a las personas en los programas de recuperación decir que la humildad es poder decir las cosas como son. Esto significa que reconocemos lo que podemos y lo que no podemos hacer. Aprendí en el Paso Siete que tengo la responsabilidad del proceso de cambio en mi vida, *pero no tengo el control de él*. Esta fue una experiencia de humildad para mí. Elena dice que se sintió cómoda con el hecho de no saberlo todo, lo que la hizo sentirse humilde y aliviada a la vez. Le dio permiso de ser imperfecta y de pedir ayuda cuando lo necesita.

Es importante que no confundamos ser humildes con ser recatadas, reservadas o retraídas. No se trata de preocuparnos tanto por ser humildes al punto de dejar de asumir los méritos de lo que hacemos bien. Esa no es la intención del Paso Siete. La verdadera humildad significa tener un sentido fuerte de nuestra identidad: *asumimos nuestras limitaciones y reconocemos nuestras fortalezas.*

Una frase que pegué en mi refrigeradora hace muchos años me ayudó a entender la humildad. Decía: "La verdadera forma de ser humilde no es rebajarte, sino comparar tu altura real a una naturaleza superior que te muestre la pequeñez de tu grandeza". Particularmente, me gusta la idea de ser grande y pequeña a la vez. Es otra de las paradojas de la recuperación.

Reconocemos nuestra altura real y reivindicamos el poder que tenemos: el poder de elegir, *el poder de actuar y de tomar decisiones por nuestra cuenta.* Pero también ponemos nuestro poder personal en perspectiva al ver que hay una naturaleza superior (un Poder mayor que nosotras mismas), que es más vasto y poderoso que nuestro yo individual. Podemos pensar que somos como una estrella brillante: significativas, aunque pequeñas en comparación con la expansión infinita del espacio que nos rodea.

Así podemos imaginarnos con respecto a nuestro Poder Superior. Hay muchas cosas que están más allá de nuestras capacidades y muchas que no sabemos, pero eso no le resta importancia a lo que *sí* sabemos y podemos hacer. Podemos sentirnos humildes al ver cómo nuestras fortalezas contribuyen con el todo.

Un espíritu de cooperación

¿Por qué la humildad es tan importante en el Paso Siete? Porque, sin ella, podríamos llegar a este Paso pensando que todo lo que tenemos que hacer es *tener la voluntad* de cambiar. Podríamos pensar que si lo intentamos con suficiente vehemencia, nos libraremos de los viejos patrones y rasgos destructivos a los que estamos listas para renunciar.

La verdad es que no podemos obligarnos a cambiar, de la misma forma que no pudimos obligarnos a dejar de consumir alcohol, drogas u otra cosa. Si fuera un asunto de fuerza de voluntad, probablemente habríamos cambiado hace mucho tiempo. Por el contrario, el poder de cambiar está más allá de nuestro control. En el Paso Siete, aprendemos a entrar en sintonía y en línea con este poder superior y dejamos que los cambios lleguen en su momento.

Nos sintonizamos al pedir humildemente. Pero, ¿pedirle humildemente qué y a quién? El Paso Siete dice que "humildemente Le pedimos que nos liberase de nuestros defectos". ¿Qué significa esto exactamente?

Empecemos con "Le". Como leímos en los Pasos Dos y Tres, algunas mujeres se sienten cómodas con un Poder Superior "masculino". Esta es su imagen de Dios reflejada en ese "Le" y les da seguridad y sustento. Otras mujeres no se sienten así y piensan en su Poder Superior de forma diferente.

Jackie prefiere pensar en "Le" como una referencia "femenina" en el Paso Siete. Aunque no cree que Dios sea femenino ni masculino, usa lenguaje femenino porque la hace sentirse *incluida*. "Cuando pienso en 'ella', experimento qué se siente asociar a Dios con el poder femenino", comenta. Al identificarse con esta fuerza espiritual, siente que puede cooperar con ella.

Puedes sustituir o pensar en las palabras que te brinden soporte en este Paso. Maureen, por ejemplo, pide sabiduría y claridad en vez de que la liberen de algo. Le pide al Gran Espíritu que le muestre cómo puede desarrollar toda su magnificencia. Al enfocar el Paso Siete de esta forma, reconoce su lugar en el universo mientras pide orientación para aprovechar al máximo sus capacidades. Su Poder Superior no es "él" o "ella", sino un espíritu benéfico en el que confía y al que busca honrar siendo verdadera.

Sobre gustos no hay nada escrito

Tu interpretación del Paso Siete será tan individual como tú. Al encontrar lo que funciona para ti, tal vez quieras considerar algunas de las siguientes posibilidades. Aunque algunos de los ejemplos incluyen la oración, recuerda que el Séptimo Paso no requiere orar. Puedes abordarlo como prefieras; depende por completo de tu forma de comunicarte con tu Poder Superior.

La oración del Séptimo Paso

Lavonne cree en una gracia divina que se lleva sus hábitos destructivos, tal y como se llevó sus ansias por consumir crack y cocaína. Ora a Dios (en su caso, un Dios cristiano masculino y la primera presencia masculina que siente que le ha dado amor incondicional) para que la ayude a liberarse de los otros obstáculos que le causan dificultades.

Lavonne usa la oración del Séptimo Paso del Libro Grande de A.A. al trabajar en el Paso Siete. La oración dice:

Creador mío, estoy dispuesto a que tomes todo lo que soy, bueno y malo. Te ruego que elimines de mí cada uno de los defectos de carácter que me obstaculizan en el camino para que logre ser útil a Ti y a mis semejantes. Dame la fortaleza para que al salir de aquí, cumpla con Tu Voluntad[1].

Esta oración la reconforta; la ayuda a sentirse abierta y dispuesta a experimentar lo que la vida le ofrezca. Le afirma que Dios la aceptará y le ofrece apoyo para lo que le depare el futuro.

Algunas mujeres se sienten incómodas con las palabras de esta oración y prefieren usar otras que describan una relación más activa e igualitaria con un Poder Superior. Aun así, esta oración puede ser un marco útil para crear nuestras propias oraciones.

Mi comprensión del espíritu de la oración del Séptimo Paso de A.A. es,

Aquí estoy, tal y como soy, con todas mis fortalezas y mis limitaciones. Estoy lista y dispuesta a cambiar mis antiguos patrones cuando llegue el momento. He hecho mi parte y ahora necesito tu ayuda para vivir de otra forma. ¿Qué puedo hacer ahora para cooperar con la vida y ser mi mejor versión?

Tal vez quieras usar palabras como estas, u otras que prefieras, para crear una versión de esta oración para ti.

Bee tiene un grato recuerdo de una madrina que le dijo que tenía que arrodillarse para la oración del Séptimo Paso. "Dijo que tenía que hacerlo en un piso de baldosas. Una alfombra no contaba", recuerda Bee con una sonrisa. "Lo que sucedió fue que cuando hice lo que me pidió, realmente me comprometí con el proceso. Y la siguiente vez que pasé por el Séptimo Paso, algunos años más tarde, mi sentido de compasión y de empatía por los patrones que había seguido en mi vida fue mucho mayor". Bee se dio cuenta de que el regalo del Séptimo Paso fue "la anuencia a imaginar un mundo donde podría liberarme verdaderamente de mis antiguos patrones". Esa imagen le ayudó a Bee a desarrollar más perdón, generosidad y paz.

La oración de la serenidad

El Paso Siete le ayuda a Natalie a dejar de luchar con las cosas que no puede cambiar, incluso ella misma. Para practicar este Paso, usa la Oración de la serenidad:

> *Señor, dame serenidad para aceptar*
> *las cosas que no puedo cambiar,*
> *valor para cambiar las cosas que puedo*
> *y sabiduría para reconocer la diferencia.*

Natalie no le dirige esta oración a "Dios" porque piensa en su Poder Superior como un "conocimiento interior", pero hace la Oración de la serenidad en voz alta como una afirmación. Le da un sentido de humildad, al recordarle que no puede controlarlo todo.

Natalie ha descubierto que sus patrones más nocivos (su ira, los celos y el miedo paralizador) han cambiado poco a poco con el paso del tiempo. Por ejemplo, ha notado que no explota de cólera automáticamente cuando otro conductor se le atraviesa en la carretera. Al principio, trataba de dejar de reaccionar con tanto enojo pero se dio cuenta que eso la enfurecía aún más. Entonces asumió que había hecho lo que estaba a su alcance para cambiar este patrón por su cuenta. Era hora de pedir ayuda.

"Rezar la Oración de la serenidad me ayuda a recordar que no puedo hacerlo todo sola", explica Natalie. "Me recuerda que las cosas no siempre tienen que ser a mi modo, cuando a mí me conviene. Al mismo tiempo, me recuerda que debo aceptarme independientemente de dónde esté".

Debido a que ha estado dispuesta y ha logrado confiar en su conocimiento interior, Natalie ha aprendido a responder a las cosas de forma diferente. Ha descubierto que intuitivamente sabe cómo lidiar con las situaciones que antes la desconcertaban (una de las promesas de A.A.)[2]. Cuando vemos que estamos respondiendo de forma diferente a situaciones que antes disparaban nuestras conductas destructivas, podemos estar seguras de que nuestros antiguos patrones se están reemplazando por otros nuevos.

Los Pasos Tres y Siete implican renunciar a tratar de controlar las cosas que están más allá de nuestra capacidad de control. En el Paso Tres, asumimos el compromiso general de poner nuestra voluntad y nuestra vida al cuidado de un Poder superior a nosotras. Ahora, en el Paso Siete, nos ponemos *nosotras* al cuidado de nuestro Poder Superior y dejamos que tome las riendas a partir de ahí.

Crear una Caja de Dios

Una forma popular de seguir el Paso Siete es usar una "Caja de Dios" o una "Lata de Renuncia" en un ritual o ceremonia que vuelve este Paso más inmediato. Algunas mujeres designan un recipiente especial (una caja de zapatos, un joyero, una lata de café decorada) como el lugar para colocar las cosas que quieren poner al cuidado de su Poder Superior. Cuando están listas para renunciar a un patrón, escriben una descripción en un pedazo de papel y lo colocan en su Caja de Dios como símbolo de su entrega. Una vez que está en la Caja, queda al cuidado de su Poder Superior. Si quieren asumir de nuevo el control, sacan el papel de la caja.

Hay algo reconfortante en el ritual de poner tu patrón (tu deshonestidad, tu necesidad de agradar a la gente o lo que sea) en una caja y cerrar la tapa. También puedes incluir el nombre de personas, lugares y cosas que has tratado de controlar. Cuando los colocas en una caja, sueltas esas cosas y las dejas quietas.

No tienes que llamarla la Caja de Dios si no usas "Dios" para llamar a tu espíritu guía. Ponle a la caja el nombre que quieras o inventa otra práctica que te ayude a visualizar la entrega. Algunas mujeres escriben sus patrones en un papel, lo guardan en un sobre y se lo envían por correo a su Yo Interior, al Espíritu Universal o a la Diosa, a una dirección inventada o se la envían a sus madrinas. Un grupo de mujeres tomó fragmentos de papel en los que describieron sus patrones indeseables y los quemaron en una hoguera en la playa. Sé creativa. Lo que importa es el proceso de renunciar o de soltar.

Desarrollar una colaboración

A mi amiga Grace no le gusta la frase "humildemente le pedimos que nos liberase de nuestros defectos" porque le suena demasiado pasiva. Le da la impresión de que la transformarán en un ser puro y perfecto si lo pide educadamente y encuentra a Dios de buen humor. Esto no resuena con Grace. "Creo que no tengo que pedirle a mi Poder Superior que haga nada *para* mí", comenta. "Más bien le pido a mi Poder Superior que trabaje *conmigo*. Yo hago mi parte y Dios hace la suya".

Grace asume un rol activo y relacional en el Paso Siete. Entabla un diálogo con su Ser Superior y le dice: "Estoy lista y necesito tu ayuda. Muéstrame hacia dónde debo ir ahora". Se imagina una alianza de dos vías basada en su disposición a ser honesta sobre sí misma y abrirse a lo desconocido. Al mismo tiempo, cree que al alinearse a su Poder Superior, le brinda un obsequio. Su cooperación en realidad empodera al Poder.

El Paso Siete es una colaboración. No se trata de dejar el auto en el taller del mecánico y decirle: "Todo suyo. Parece que hay que trabajar en los frenos y la transmisión. ¿Cuándo me lo puede devolver?". En realidad, se trata de un dúo. Tu Poder Superior interpreta la melodía y tú la armonía. De esta forma, tu Poder Superior y tú crean la música juntos.

El resultado es diferente si insistimos en tocar un solo. Sin nuestra cooperación, la vida seguirá interpretando la melodía pero nosotras podríamos perder la sincronía y desafinar. Es lo que hacíamos cuando seguíamos nuestras drogas y conductas compulsivas con poca conciencia de cuánto nuestras acciones dificultaban nuestra vida. En un nuevo espíritu de cooperación, podemos escuchar la melodía de la vida y armonizar con ella.

Algunas palabras sobre los "defectos"

Cuando pensamos en nosotras mismas como seres "defectuosos", podemos concentrarnos tanto en lo que está mal que perdemos de vista lo esencial. Especialmente en este Paso, trabajamos en alianza con un Poder superior a nosotras mismas. Esta alianza *no* requiere que nos pongamos en una posición de inferioridad concentrándonos en nuestras fallas. Por el contrario, humildemente nos presentamos ante nuestro Poder Superior *tal y como somos* y buscamos su guía para seguir adelante.

Recuerda también que los "defectos" o "fallas" podrían tener beneficios que aparecen con el paso del tiempo. Ten cuidado al tratar de "librarte" de algo por completo. Podría haber fortalezas ocultas en los patrones que te parecen más problemáticos.

Tal vez uno de tus patrones más nocivos es el cuidado. A lo mejor te cuesta mucho dejar que la gente haga cualquier cosa sin tu ayuda. Quizás te involucras en exceso en la vida de las otras personas y te preocupas tanto por ellas que no te das cuenta de tus propias necesidades. Ahora te das cuenta de que tu vida será más sana y tus relaciones más saludables si dejas que otra gente viva su propia vida, mientras tú vives la tuya.

Has identificado esto como un patrón que te gustaría dejar.

Pero, antes de que estés lista para renunciar al cuidado, orienta un poco de esa energía hacia ti misma. Si has estado concentrada en cuidar a los demás, es probable que no te hayas cuidado bien. Es posible que necesites la atención que les has dedicado a los demás. Mira si hay alguna forma de orientar tu cuidado hacia algo que te beneficie a ti.

Este es otro ejemplo: al igual que les pasa a muchas mujeres, es posible que tu perfeccionismo te paralice. Vives en un estado de constante ansiedad porque todo tiene que salir perfecto. No puedes invitar a tus amigos a cenar sin preocuparte por qué van a pensar de la comida, si limpiaste tu casa por completo o si se están divirtiendo. ¿Hay otra cosa de último minuto que puedas hacer para crear una mejor impresión? A pesar de tus mejores esfuerzos, siempre hay algo más que podrías hacer para acercarte a la perfección.

Si esto describe tu abordaje de la vida, es probable que sea un patrón al que renunciarías con gusto. La obsesión con la perfección podría dejarte ansiosa y deprimida. Pero, antes de que renuncies por completo al perfeccionismo, considera cómo podría beneficiarte en otras situaciones. Si eres perfeccionista, posiblemente le prestas mucha atención a los detalles y tienes un deseo de calidad y excelencia que funciona muy bien en otras áreas de tu vida.

Por ejemplo, en tu trabajo, podrían recompensar tus tendencias perfeccionistas. En tu vida personal, este patrón podría ayudarte a insistir en no conformarte con poco. La clave es dejar que el perfeccionismo te ayude en vez de que te dificulte las cosas. No pienses en él como una debilidad, sino como la fortaleza y dedicación para mostrar tu mejor lado.

Tuve una experiencia similar con el trabajo excesivo. Ha habido ocasiones en que he dejado que mi trabajo me consuma, en detrimento de mis relaciones con la gente que amo. Cuando percibí mi compulsividad con respecto al trabajo, cómo temía *no* trabajar tanto como lo hacía, empecé a preguntarme si debería cambiar. Tal vez debía buscar un trabajo más rutinario o menos exigente. En otras palabras, pensé que la solución era irme al extremo opuesto.

Sin embargo, cuando miré en mi interior mis valores y fuente de satisfacción, afirmé mi pasión y compromiso con lo que hago. También reconocí mi capacidad de ir demasiado lejos. Para mí, renunciar a mi patrón de trabajar en exceso significó alcanzar el equilibrio: asumir menos proyectos y decirles que no a ciertas cosas. Estuve anuente y lista a soltar la parte del patrón que estaba interfiriendo en mi vida. Pero llegué a la conclusión de que podía mantener la pasión y el compromiso. Podía seguir haciendo el trabajo que amaba.

De la misma forma, podrías descubrir que tus "debilidades" también son tus fortalezas. Tal vez no haya nada que valga la pena mantener de cada uno de tus patrones, pero puedes explorar la posibilidad. Si una falla de hecho es una falla, piensa en ella como algo que está por debajo de tu potencial. Mira tus hábitos y conductas problemáticos y empieza a verlos como áreas para tu crecimiento personal. ¿Cómo puede trabajar un patrón *a tu favor*?

Aceptación y seguridad

En el Paso Siete llegamos a la aceptación. En los últimos Pasos, hemos desarrollado una mayor conciencia de los patrones que nos impiden tener una vida satisfactoria. Pero, a pesar de toda nuestra conciencia, es posible que aún no nos aceptemos. El Paso Siete nos da la oportunidad de pasar de la conciencia de nosotras mismas a la aceptación de nosotras mismas.

La aceptación es la clave del cambio. Otra paradoja que he aprendido en la recuperación es que cuando me acepto *tal como soy,* puedo cambiar. Si nos preocupamos por criticarnos y encontrar nuestras fallas, probablemente nos quedaremos atascadas en nuestros antiguos patrones y rutinas.

Cuando pedimos "humildemente" en el Paso Siete, practicamos la autoaceptación y la renuncia. Decimos: "Acepto que no soy perfecta, que no lo sé todo y que no soy la única a cargo del proceso de cambio. Pero estoy dispuesta a contribuir de la forma que puedo y estoy lista para lo que venga". Cuando pedimos, reconocemos nuestro lugar en el universo, tanto nuestra grandeza como nuestra pequeñez en la gran constelación de la vida.

Trabajamos con el Paso Siete en privado, con nuestra fuente espiritual. Podemos usar el "HAD" de la recuperación: la Honestidad, la Apertura y la Disposición para abrirnos al cambio y dejar que el Poder Superior haga el resto. Muchas de nosotras descubrimos que ahora nos sentimos más seguras para apoyarnos en un Poder superior a nosotras mismas. Y con el regalo de la autoaceptación y la seguridad, estamos listas para el Paso Ocho, para llevar lo que aprendimos en los primeros siete Pasos a todas las otras relaciones de nuestra vida.

· · ·

Paso Ocho

Hicimos una lista de todas aquellas personas a quienes habíamos ofendido y estuvimos dispuestos a reparar el daño que les causamos.

El Paso Ocho nos prepara para una nueva forma de relacionarnos con el mundo. Al aprender más sobre nosotras mismas en cada Paso, nos preparamos para hacer a un lado el pasado y formar relaciones honestas y abiertas.

En el Paso Cinco, compartimos nuestros inventarios con otro ser humano y nos aceptaron con compasión. En el Paso Seis, nos abrimos a un conocimiento más profundo y a una visión más clara. Y en el Paso Siete, le pedimos ayuda a nuestro Poder, al darnos cuenta de que no podíamos cambiar solas. Con estas experiencias como apoyo, podemos expandirnos aún más y aportarles a todas nuestras relaciones el espíritu de apertura y veracidad.

Asuntos pendientes

En el Paso Ocho, decidimos cuáles de nuestras relaciones necesitan más atención y las enumeramos. Tal y como sucedió en los Pasos anteriores, en los que vimos dónde estaba desequilibrada nuestra vida, ahora buscamos los desequilibrios en nuestras relaciones: con la familia, los amigos, la pareja, las ex parejas, los vecinos, los patronos, los compañeros de trabajo, los pastores, los profesores, los meseros, los contratistas... con todos.

Los Doce Pasos y las Doce Tradiciones de A.A. describen el Paso Ocho como el inicio de "las mejores relaciones posibles con todos los seres humanos que conozcamos"[1]. Para empezar este Paso, nos concentramos en los casos en los que claramente causamos daño.

- *¿Dónde hay amargura, animosidad, miedo u hostilidad continuos en nuestras relaciones?*

- *¿A quién resentimos o evitamos?*

- *¿A quién hemos avergonzado, amenazado o asustado?*

- *¿De qué forma hemos causado la infelicidad de otra persona, de manera intencional o negligente?*

Estas preguntas pueden ayudarnos a explorar el daño que podemos haberles causado a los demás en el pasado. Pero, a medida que trabajamos en este Paso, nos damos cuenta de que el "daño" también tiene otros significados. Podríamos considerar relaciones que sentimos que tienen cosas por resolver, ya sea que creamos que lastimamos a alguien o no.

- *¿Hay asuntos pendientes que atender?*

- *¿Con cuáles personas queremos relacionarnos de forma diferente?*

- *¿Les debemos alguna reparación o una disculpa a ciertas personas o simplemente necesitamos hacer las paces o arreglar las cosas con otra persona?*

Podemos ver dónde hemos causado daño, así como dónde necesitamos enfriar los ánimos y crear una relación más saludable.

A veces reparar el daño simplemente implica tratar a alguien con más respeto y ser honestas con esta persona. Tomando esto en cuenta, podemos *hacer una lista con todas las personas con las que quisiéramos ser auténticas*. Esta podría nuestra lista de las personas que lastimamos, también conocida como nuestra lista de reparaciones.

También podrías considerar otras posibilidades.

* *¿Tu vida gira completamente en torno de una relación particular?*

* *¿Te has involucrado demasiado en la vida de otra persona?*

* *¿Eres infeliz con alguien pero temes decírselo a esa persona?*

* *¿Hay relaciones que tratas de controlar indirectamente?*

* *¿En cuáles relaciones no puedes ser abierta y honesta?*

* *¿Dónde te estás haciendo daño a ti?*

Todas estas preguntas se suman a una esencial que debemos hacernos en el Paso Ocho: *¿en cuáles relaciones no soy auténtica?* Usar un abordaje como este forma parte del espíritu de crear "las mejores relaciones posibles". Cuando enfocamos nuestras relaciones de forma diferente en el presente, nos libertamos del pasado.

El espectro de los daños

Lamentablemente, *sí* lastimamos a la gente cuando bebemos, consumimos otras drogas, gastamos o comemos en exceso. Cuando una adicción es el centro de nuestra vida, otras personas sufren.

Hay innumerables formas en las que podemos haber lastimado a otra gente. En nuestro deseo de la euforia que nos genera nuestra conducta compulsiva, somos capaces de hacer cualquier cosa para obtener nuestra dosis: mentir, robar, engañar y ser descaradamente irresponsables y poco confiables. A veces recurrimos a la agresión física y verbal cuando estamos de resaca, drogadas o apenas frustradas por no obtener lo que queremos. Todas estas conductas lastimarán a quienes tengamos al frente.

A Francesca le resultó fácil entender a qué se refería el Paso Ocho como "lastimar". Sabía perfectamente cómo había lastimado a su familia con su conducta alcohólica. Cuando leyó los Pasos por primera vez, durante los primeros meses de su sobriedad, este fue el que más resonó en ella.

Francesca recordaba muchas escenas en las que había humillado y asustado a los miembros de su familia. Había avergonzado a su madre en una celebración del Cinco de Mayo en el vecindario, a la que llegó ebria. En otra ocasión, se emborrachó hasta desmayarse, lo que asustó a su hermana que no lograba despertarla. Cuando Francesca recordó estos incidentes, reconoció a quién poner en su lista del Octavo Paso.

Al igual que Francesca, queremos reconocer el dolor resultante, pero también queremos ser conscientes de otras formas en las que nuestras relaciones se desequilibraron. Algunos de nuestros patrones podrían ser más sutiles que estas conductas obviamente destructivas, pero los resultados son igualmente dañinos.

Responsabilidad excesiva

Cuando nos encargamos de todo para otra persona, no le damos a la gente la oportunidad de tomar sus propias decisiones o cometer sus propios errores. Esto es particularmente nocivo para los niños, que aprenden y crecen cuando tienen la posibilidad de asumir su responsabilidad. Los adultos que nos rodean también sufren cuando tratamos de encargarnos de todo. Nuestro deseo de control puede crear luchas de poder y hacer que otras personas se sientan incompetentes y poco valoradas. Es como si asumiéramos que no son capaces de cuidarse solas, o al menos no tan bien como nosotras.

Annemarie, quien está en recuperación de anorexia, estaba visitando a su hermano Charles durante un fin de semana festivo y decidió "ayudarlo" organizando su contabilidad... sin pedirle permiso. Cuando se lo contó, Charles se puso furioso y le dijo que no tenía por qué meterse y que eso era una invasión de su privacidad. Al principio, Annemarie no entendía por qué Charles se había ofendido. Luego, empezó a entender que las finanzas de Charles no eran su problema y que su conducta solo lo había alienado. Aunque asumía que actuaba en favor de su hermano, estaba aliviando su propia ansiedad por sus finanzas y metiéndose donde no debía. Buscó en qué otros aspectos este patrón de responsabilidad excesiva aparecía en su vida. Esto la ayudó a decidir a quién más colocar en su lista de reparaciones.

Pasividad

Lois asumía un rol pasivo en sus relaciones. Cualquier cosa que los demás quisieran estaba bien para ella. No tomaba sus decisiones ni participaba activamente en su vida.

Por ejemplo, cuando su esposo decidió dónde vivirían, cómo gastarían el dinero, adónde irían de vacaciones y cuándo los visitarían sus familiares, Lois estuvo de acuerdo con esas decisiones. Al principio, él disfrutaba el poder de ser quien decidía las cosas pero cuando se cansó y percibió que no quería a una pareja sumisa, Lois no asumió la responsabilidad ni compartió las decisiones con él.

Lois se volvió aún más pasiva a medida que aumentaba su consumo de alcohol y les generó una carga injusta a sus amigos y familiares. Ellos resintieron que ella se negara a asumir su responsabilidad.

Es lógico que nuestros seres queridos se sientan frustrados y molestos cuando esperamos que tengan que cuidarnos y tomen decisiones por nosotras. Los lastimamos al poner en sus manos una responsabilidad que no les corresponde.

Ausencia emocional

Cuando nos aislamos emocionalmente de las personas que nos rodean, las obligamos a imaginar nuestros sentimientos, deseos y necesidades. Nuestra pareja, hijos y familiares podrían tratar de agradarnos y sacarnos de ese encierro, y recibir como respuesta nuestra indiferencia y desaprobación. Si hemos mantenido a la gente alejada, probablemente se sentirá rechazada y herida, preguntándose que hizo para que la excluyéramos.

Mi propios hijos sentían que los castigaba porque yo era distante e indiferente. Se preguntaban qué habían hecho mal y esto afectaba su autoestima. Se culpaban por mi distancia y los hería mi incapacidad de respuesta.

Esconder tu verdad

La honestidad suele ser el asunto más difícil en nuestras relaciones. Si nos esforzamos por agradar a los demás y queremos mantener una relación, podemos volvernos hábiles para ocultar nuestros verdaderos sentimientos. Podemos estar reticentes a hablar de las cosas que nos incomodan, usar una sonrisa falsa o fingir que todo está bien cuando en realidad estamos furiosas o heridas.

Ocultar tu verdad en una relación es diferente de la ausencia emocional. Cuando somos ausentes, somos indiferentes o perdemos el interés por la gente que nos rodea. Cuando no comunicamos nuestra verdad, estamos emocionalmente comprometidas pero controlamos con cuidado cuáles emociones revelamos y cómo las mostramos. En algunos casos, aprendemos esta conducta en nuestros primeros años de vida como forma de lidiar con la falta de cuidado de quienes están encargados de nosotras. En otros, a veces surge cuando somos adultas y nos castigan por defendernos. Independientemente de lo que nos haya llevado a esto, cuando les ocultamos a nuestros seres queridos nuestros verdaderos sentimientos, elegimos el aislamiento antes de la incomodidad del conflicto y la posibilidad de reparación. Podría darnos la sensación de seguridad y control en el momento pero, a largo plazo, hace que sea imposible tener relaciones honestas y conexiones profundas.

Ginger, una compradora compulsiva, no muestra sus verdaderos sentimientos en su relación con su hija de dieciséis años, Robin. Ginger está furiosa porque Robin falta a la escuela, roba en las tiendas y miente sobre sus actividades, pero la aterroriza la idea de perder a Robin si es honesta con respecto a sus sentimientos. Le ha puesto algunos límites, pero Robin ha amenazado escaparse con su novio.

Ginger ahora siente que es demasiado permisiva, pero no trata de ponerle límites a su hija. Ha enterrado su enojo y frustración para minimizar el conflicto con su hija. Trata de convencerse de que no siente la furia. Como resultado, está ansiosa y deprimida.

Tal vez te has contado historias similares. Quizás te convenciste de que no hay problema si tu madre critica constantemente tu apariencia o una de tus amigas cercanas le cuenta a otra gente información privada tuya. Tratas de ignorar estos incidentes y nunca les dices nada a tu madre ni a tu amiga. Pero tus sentimientos te corroen de todas formas y afectan estas relaciones.

- *¿Dónde está el daño en estas mentiras de omisión?*

- *¿Cómo afecta a otra gente que no le mostremos nuestra decepción, miedo, frustración o enojo?*

- *¿Qué pasa en nuestras relaciones cuando no decimos las cosas?*

Le damos a la gente la falsa impresión de que estamos involucradas con ella, pero ocultamos nuestro verdadero yo bajo la superficie. Cuando no comunicamos nuestras verdades difíciles, nuestros amigos y familiares no tienen la oportunidad de tener una relación real con nosotras, tal y como somos. Puede ser injusto para nosotras y para los demás que censuremos nuestros verdaderos sentimientos y finjamos ser alguien que no somos.

Ocultar nuestra verdad es una invitación al desequilibrio en las relaciones. Es difícil para una persona ser honesta en una relación cuando la otra trata de evitar el conflicto a toda costa. Podemos pensar que estamos ocultando cómo nos sentimos, pero a menudo participamos de una atmósfera de desconfianza y confusión que no es sana para ninguno de los involucrados.

Hay un hilo común en todos estos "daños": ejercitamos la ilusión del control sobre nuestras relaciones. Usamos estas conductas para influir en las situaciones a nuestro favor y, en el proceso, lastimamos a los demás y a nosotras mismas al sabotear la oportunidad de tener relaciones honestas.

La necesidad de disculparse

Ahora que tenemos noción de los daños que podemos haber causado, podemos crear nuestra lista. Pero debemos tener cuidado. Especialmente las mujeres podríamos estar inclinadas a exagerar en el Paso Ocho.

Cuando Eve escribió su primera lista de la gente a la que había lastimado, había más de 120 nombres en ella. Estaba lista para asumir la responsabilidad de todo: de cada estrés e infelicidad en cada una de sus relaciones. Eve es un ejemplo perfecto de lo lejos que podemos llegar las mujeres para asumir la culpa de todas las dificultades de la relación.

En una reunión de A.A., Eve compartió (con cierto orgullo) el tamaño y la exhaustividad de su lista del Octavo Paso. Cuando la reunión terminó, una mujer mayor la llamó aparte y le comentó que tal vez su lista era demasiado larga. "Tú sabes a quién has lastimado *realmente*", le dijo. "Y es probable que no sean cien personas". Al principio, Eve quiso ignorar la observación de esta mujer pero muy pronto la verdad apareció ante sus ojos.

"Tenía razón. Mi lista siguiente era mucho más corta... apenas algunas personas importantes", comenta Eve. "Me di cuenta de que una lista larga me distraía de las relaciones más difíciles y dolorosas y de las verdaderas reparaciones que tenía que hacer".

Cuando nos preocupamos por escribir la lista de reparaciones más completa de toda la historia de la recuperación, nos arriesgamos a diluir el poder de este Paso. Cuando sentimos que debemos disculparnos por todo, no podemos comprometernos con las relaciones que más necesitan nuestra atención.

¡Con qué facilidad muchas mujeres estamos listas para disculparnos! Sin duda, el Paso Ocho activa cualquier tendencia que tengamos en este sentido. Podríamos deberles disculpas legítimas a cierta gente, pero antes de escribir un nombre debemos considerar lo siguiente:

• *¿Cuál es mi motivación para disculparme?*

- *¿Estaba equivocada y ahora quiero arreglar las cosas?*
- *¿O tengo un motivo diferente?*

Tal vez pensamos que si nos disculpamos, no tenemos que cambiar nuestra conducta. Una mujer llamó a su terapeuta y le dijo: "Mi madrina dice que le debo una reparación porque le debo dinero. Así que lamento no haberle pagado". ¡Y nunca le envió el dinero! Decir "Lo siento" no es el punto. Estar dispuestas a reparar los daños significa estar listas a hacer lo que sea necesario para arreglar las cosas. Como dice Bee: "Una asistente legal me dijo que cuando le piden que arregle un documento, no escribe 'LO LAMENTO' en todo el texto; tiene que cambiarlo realmente para que refleje algo nuevo".

A menudo esperamos que nuestras disculpas reduzcan la ansiedad y el conflicto en la relación. Creemos que si decimos que lo lamentamos o le damos la razón a la otra persona, la relación puede seguir como si nada.

Como pasó con Ginger, *el problema reside en nuestro interior* hasta que encontramos una forma de ser honestas con nuestros sentimientos. Tal vez en la superficie la relación parezca impecable, pero hay una agitación interior que es el precio que pagamos por compartir la verdad de nuestros sentimientos y por asumir tanta responsabilidad.

Responsabilidad compartida

En el Octavo Paso, *es esencial que las mujeres dejen que los demás también se responsabilicen de sus acciones.* Las publicaciones de A.A. advierten sobre señalar a otras personas u obsesionarse con el daño que nos hayan causado[2]. Pero esto no significa que queremos olvidar por completo lo que nos han hecho. Queremos recordar y nombrar claramente los eventos del pasado.

Como señala Ruth, tenemos una responsabilidad *compartida* por el daño que ocurre en una relación. Desde su punto de vista, en el Octavo Paso asumimos la responsabilidad de nuestra parte *sin minimizar el rol que otra persona desempeñó*. Con esto en mente, podemos mantener una perspectiva clara del Octavo Paso.

Cuando reconocemos nuestra responsabilidad, podríamos tender a olvidar o minimizar la responsabilidad de la otra persona. O podríamos pensar que nosotras provocamos o causamos la conducta violenta o nociva de alguien más. La clave es la veracidad sobre la parte de cada miembro de la relación. Cuando somos honestas, preparamos el camino para que nuestro conocimiento interior nos muestre dónde debemos alguna disculpa o reparación.

La madrina de Elena revisó su lista de reparaciones con ella y la ayudó a ver los casos en los que *no* tenía nada que reparar. Había gente en la lista que había lastimado seriamente a Elena (la habían traicionado y agredido verbal y físicamente), pero *ella* se sentía responsable de lo que había pasado. Creía que, de alguna forma, había causado la agresión.

"Mi madrina señaló que me habían tratado mal y no merecía el tratamiento que había recibido", recuerda Elena. "Para mí, fue sanador dejar de sentirme responsable por la forma en que alguna gente me había tratado".

O, como dice Chase: "No creo que nadie tenga que reparar ningún daño con un agresor. El resentimiento o la furia por la agresión están justificados y forman parte del proceso de sanación". Pero Chase no siempre pensó así. "En los primeros años de mi recuperación", recuerda, "sentía que debía compensar de alguna forma a mi padre agresor porque yo le tenía resentimientos. Pensaba que la recuperación incluía reglas estrictas que debía respetar para estar a salvo. Eventualmente, a medida que empecé a sanar de mi TEPT [trastorno de estrés postraumático], entendí que mi relación con mi padre no era solo mi culpa. Abandoné la sensación de que yo era quién causaba el daño entre nosotros, dejé de tener tanto contacto con él y fue lo más saludable para mi vida".

Antes de asumir toda la culpa, debemos parar un poco y preguntarnos:

- *¿Qué papel desempeñé en esta relación difícil?*
- *¿Qué papel desempeñó la otra persona?*

Como Elena y Chase, podríamos descubrir que el otro es el responsable o que una parte de la responsabilidad es nuestra y la otra suya. Podemos dejar de tratar de entender cómo afectamos la relación. En algunos casos, "arreglar las cosas" podría significar dejarlas ir. Tal vez sea tiempo de dejar de "arreglar" la relación y reconocer el dolor o la dificultad.

Ponernos en la lista

En los círculos de la recuperación, es común escuchar que deberíamos *ponernos* en la lista de reparaciones. Sin duda nos hemos lastimado a lo largo del camino, probablemente más de lo que nos damos cuenta.

Nos hemos lastimado con nuestra bebida o consumo de drogas. Cuando estamos fuera de control, violamos nuestros valores y nos colocamos en situaciones peligrosas o dañinas. Hacemos cosas que nunca habíamos querido o pretendido hacer. Cuando nos tratamos mal, empezamos a creer que es lo que nos merecemos.

Por ejemplo, Constance se avergonzaba tanto de su conducta sexual que solo pudo pasar por el Cuarto y el Quinto Paso después de varios años de sobriedad. Hannah se sentía igualmente autocrítica por comer de forma compulsiva y se anestesiaba de la realidad desagradable de su relación con una pareja alcohólica. Lavonne apoyó su consumo de drogas con el trabajo sexual que le parecía dañino y sufrió una profunda humillación cuando le quitaron a sus hijos. En todos los casos, hubo un precio doloroso. Todas estas mujeres habían dañado su autoestima. Se sentían avergonzadas y degradadas por sus experiencias.

Las relaciones saludables son imposibles cuando bebemos, consumimos drogas o nos comportamos de forma compulsiva. Y, cuando estamos alienadas en nuestras relaciones, nos sentimos indignas, heridas e incapaces de ser amadas. Luego, alejamos más a las personas, y quedamos más solas y aisladas que antes.

Las conductas y los patrones nocivos y destructivos en nuestras relaciones también nos lastiman. Cuando nos lastimamos, nos conformamos con menos de lo que queremos o merecemos. Y, sin duda, nos herimos cuando creemos que somos responsables de la conducta agresiva de los demás. Cuando negamos o minimizamos la agresión, nos damos el mensaje de que no merecemos que nos crean ni somos lo suficientemente valiosas para que nos traten con gentileza.

Las mujeres se lastiman también de varias otras formas. Podríamos odiar nuestro cuerpo y nuestra apariencia. Podríamos reprendernos por no avanzar más rápido en nuestra recuperación. Esperamos ser perfectas y nos criticamos despiadadamente cuando no lo somos.

La próxima vez que te digas que no vales nada, que eres inútil, neurótica o que tienes la culpa, piensa en cómo se sentiría otra mujer si le hicieras los mismos comentarios. Te debes una reparación por juzgarte con tanta dureza. Piensa en tratarte con la misma consideración. Pon tu nombre en tu lista de las reparaciones del Octavo Paso y empieza a sanar tu relación *contigo misma*.

Simple pero no fácil

Hacer una lista de las personas a las que hemos lastimado podría parecer una actividad simple, pero hay mucho en juego. Además de descubrir nuestra verdadera responsabilidad en cada situación, puede ser doloroso pensar en nuestras relaciones. Podría ponernos tristes o incómodas recordar eventos pasados.

A Constance le resultó difícil el Paso Ocho porque tuvo que reconocer cosas de su pasado que no podía cambiar. Fue un momento de luto y lágrimas. Se sentía especialmente triste por la ruptura de una relación romántica que había durado diez años. Lamentaba las cosas que había hecho y contribuyeron con la ruptura y hubiera querido volver al pasado y deshacer lo que había hecho. El Paso Ocho le permitió experimentar su tristeza, hacer el luto de su pérdida y perdonarse como nunca antes lo había hecho.

La experiencia de Mary Lynn fue similar. Su madre había quedado discapacitada cuando Mary Lynn era una niña. Como su madre no pudo cuidarla, Mary Lynn le había guardado resentimientos la mayor parte de su vida. Al considerar esta relación en el Paso Ocho, se dio cuenta de que nadie podía haberle dado nunca la atención maternal que siempre había querido. Al soltar el pasado, vivió el duelo por la pérdida de la relación madre-hija que tanto había deseado.

Si te parece difícil explorar tus relaciones en el Paso Ocho, recuerda que puedes abordarlas una por una. Avanza lentamente y recuerda todo lo que has aprendido de los Pasos anteriores: una presencia espiritual te acepta tal como eres; no tienes que ser perfecta; puedes pedir y recibir ayuda compasiva.

Es buena idea obtener ayuda de otras mujeres en este Paso, particularmente de las mujeres que han pasado por situaciones similares. Si es doloroso pensar en tus relación con tus hijos, tal vez quieras buscar a otra mujer con hijos. Si tienes un historial de agresión sexual, encuentra a mujeres que compartan tu experiencia.

Cuidado: asegúrate de encontrar a alguien que reconozca que el daño es una responsabilidad *compartida*. Algunas personas en los programas de recuperación podrían resistirse a la sugerencia de que responsabilicemos a otras personas por lo que nos han hecho. Tradicionalmente, A.A. mantiene que debemos hacer a un lado las acciones de la otra gente y "barrer nuestro lado de la calle"[3].

Sin embargo, cuando no responsabilizamos a los demás, es común que creamos que nosotras causamos o provocamos la conducta de los demás, o incluso que merecemos la agresión que recibimos. A veces, parece más fácil decir "Lo siento" que decir "No me gustó lo que hiciste y esa fue mi reacción. Espero que logremos relacionarnos mejor. Esto es lo que estoy dispuesta a hacer".

Claro que tenemos que asumir la responsabilidad cuando la culpa es *nuestra*. Pero es igualmente importante reconocer cuando *no* lo es. Podemos buscar a la gente que nos va a apoyar incondicionalmente al explorar cada relación y descubrir este equilibrio por nuestra cuenta.

El arte de la disposición

Hacer una lista de la gente a la que hemos ofendido es apenas el principio del Paso Ocho. La disposición de reparar el daño es lo que sigue. La disposición implica ver la verdad y tener claridad sobre nuestras relaciones. Con esta sabiduría, podemos empezar a arreglar las cosas, a relacionarnos de una nueva forma.

Aplacé el Paso Ocho porque me preocupaba el tema de reparar los daños. ¿Cómo me aproximaría a la gente de mi lista? Por suerte, mi madrina me recordó sobre la disposición: el Paso Ocho pide que esté dispuesta. No tengo que preocuparme por *reparar* el daño (el siguiente Paso) hasta que esté lista.

¿Cómo desarrollamos la disposición? En buena parte,

tal y como quedamos "enteramente dispuestas" a abandonar nuestros viejos patrones en el Paso Seis. Así como vimos cada patrón en el Paso Seis y nos preguntamos qué nos impedía renunciar a él, en el Paso Ocho podemos ver cada nombre de nuestra lista de reparaciones y preguntarnos: "¿Qué obstáculos hay para que elimine la negatividad en esta relación?".

Tal vez descubras que nada te lo impide con algunas personas de tu lista. Podrías estar preparada para seguir adelante y reparar el daño. Pero al pensar en ser más honesta o abierta con otra gente, sientas ansiedad, miedo o un pánico terrible. Si reaccionas de esta forma, sé gentil contigo misma. Confía en que, al aumentar tu veracidad y claridad, tu sabiduría interior te guiará a medida que consideres hacer las paces con cada persona.

Da marcha atrás y hazte algunas preguntas:

- *¿Hay un patrón antiguo que me impide comunicar la verdad sobre cómo me siento en esta relación?*

- *¿Aún trato de agradar o de controlar o de comportarme de otra forma que interfiere con una relación honesta?*

Si es así, regresa a los Pasos Seis y Siete. O tal vez quieras volver al Paso Cuatro y ver si le falta algo a tu inventario.

Si no estás dispuesta a reparar el daño con una persona en particular, deja las cosas así durante algún tiempo. Sigue adelante con las reparaciones que estés dispuesta a hacer y ten paciencia contigo misma por las otras. Ya llegará el momento. Tal vez descubras que cuando hagas algunas de tus reparaciones más fáciles del Noveno Paso, ya estés dispuesta a reparar el daño que ahora te parece imposible.

En el Paso Ocho, mantenemos la mente abierta. Tomamos el tiempo para aprender más de nosotras mismas. Los desafíos que enfrentamos en el Paso Ocho nos llevan a una comprensión más profunda de nosotras mismas y nos preparan para una nueva forma de relacionarnos con el mundo.

· · ·

Paso Nueve

Reparamos directamente a cuantos nos fue posible el daño causado, excepto cuando el hacerlo implicaba perjuicio para ellos o para otros.

El Paso Nueve nos acerca al presente. Nos pide que hagamos lo que aprendimos en el Paso Ocho. La mayoría de nosotras vemos el Paso Nueve y nos preguntamos cómo seremos capaces de avanzar con él. Por lo general, podemos pensar en al menos una o dos personas y eventos del pasado (o tal vez en varios) que quisiéramos olvidar o evitar por completo. Podríamos sentirnos vulnerables y temerosas, dudar de que seremos capaces de ser honestas con las personas a las que más necesitamos acercarnos.

Los Pasos anteriores nos han enseñado que el miedo no tiene que impedirnos seguir adelante. Si esperamos que el miedo desaparezca, podríamos tener que esperar mucho tiempo para reparar el daño. En vez de ello, podemos usar los recursos internos y externos que hemos desarrollado en nuestra recuperación para ayudarnos a encontrar el valor de actuar ante el miedo. Los otros Pasos son una base que nos respalda en nuestras reparaciones del Paso Nueve.

¿Qué significa reparar el daño que le causamos a otra persona? Significa asumir la responsabilidad de tu parte de una relación. Me gusta definir la *responsabilidad* como la habilidad de responder adecuadamente. Cuando respondes adecuadamente, extiendes la esperanza de algo nuevo para ti y para la otra persona. Tal vez descubras que tus "enemigos" se vuelven tus amigos.

Para empezar a reparar el daño, mira cada nombre de tu lista y decide qué tienes que hacer para recrear la mejor relación posible con esa persona. En algunos casos, una conversación directa es el mejor abordaje. En otros, puedes hacer "reparaciones en la práctica" al adoptar una nueva conducta. Tus reparaciones podrían ser tan simples como asumir una nueva actitud hacia alguien de tu lista. O podría significar no volver a incluir a cierta persona en tu vida. Cada situación es única; no hay dos reparaciones idénticas.

Despejar el pasado

A veces, reparar el daño significa directamente disculparse o expresar el arrepentimiento por algo que hemos hecho. Cuando buscábamos saciar nuestras ansias de droga a todo costo, con frecuencia lastimamos a la gente y afectamos nuestras relaciones. En el Paso Ocho, identificamos a la gente a la que le hicimos daño. Ahora, tenemos la oportunidad de recrear o renovar nuestras relaciones.

Natalie reparó el daño que le causó a su novio por la preocupación que le generaba su conducta fuera de control cuando bebía. "Se sintió aliviado al escucharme asumir la responsabilidad de mis acciones y agradecido por saber que no era culpa suya", comenta. "Ahora, ambos estamos de acuerdo en que soy responsable de mí misma".

Muchas de nosotras tenemos daños financieros que reparar si hemos robado dinero o adquirido cosas de forma deshonesta. Jackie, quien compraba compulsivamente y acumuló una deuda enorme, les envió pagos anónimos a empresas donde había robado productos o usado tarjetas de crédito falsas para comprar ropa o muebles. Otras mujeres les han pagado a sus patrones cosas que se habían robado. Una mujer reembolsó una gran cantidad de dinero que recibió por un proyecto que nunca terminó. El Paso Nueve nos brinda la oportunidad de restituir, de pagar deudas como estas y de volvernos financieramente responsables.

Algunas reparaciones son simbólicas. A veces, no podemos hablar o visitar a alguien de nuestra lista. Con frecuencia, perdemos el contacto con las personas porque se han ido o incluso fallecido, lo que imposibilita reparar el daño. O podríamos tener que reparar el daño causado a una institución, como la iglesia o la corte, porque hemos sido deshonestas o irrespetuosas. Natalie, por ejemplo, mintió sobre su situación financiera para recibir ayuda económica en la universidad. ¿Cómo reparamos el daño en estos casos?

Si no podemos reparar el daño directamente con alguien, podemos encontrar una forma de hacer algo generoso o útil: dar dinero a una obra benéfica, plantar un árbol, escribir un poema, hacer lo que nos permita arreglar las cosas y restaurar el equilibrio. Natalie donó dinero para un fondo de becas. Constance, cuyo padre había fallecido, le escribió una carta y se la leyó a su madrina.

Grace valora estas reparaciones simbólicas. "Nuestro

deseo de sanación o paz en una relación es profundo, aunque no podamos actuar directamente a partir de él", comenta. "Cuando reparo el daño simbólicamente, siento como si borrara mis huellas y restaurara el equilibrio".

"Reparar el daño en la práctica"

Las reparaciones directas y honestas suelen implicar verbalizar una disculpa o realizar una acción directa. Pero, a veces, reparar el daño de forma indirecta o "en la práctica" es aún más apropiado. Reparar el daño significa arreglar las cosas, hacer las paces con otra persona. ¿Cuáles acciones podemos realizar para restaurar el equilibrio en nuestras relaciones? Podríamos simplemente elegir tratar a alguien con más respeto o gentileza que antes.

Eve sentía que nunca había podido reparar el daño que le había causado a su ex esposo. Eventualmente, se dio cuenta de que no era necesaria una reunión formal para hablar de su relación. En vez de ello, reparó el daño al dejar de reaccionar como siempre lo hacía. Dejó de criticarlo cada vez que puede y ahora lo trata con respeto y coopera con su acuerdo para la visita de los hijos. Para su sorpresa, él es más cooperativo.

De forma similar, Lois empezó a tener conversaciones informales con la gente de su trabajo que había evitado durante años. No le parecía que fuera necesario reparar el daño causado por su grosería, pero quería ser más cordial con sus compañeros. Ahora los saluda o tiene charlas amenas con la gente que intencionalmente evitaba antes.

Elena reparó el daño en la práctica con sus dos hermanos.

Antes, trataba de controlar los sentimientos de ellos. Estuvo con ellos cuando su madre falleció y, conscientemente, no trató de controlar las reacciones de sus hermanos, ni de cuidarlos o cambiarlos. A los hermanos de Elena les costaba expresar sus sentimientos sobre la condición de la madre. Ella habría preferido hablar abiertamente de lo que estaba pasando y apoyarse entre todos, pero Elena reconoció el derecho de sus hermanos de hacer el luto a su manera. Pensó que su actitud de aceptación era la reparación más amorosa que podía hacer.

Muchas mujeres hablan de reparar el daño causado a sus hijos volviéndose mejores madres, es decir, tratando a sus hijos con más atención, coherencia y respeto.

Elena, por ejemplo, se dio cuenta de que había empezado a reparar el daño causado a su hija de cinco años cuando la maestra de la escuela le comentó que la niña ahora estaba más tranquila y relajada. Elena no había reparado el daño directamente con su hija, sino había empezado a pasar más tiempo con ella y a interactuar de una forma más saludable. De hecho, a medida que mejoró la calidad de vida emocional de Elena, cuando se volvió menos malhumorada y ansiosa, lo mismo sucedió con su hija.

Aunque muchas de nosotras nos disculpamos con nuestros hijos por lo que hicimos o dejamos de hacer, las palabras son solo una parte de la reparación del daño. El poder de reparar el daño causado a un niño o a cualquier otra persona reside en el seguimiento, es decir, en las acciones que respaldan nuestras palabras. Las palabras de disculpa o las explicaciones pueden ser vanas, especialmente si nuestras acciones no reflejan nuestras palabras.

Considerar nuestros motivos

Tu reparación tiene el objetivo de "limpiar de escombros tu pasado"[1]. Pero, antes de continuar con tus reparaciones, es importante considerar cuidadosamente *por qué* quieres reparar el daño causado a una persona particular.

En el Paso Ocho, hablamos de cómo las mujeres solemos sentirnos inclinadas a disculparnos y quiero motivarte a que también lo tengas en cuenta.

- *¿Quieres reparar el daño porque debes una disculpa?*

- *¿O estás tratando de controlar una relación difícil al renunciar o asumir la culpa?*

- *¿Tu disculpa es una forma de obtener la aceptación o el amor de alguien más?*

- *¿Esperas que la otra persona se sienta culpable o solidaria o que repare el daño que te causó a ti como respuesta?*

- *¿O estás expiando honestamente tu conducta?*

Incluso si estás reparando el daño de manera auténtica, mira en tu interior si estás esperando una respuesta específica de la otra persona. Los motivos ocultos afectarán tu forma de reparar el daño y pueden aumentar los escombros que esperas eliminar. Por ejemplo, puedes admitir ante una amiga que has sido sarcástica con ella, pero puedes hacerlo de una docena de formas diferentes. Si esperas en secreto darle rienda suelta a tu enojo, comunicarás el enojo en tu reparación. Por ejemplo, podrías decirle: "Me he dado cuenta de que suelo ser sarcástica cuando te autocompadeces". Esta afirmación puede describir honestamente tu conducta, pero también insulta a tu amiga. Podría ser más constructivo decir: "Sé que he sido sarcástica contigo, por lo general cuando me da miedo decir realmente cómo me siento. Quiero ser más honesta. Incluso si no lo logro, trataré de no usar el sarcasmo para defender mi punto".

Queremos ser honestas al reparar el daño, pero podemos elegir *cómo* ser auténticas. La intención de nuestra reparación es devolverles el equilibrio a nuestras relaciones, arreglar las cosas, no empeorarlas. En las reuniones de los Doce Pasos, puedes oír que la honestidad sin sensibilidad es crueldad. Nuestros motivos subyacentes influirán en nuestra forma de decir la verdad.

Es útil detenerse a pensar en lo que estamos tratando de lograr al reparar el daño en nuestro Noveno Paso.

- *¿Tenemos un motivo oculto?*

- *¿Qué imaginamos que ocurrirá?*

Si nos preocupa demasiado la respuesta de la otra persona (ya sea que esté agradecida, molesta o llorosa), perderemos de vista la intención real de este Paso: concentrarnos en *nuestra* responsabilidad en la relación. ¿Qué podemos decir o hacer *nosotras* para asumir la responsabilidad de nuestra parte en la relación?

Abandonar el resultado

En el Noveno Paso, nuestra única obligación es la acción que pensamos que es la correcta y abandonar el resultado. La verdad es que *no tenemos control de la respuesta de la otra persona*

171

cuando buscamos reparar el daño. Hacemos lo que podemos para arreglar la relación y renunciamos al resultado.

Una mujer le debía a su ex marido reparaciones financieras. Él había pagado más pensión de la cuenta para su hijo y ella le debía una suma alta. Al principio decidió no decirle nada, pero conforme pasaba el tiempo, fue aumentando su culpa. Finalmente, aceptó su responsabilidad de reembolsarle el dinero que había pagado en exceso. Cuando ella quiso reparar el daño y le ofreció devolverle el dinero, a él le enfureció que ella pensara que él se había equivocado. ¡No aceptó la devolución del pago!

No podemos predecir cómo la gente responderá a nuestras reparaciones. Puede aceptarlas con amor y alivio, puede ignorarlas o minimizarlas o puede asumir una posición de superioridad y enojo porque, por fin, admitimos lo que ella siempre sospechó de nosotras. No obstante, si somos claras, abiertas y honestas sobre nuestra responsabilidad, hacemos nuestra parte para arreglar las cosas.

Una de las primeras reparaciones de Ruth incluyó una visita a la gente que organizó una fiesta en la que ella, la invitada de honor, terminó la velada inconsciente en el piso mientras los invitados le pasaban al lado a la hora de salir. Los anfitriones quedaron encantados de saber que Ruth finalmente había alcanzado la sobriedad. Se preocuparon por ella y aceptaron su reparación con buen humor y compasión. Todos se rieron ante el absurdo de la "última borrachera" de Ruth.

Elena, por otro lado, descubrió que no siempre la gente es receptiva cuando se quiere reparar el daño. Cuando buscó a su hermana menor para admitir cómo irresponsablemente la había involucrado en varias situaciones sexuales comprometedoras, su hermana no quiso hablar al respecto. "Dijo que no era nada y que no se iba a sentar a escucharme", recuerda Elena.

Elena está contenta de haberse abierto con su hermana. "Al menos sabe que soy consciente de que la lastimé", agrega. "Espero que llegue el momento en que podamos conversar. A veces es difícil aceptar que el pasado no se resuelve a la velocidad que me gustaría".

Raquelle ha podido reparar el daño causado a la mayoría de las personas con las que convivió durante sus diez años de adicción. "Algunas de nosotras ahora tenemos relaciones maravillosas", comenta. "Pero hay otras con las que ya no hablo. Y está bien. Algunas fallecieron y nunca tuve la oportunidad de reparar el daño". Raquelle descubrió que trabajar en sus sentimientos mediante la terapia ya ha ayudado a tener paz con respecto a las relaciones que debían terminarse. "Tiendo a querer caerle bien a todo el mundo", menciona, "y, cuando pasé por el Paso Nueve, tuve que aprender que no todos pueden ser tus amigos".

Solo podemos poner de nuestra parte al tratar de reparar el daño. A veces, nuestras mejores intenciones no obtendrán respuesta o la respuesta será mínima. Aun así, hacemos el esfuerzo. Ofrecemos honestidad y claridad, y renunciamos a controlar el resultado.

Lastimar a otras personas

El Noveno Paso dice que evitemos reparar el daño a los demás "cuando el hacerlo implica perjuicio para ellos o para otros". ¿Cómo reparar el daño puede causar un perjuicio? Cuando los autores de los Doce Pasos escribieron el Paso Nueve, les preocupaba que en nuestro esfuerzo por mostrar una "rigurosa sinceridad"[2], podamos revelar incidentes o indiscreciones que es mejor no mencionar.

Si tuviste un amorío con un hombre casado y su esposa no lo sabe, probablemente perjudicarás a la esposa al buscarla para confesar tu conducta. Si le has dicho a tu jefe cosas crueles de un compañero de trabajo, posiblemente lo vas a perjudicar al revelarle tu desconsideración. Podría ser mejor acudir a tu *jefe* para reparar el daño, en vez de disculparte con tu colega. Si alguien te ha dicho que no quiere volver a hablar contigo, buscarlo para reparar el daño podría lastimarlo por ignorar sus deseos. Este es el espíritu de evitarles un perjuicio a los demás.

Quienes tenemos hijos debemos ser cuidadosos para no perjudicarlos al reparar el daño causado. Tal vez queremos admitir todo lo que pensamos que hemos hecho mal como madres. Pero, antes de hacerlo, debemos preguntarnos quién se beneficiará. Podríamos sentir alivio por la "culpa materna" que nos corroe pero podemos sobrecargar a nuestros hijos con la información. Se beneficiarán más si reparamos el daño en términos generales y *reflejamos con hechos* nuestras palabras volviéndonos madres más amorosas, cuidadosas y consideradas.

Hay un momento para soltar la culpa. Cada una descubrirá el momento correcto para sí misma. Una mujer compartió en una reunión de Al-Anon que su madre, una alcohólica en recuperación, aún quería reparar el daño causado a ella muchos años atrás. La hija estaba lista para perdonar y seguir adelante, pero su madre se sentía culpable y no lograba soltar y aceptar que no podía cambiar su conducta pasada. Las reparaciones interminables de la madre *interferían* en su relación. La hija cargaba el peso del arrepentimiento y el remordimiento de la madre y se preguntaba cómo podía convencer a su mamá de que la había perdonado.

Con mis propios hijos, trato de percibir cuándo me estoy disculpando demasiado. Estoy aprendiendo a respetar sus límites, sabiendo que me arriesgo a ponerlos en la posición incómoda de cuidarme cuando me siento culpable.

A veces, la gente experimenta reacciones muy fuertes cuando queremos reparar el daño. Si esto sucede, debemos tener cuidado sobre cómo interpretamos "perjudicar". Los sentimientos heridos y las reacciones fuertes no necesariamente significan que hemos perjudicado a alguien. Esto es particularmente importante que las mujeres lo recordemos porque, a menudo, nos preocupa agradar a la gente. Es posible que nos concentremos tanto en las posibilidades de perjudicar a la gente que nos olvidamos de que las emociones "negativas" podrían ser una respuesta normal a nuestras reparaciones. De hecho, podríamos encontrar la sanación y la apertura cuando trabajamos con el enojo y la pena que surgen.

Respetar los sentimientos... incluso los nuestros

A veces nuestras reparaciones reavivan recuerdos desagradables del pasado. Si esto ocurre, debemos ser amables con nosotras mismas y esperar. Tal vez los otros aún no estén listos para escuchar lo que tenemos que decir.

Mary Lynn quería reparar el daño causado a sus padres. Cuando era adicta al alcohol y a otras drogas en su adolescencia, pasó por un periodo asustador de conducta autodestructiva. Sus padres la pusieron en una institución a los dieciséis años. Mary Lynn descubrió que era demasiado doloroso para su familia hablar de este periodo traumático. Esperó diez años hasta que su familia pudo comentar esos eventos angustiantes y aceptar sus reparaciones.

Cuando estuvieron listos, el padre de Mary Lynn le contó que se había sentido impotente y asustado cuando vio que ella casi se había matado con el alcohol y los narcóticos. Vio un lado vulnerable y compasivo de su padre que nunca antes había visto. Mary Lynn se había sentido incómoda de esperar tanto para reparar el daño, pero ahora entendía la indisposición de sus padres de hablar del pasado. La experiencia renovó su respeto y amor por ellos y se empezó a desarrollar una relación más honesta.

A veces, nuestra reparación redefine el pasado. Cuando nuestra reparación incluye ser honestas sobre nuestros sentimientos, tal vez tengamos que buscar un delicado equilibrio entre nuestros propios sentimientos y los de los demás. Por ejemplo, si hemos pasado años ocultando nuestros verdaderos sentimientos, podríamos reparar los daños al defendernos o pedir lo que necesitamos. La gente que nos rodea tal vez no reciba el cambio de brazos abiertos.

Reparar el daño causado a nuestras familias podría implicar decir no cuando no queremos hacer alguna diligencia, preparar una comida o lavar la ropa cuando alguien nos lo pide. Si siempre hemos dicho que sí para agradar a los demás, los miembros de la familia podrían reaccionar con enojo o inconformidad cuando establecemos límites.

Nuestra pareja o los hijos podrían importunarse o molestarse por nuestra conducta, pero sus reclamos no significan que los estemos perjudicando, o que sus sentimientos sean más importantes que los nuestros. Podemos respetar nuestros propios sentimientos. Si tratamos de hacer las paces al seguir fingiendo que estamos satisfechas con nuestro papel, nos arriesgamos a mantener la deshonestidad emocional que generó el daño que estamos reparando originalmente.

Ser honestas y establecer límites suele implicar que hay que lidiar con cierto conflicto. Es natural que haya un poco de resistencia al cambio cuando empezamos a redefinir nuestro papel en una relación. Podemos reconocer respetuosamente el temor de quienes nos rodean a medida que renovamos y recreamos nuestras relaciones en el presente cuando reparamos los daños.

Reparar el daño que nos causamos a nosotras

Incluirnos en la lista de reparaciones de nuestro Octavo Paso nos da la oportunidad de empezar a enmendar el daño que nos causamos. De hecho, nuestra recuperación es un ejemplo de cómo reparar el daño en la práctica con nosotras mismas. Lograr la sobriedad y la abstinencia, trabajar en los Pasos y darnos la oportunidad de vivir de modo diferente empieza a sanar el daño causado a nuestra autoestima, nuestro cuerpo y nuestras relaciones.

Participar en nuestra recuperación es apenas una forma de hacernos reparaciones en la práctica. Si por lo general nos criticamos mucho, podríamos afirmarnos con mensajes positivos. O simplemente podríamos practicar la autoaceptación al *observar* nuestras acciones en vez de *juzgarlas*. Por ejemplo, puedo observar "Voy a empezar a portarme como si fuera una inútil y tímida para llamar la atención", en vez de juzgarme, "¡Otra vez con lo mismo! ¿Será que nunca me voy a comportar como un ser humano normal?". Cuando nos recordamos que no tenemos que ser perfectas y que tenemos permiso de cometer errores, reparamos el daño que nos causamos.

Muchas de nosotras hemos lastimado nuestro cuerpo con años de dietas compulsivas, estrés crónico o demasiado consumo de drogas. Es probable que nuestro cuerpo necesite atención especial para recuperar la salud y la fuerza. Podemos reparar el daño que nos causamos al tratar nuestro cuerpo con un nuevo respeto: comer bien, hacer ejercicio y descansar lo suficiente.

Muchas de nosotras nos sentimos avergonzadas de nuestro cuerpo. Constantemente nos dicen que el único cuerpo adecuado es el delgado que se mantiene joven. Luego, adormecemos nuestra vergüenza con nuestra droga preferida o nos matamos de hambre, nos purgamos o tomamos pastillas para adelgazar con el fin de tratar de controlar nuestro cuerpo. Modificar nuestro cuerpo no tiene que ser un acto de vergüenza. Muchas de nosotras nos teñimos el pelo, nos tatuamos o usamos maquillaje como actos de expresión personal. No obstante, también podemos lastimarnos al tratar de lograr un cuerpo ideal, imaginado, y nos sentimos deprimidas y ansiosas cuando nuestro cuerpo no corresponde con él. Reparar el daño que nos causamos podría incluir aceptar nuestro cuerpo tal y como es y celebrarlo de forma personal, en vez de asumir automáticamente que nuestro cuerpo es inadecuado o defectuoso y necesita arreglarse.

Para algunas de nosotras, reparar el daño que nos causamos significa mayor disciplina: pagar las cuentas a tiempo o cumplir con los compromisos. Cuando actuamos con responsabilidad, nuestra vida se vuelve más fácil. Para otras, podría significar relajarse un poco, permitirse el lujo de dejar algunos proyectos sin terminar. Si somos de la gente que tiene que sobresalir en todo, podríamos sentirnos mucho mejor si nos permitiéramos hacer menos. Esa fue mi lección al reparar el daño que me había causado: podía cuidarme mejor al renunciar a mi necesidad de hacer lo máximo y lo mejor en todo.

Una vida manejable, cuidar nuestro cuerpo y participar en nuestra recuperación son reparaciones que nos debemos.

Una nueva libertad y una nueva felicidad

Cuando empezamos a reparar el daño, podríamos sentirnos abrumadas. El Paso Nueve requiere valor y esfuerzo. Pero, según el Libro Grande de A.A.: "Vamos a conocer una libertad y una felicidad nuevas"[3].

Nuestro temor al pasado se reducirá porque le hemos echado una mirada clara y honesta a nuestra vida. La gente ahora se puede acercar más; no tenemos que huir u ocultarnos. Reparamos el daño causado para empezar a tener relaciones llenas de vida, honestidad y confianza. La poetisa Adrienne Rich describe las posibilidades inherentes a este tipo de relación:

> *Para tener una relación honorable contigo, no tengo que entenderlo todo ni contártelo todo de una vez, ni tengo que saber de antemano todo lo que necesito decirte.*
>
> *Significa que, la mayoría del tiempo, ansíe la posibilidad de decírtelo. Que estas posibilidades puedan parecerme asustadoras, pero no destructivas. Que me sienta suficientemente fuerte para escuchar las palabras que me dices a tientas. Que ambas sepamos que estamos tratando, siempre, de extender las posibilidades de la verdad entre nosotras.*
>
> *La posibilidad de la vida entre nosotras*[4].

Una vez que empecemos a reparar el daño causado, nos daremos cuenta de cuánto remordimiento, culpa y resentimiento hemos cargado. Al encender la luz sobre estos obstáculos, dejamos de tropezarnos en los "escombros" de nuestro pasado.

Al reparar el daño, experimentaremos otra paradoja de la recuperación: la fortaleza y la serenidad provienen de la humildad y la vulnerabilidad. Nos fortalecemos cuando dejamos que otras personas nos vean tal y como somos. Alcanzamos el honor y respeto por nosotras mismas cuando somos abiertas, honestas y responsables, capaces de responder adecuadamente.

Al atrevernos a decir la verdad, comenzamos a participar más plenamente en la vida. Creamos un entorno saludable en el que sea menos probable que vuelvan a surgir nuestros patrones antiguos. Cuando sanamos el pasado (y arreglamos nuestras relaciones), sacamos el Noveno Paso de la vida antigua y lo llevamos a la nueva.

• • •

Paso Diez

*Continuamos haciendo nuestro inventario personal
y cuando nos equivocábamos lo admitíamos
inmediatamente.*

El Paso Diez es el primero de los tres Pasos de mantenimiento. Al practicar un inventario regular en el Paso Diez, nos mantenemos atentas y concentradas en el presente.

Hemos realizado mucho trabajo desafiador al pasar por todos los Pasos anteriores. Por mucho que queramos desacelerar, relajarnos o incluso detenernos, tenemos que tener cuidado para no volver a los viejos hábitos y patrones. Por eso, practicamos un examen constante en el Paso Diez; la observación y la autorreflexión nos ayudan a monitorear nuestra vida y las relaciones en el presente. Este Paso nos mantiene concentradas en vivir cada momento de forma espiritual y mantener el progreso que ya hemos logrado.

Si comparamos los Pasos Uno a Nueve con un examen físico, el Paso Diez sería la rutina que creamos posteriormente para mantener el cuerpo sano. Cuando nos hacemos un examen, descubrimos dónde nuestro cuerpo necesita atención especial. Entonces empezamos las prácticas diarias que mantendrán nuestra salud. Si hacemos ejercicios, comemos correctamente y minimizamos el estrés, nuestra condición física mejorará.

En el Paso Diez, empezamos las prácticas diarias que nos aportan la mayor salud *emocional* y *espiritual*. En los Pasos anteriores, obtenemos la consciencia de dónde debemos concentrar nuestra atención. Ahora, asumimos el compromiso diario de continuar la observación y la reflexión, reconociendo cuándo nos desequilibramos o les causamos daño a los demás. Nuestra conciencia continua nos permite enfrentar cada día y cada relación con responsabilidad. Sin la reflexión diaria, corremos el riesgo de pasar por una crisis emocional (nuevos resentimientos, preocupaciones, celos y miedos) que puede devolvernos a nuestras antiguas conductas.

A.A. dice que tenemos un "indulto diario" de nuestra bebida, siempre y cuando sigamos practicando lo que hemos aprendido hasta ahora en la recuperación[1]. Hemos seguido los Pasos para entender el pasado y hacernos responsables de nosotras. Ahora, aplicamos lo que hemos aprendido al presente.

Ponerse al corriente

En el Paso Diez, practicamos hacer el inventario de las cosas que nos ocurren a diario en la vida, renunciar a los patrones que no queremos y reparar el daño de inmediato. Para algunas de nosotras, es útil compartir nuestras perspectivas con alguien más, como lo hicimos en el Paso Cinco.

Muchas mujeres realizan un Décimo Paso formal todos los días, otras lo hacen una vez por semana o en cualquier otro intervalo regular. Algunas asumimos un abordaje más informal, reflexionando continuamente sobre nuestra vida con una intuición o conocimiento interior que nos dice cuándo debemos detenernos y poner atención de cerca a una situación particular.

Muchos grupos de recuperación llaman a este proceso de inventario regular "ponerse al corriente". Ya sea que lo hagamos todas las noches o cuando sea necesario, el inventario del Décimo Paso nos ayuda a ver lo que ocurre en nuestra vida en el momento.

- *¿Dónde hay peligro de que volvamos a un patrón destructivo o de que creemos uno nuevo?*

- *¿Dónde somos deshonestas con nosotras mismas o con alguien más?*

- *¿Cómo nos sentimos hoy con respecto a nosotras mismas?*

- *¿Hay algo que no se siente terminado?*

Bee se pregunta: "¿En dónde actué a partir del amor y en dónde lo hice a partir del miedo?".

Al pasar por el Décimo Paso, evitamos crear nuevos escombros con asuntos pendientes que terminan bloqueándonos el camino. El Paso Diez nos brinda la oportunidad de arreglar las cosas en nuestras relaciones y seguir adelante, en vez de acumular resentimientos y arrepentimiento.

Una noche, Francesca estaba ocupada atendiendo a un cliente en la cena y respondió de forma grosera a otra mesera que le hizo una pregunta. Reflexionando más tarde, Francesca lamentó su respuesta puesto que habría bastado con decir que estaba ocupada en ese momento para conversar. Al día siguiente, se disculpó con su compañera por su descortesía.

"No sé si aceptó mi disculpa o no, pero me sentí mejor al

reconocer que podía haber actuado de forma distinta", comenta Francesca. "Cuando hago una reparación como esta del Décimo Paso, significa que no tengo que cargar culpa ni resentimiento. Puedo arreglar las cosas y seguir adelante. Incluso la reparación más pequeña hace una enorme diferencia".

Terminar el día

Como sucede con muchas mujeres, Norma practica el Décimo Paso todas las noches y repasa su día en detalle. Lo llama "terminar el día". Esta autorreflexión podría resultar fácil porque muchas de nosotras somos naturalmente introspectivas y reflexionamos de forma espontánea en lo que ocurre en nuestra vida y lo que eso significa. Podemos pensar en el Décimo Paso como una extensión de las actividades reflexivas que ya realizamos: llevar un diario, hablar de un asunto con un terapeuta o acudir a un amigo para que nos ayude a organizar nuestros sentimientos.

Al principio, Norma escribía todas las noches en su diario, describiendo las cosas complicadas o confusas que habían ocurrido durante el día. Luego, reflexionaba sobre cada caso, preguntándose si había hecho todo lo que estaba a su alcance por ser honesta y responsable.

Recuerda que la *responsabilidad* significa la habilidad de responder adecuadamente. Cuando somos responsables, no necesariamente arreglamos o nos encargamos de las cosas; sino respondemos adecuadamente. Para Norma, esto significa hacer algo en ciertas situaciones y no hacer nada en otras. Por ejemplo, se rehusó a prestarle una cantidad de dinero a su sobrina. Cuando la sobrina se resintió y se molestó, Norma se preguntó si había sido responsable. Estaba tentada a reparar el daño.

Al reflexionar sobre su decisión en su Décimo Paso nocturno, Norma concluyó que había actuado adecuadamente al rehusarse de forma gentil. Su reflexión le permitió vivir con la tensión de la relación y abandonar el intento de cambiar los sentimientos de su sobrina. Al revisar nuestra situación en el Paso Diez, a veces descubrimos que no hay nada que podamos hacer excepto dejar las cosas como están o soltarlas.

Después de que este Décimo Paso nocturno se le hizo rutinario, Norma percibió que repasaba su día de forma espontánea sin la necesidad de escribirlo. Ahora, considera el Décimo Paso *una forma de pensar* en vez de un ejercicio formal. Ha establecido una práctica que la ayuda a mantener el equilibrio y la conciencia en su recuperación.

Como las capas de una cebolla

El Décimo Paso nos lleva a entendernos y aceptarnos a niveles cada vez más profundos. Algunas mujeres en recuperación comparan este proceso de descubrimiento con ir pelando las capas de una cebolla. Debajo de cada capa hay una más. "Más se revelará" es un dicho popular de A.A.

Al repasar cada día, podrías ver patrones que no sabías que existían o podrías descubrir nuevas características en los patrones que ya has identificado. Tal vez te des cuenta por primera vez que las figuras de autoridad tienden a disparar tu conducta rebelde. O quizás notes que tu deseo de encargarte de la vida de los demás es más fuerte cuando estás cerca de tus padres; y reconozcas la necesidad de mostrarles que eres competente o de protegerte de sus tendencias controladoras.

Cuando repasamos nuestras reacciones que surgen a diario (en las conversaciones y las interacciones con otras personas), recibimos mucha información sobre cómo respondemos a la vida. Los eventos cotidianos pueden ser espejos que reflejan nuestro ser más profundo. Con estos espejos, podemos entender mejor nuestros valores y sentimientos más profundos. Si practicamos este Paso con el espíritu de la observación gentil y la autoaceptación, renunciaremos a más culpa, más confusión y vergüenza.

En el Décimo Paso, "Continuamos vigilando el egoísmo, la deshonestidad, el resentimiento y el miedo" nos dice el Libro Grande. "Cuando estos surgen, enseguida le pedimos a Dios que nos libre de ellos"[2]. A menudo, las mujeres descubrimos que estos "defectos" se vuelven más fáciles de manejar al trabajar con nuestros sentimientos y conductas y reflexionar al respecto con mayor profundidad.

En mi caso, el Décimo Paso puede ayudarme a descubrir *el sentimiento que está por debajo del sentimiento*. Tras algunos años en recuperación, me involucré en una relación en la que me sentía crónicamente molesta e infeliz. En mi Décimo Paso diario, identifiqué fácilmente el enojo y asumí que no debería estar experimentándolo. Después de todo, el Libro Grande de A.A. me dice que el descontento "puede ser un dudoso lujo para personas normales"[3] y llevar a los alcohólicos de vuelta a la bebida. Luché por soltar el enojo pero persistía. Entonces me detuve a preguntarme qué podría estar encubriendo.

Descubrí que me sentía terriblemente herida debajo de mi molestia. Los sentimientos de enojo me protegían del dolor subyacente. Cuando dejé de concentrarme en eliminar el descontento y me pregunté qué era lo que me molestaba, empecé a ser honesta conmigo misma y mi pareja sobre el motivo por el que me sentía herida. Cuando logré reconocer y expresar mi enojo, resultó claro que necesitaba salir de la relación.

La verdad es el tema del Décimo Paso. Para tenerlo en cuenta, podemos pensar en este Paso como lo hace Jackie: "Sigo realizando un inventario personal de mi verdad y la admito de inmediato, sin importar lo que encuentre". La interpretación de Jackie de este Paso nos insta a pelar más capas. "Profundiza en la verdad y hónrala siempre, aunque se sienta incómoda o sea difícil", dice.

El Décimo Paso es particularmente poderoso para las mujeres. Tenemos la oportunidad de aceptar y validar incondicionalmente *nuestra experiencia*. Podríamos descubrir que, a lo largo de un día regular, pocas personas se detuvieron a preguntarnos cómo nos sentíamos o cómo estábamos respondiendo a los eventos cotidianos, pero nosotras podemos darnos ese regalo. Al revisar cada día, podemos preguntarnos:

- *¿Qué noté hoy?*

- *¿Qué reconocí sobre mí misma y sobre los demás?*

- *¿Qué fue verdadero para mí hoy?*

- *¿En qué creo?*

Esto puede ser especialmente importante si provenimos

de familias que rechazaron o ignoraron nuestra experiencia. Por ejemplo, quienes provenimos de hogares agresores, podríamos haber concluido que nuestras familias fingían que no había agresión y con frecuencia castigaban o rechazaban a los miembros que no estaban de acuerdo. Como resultado, reconocer la agresión (incluso admitirla para nosotras mismas) puede ser demasiado asustador y amenazante. Podríamos empezar a creer las mentiras de la familia sobre la agresión y a dudar de nuestros propios sentimientos y percepciones. Cuando tenemos este tipo de historia, el Décimo Paso puede ayudarnos a recuperar la confianza en nuestra experiencia.

Independientemente de nuestros antecedentes, el Décimo Paso puede ayudarnos a afirmarnos y a afirmar nuestra experiencia. Admitir la verdad ante nosotras mismas nos empodera para tener una vida espiritual, para ser plenamente quiénes somos.

¿Cuándo estamos equivocadas?

El Paso Diez dice que reconocemos inmediatamente "cuando nos equivocamos". ¿Por qué esto es importante? Como ocurre en el Paso Cinco, admitir nuestros errores nos permite conectarnos humildemente con otro ser humano. Extendemos a otras relaciones en nuestra vida el riesgo que habíamos corrido cuando admitimos nuestros errores ante una persona de confianza. Esta nueva forma de vivir invita a los demás a tener menos miedo y a ser más abiertos y honestos como respuesta.

Vivian aprendió el valor de admitir los errores después de que recibió una multa por no detenerse en un paso peatonal.

Durante un tiempo, Vivian le echó la culpa a todo el mundo por el incidente. Finalmente, admitió que la culpa había sido suya. Fue una lección de humildad, pero admitir su equivocación le dio un nuevo tipo de libertad. Se dio cuenta de que podía admitir su error y no sentirse obligada a esconderse por la vergüenza.

"Lo acepté como un error humano que cualquier podía haber cometido", comenta. "No significó que yo fuera mala o inadecuada o incapaz de participar en la sociedad. Este era un nuevo concepto para mí. Pensaba que equivocarse significaba que *yo era* una equivocación. Así que siempre tuve que ser perfecta... y *correcta*. Pude admitir mi culpa y, aun así, aceptarme. Esto me mostró cuán lejos había llegado en mi recuperación".

Como hemos visto en varios otros Pasos, debemos ser muy cuidadosas sobre cómo aplicamos la palabra *equivocación* a nosotras mismas. No queremos generalizar y asumir siempre que estamos equivocadas porque alguien más lo dice. Es importante reflexionar en cada situación y determinar nuestra verdadera responsabilidad. Debemos tener cuidado de no asumir que estamos equivocadas cuando nos sentimos heridas o molestas por la conducta de otra persona.

La visión tradicional de A.A. es que "Si alguien nos ofende y nos enfadamos, también nosotros andamos mal"[4]. Es importante que las mujeres profundicemos un poco más para que no lo interpretemos como una forma de culparnos. Muchas de nosotras asumiremos fácilmente que estamos equivocadas cuando surge un conflicto o alguien nos ataca o nos ofende.

Para las mujeres, es importante practicar *no* vernos en el error sino concentrarnos en cómo *nos sentimos*.

Sentirte lastimada o molesta por las acciones de otra persona no tiene nada que ver con tener la razón o estar equivocada. Si estamos enojadas con alguien, nuestras reacciones emocionales son aceptables y válidas, independientemente de las que sean. Si elegimos actuar a partir de nuestros sentimientos de forma vengativa, perdemos el sentido del Paso Diez y después podríamos arrepentirnos. Pero los sentimientos en sí no están equivocados. Podemos permitirnos sentir lo que sentimos. Y podemos preguntarnos porqué tenemos una respuesta emocional tan intensa y qué significa para nosotras el comportamiento de esta persona. Esta es nuestra verdad.

Aun así, si nos consume la ira o el resentimiento, nos desequilibramos y empeoramos las cosas para nosotras mismas. Para mantener nuestra sanidad y sobriedad, con frecuencia necesitamos encontrar formas constructivas de expresar o liberar nuestros sentimientos y de cuidarnos. Sherie tiene un dicho útil y divertido de su madrina que usa cuando realiza su reflexión del Décimo Paso: "Señor, permíteme elegir palabras dulces y suaves. Por si me las tengo que tragar después". Podemos hacer ambas cosas: tratar bien a los otros y recordar profundizar en el sentimiento antes de tratar de hacerlo desaparecer.

Lo que "nos corresponde" y lo que no

Un Décimo Paso es una revisión del día, la semana o el momento, de cualquier intervalo temporal que elijamos, y que nos ayude a reflexionar sobre lo que "nos corresponde" y lo que no. Así como en el Paso Nueve, podemos determinar nuestra responsabilidad, hacer lo que sea necesario para arreglar las cosas y despreocuparnos por el resultado. En muchos casos, puede ser que no haya nada que hacer o que el problema "le corresponda" a otra persona.

Una situación dolorosa o incómoda podría seguir siendo dolorosa porque no "te corresponde" el problema y no tienes el poder para resolverlo. A veces, hay una tensión natural cuando dos personas no están de acuerdo. Tal vez tú y tu amante han descubierto que sus valores sobre un tema delicado son diferentes. Tal vez tu hijo esté furioso porque le has puesto límites que no le gustan.

Cuando nos volvemos auténticas con nosotras mismas en nuestro Décimo Paso, nos volvemos más auténticas con los demás. Esto a veces crea desacuerdos que preferiríamos evitar. Admitir que nos equivocamos puede aumentar la incomodidad o el conflicto de la relación porque la honestidad evidencia el conflicto.

Al reflexionar en el Décimo Paso sobre situaciones como estas, podría parecernos apropiado simplemente aceptar el conflicto inevitable que surge en las relaciones. Aunque sea difícil, a veces debemos despreocuparnos por el resultado y dejar que los demás (y nosotras mismas) se sientan tristes, molestos o decepcionados.

Al pasar por su Décimo Paso, Constance se pregunta de qué forma ha sido indirecta hoy. Reconoce su costumbre de no defenderse. En su afán por agradar a los demás, con frecuencia trata de tolerar condiciones que le resultan inaceptables. Cuando reconoce que ha sido demasiado complaciente, se pregunta si admitir sus errores significa hablar con la otra persona.

Una noche, Constance salió para encontrarse con su amiga Cindy para cenar pero Cindy no llegó. Constance se sintió herida pero, instintivamente, se culpó por la desconsideración de su amiga. "Seguro no soy una buena compañía; sino Cindy habría recordado que había hecho planes conmigo", pensó.

Al principio, Constance decidió no decir nada, pero cuando realizó su inventario del Paso Diez, se dio cuenta de que había sido irrespetuosa consigo misma. Había permitido que la trataran de forma descortés. Cuando por fin habló con Cindy sobre su decepción y molestia, Cindy le respondió que estaba siendo demasiado sensible y su reacción era exagerada. Como resultado, su amistad se enfrió. Pero Constance sentía que debía ser honesta sobre sus sentimientos. La alternativa (convencerse de que sus sentimientos eran inadecuados o no eran importantes) era más hiriente.

Caminar por otra calle

Una de las mejores cosas del Paso Diez es que ya sabes cómo hacerlo. No hay nada en el Décimo Paso que no hayas hecho en los otros Pasos. En este Paso, refinas lo que has aprendido hasta ahora y practicas su aplicación en tu vida cotidiana.

Si empiezas tu práctica del Décimo Paso escribiendo cada noche o creando otra rutina regular, probablemente verás que el proceso de autorreflexión se vuelve espontáneo después de un tiempo. Desarrollarás una habilidad natural para sentir cuándo estás perdiendo tu equilibrio emocional o haciéndote daño a ti o a otra persona. Entonces, puedes hacer una pausa, reflexionar y preguntarte:

- *¿Cuál es mi respuesta apropiada?*
- *¿Qué puedo hacer para arreglar las cosas?*

Cuando practicas el Décimo Paso, vives el momento presente y te vuelves más consciente de ti misma y más espontánea. ¡Que contraste con los días en que solíamos estar asustadas y anestesiadas, o éramos controladoras!

El Décimo Paso está en la esencia de nuestro poder personal: cambiar lo que podemos, aceptar lo que no podemos cambiar y desarrollar una creciente sabiduría para reconocer la diferencia. Ahora, podemos participar en la vida y confiar en que tendremos opciones y elecciones cuando surjan problemas o conflictos. Ahora podemos ser responsables (hábiles para responder apropiadamente) porque ya no nos aferramos a nuestros antiguos patrones. Aún podríamos recaer en ellos de vez en cuando, pero sabemos cómo salir, como lo reconoce Portia Nelson en su poema "Autobiography in Five Short Chapters" (Autobiografía en cinco capítulos cortos):

I

Camino por la calle.

Hay un agujero profundo en la acera.

Me caigo.

Estoy perdida… No sé qué hacer.

No es mi culpa.

Tardo una eternidad en salir.

II

Camino por la misma calle.

Hay un agujero profundo en la acera.

Finjo que no lo veo.

Me vuelvo a caer.

No puedo creer que esté en el mismo lugar.

Pero, no es mi culpa.

Aún tardo siglos en salir.

III

Camino por la misma calle.

Hay un agujero profundo en la acera.

Veo que está allí.

Aún me caigo... es un hábito... pero,

mis ojos están abiertos.

Se dónde estoy.

Es *mi* culpa.

Salgo de inmediato.

IV

Camino por la misma calle.

Hay un agujero profundo en la acera.

Lo esquivo.

V

Camino por otra calle[5].

• • •

Paso Once

Buscamos a través de la oración y la meditación mejorar nuestro contacto consciente con Dios, como nosotros lo concebimos, *pidiéndole solamente que nos dejase conocer su voluntad para con nosotros y nos diese la fortaleza para cumplirla.*

El Paso Once nos motiva a mirar hacia dentro y profundizar nuestra conciencia de nuestro Poder Superior, nuestro centro espiritual, al sacar tiempo para la oración y la meditación. Estas prácticas nos llevan a buscar lo que quiera que creamos que es mayor, más profundo o que está más allá de nosotras. La oración y la meditación pueden aportarnos serenidad (momentos, horas, incluso tal vez días de ella) que quizás nunca antes hayamos experimentado. También podemos practicar la oración y la meditación para recuperar nuestro equilibrio emocional cuando enfrentamos eventos o relaciones que nos preocupan o nos molestan.

El Undécimo Paso puede mostrarte lo lejos que has llegado en la ruta del crecimiento espiritual. Si estabas enojada con la religión o dudabas de una esencia espiritual (una Diosa, un Dios, un Poder Superior, un Yo Superior o una Fuerza Vital) que te apoye, pregúntate cómo te sientes ahora. ¿Sientes una nueva conciencia de tu conexión con las otras personas y con el propio tejido de la vida más amplio?

Necesitamos ponerle atención a esta conexión espiritual cada día para que prospere y florezca. Es como empezar un jardín y luego cuidarlo como se debe para que crezca y dé frutos. No plantaríamos las semillas para después abandonarlas a su suerte, esperando que llueva para que no se mueran. En vez de ello, necesitamos vigilarlas todos los días, regarlas con regularidad y darles nutrientes adicionales y protección cuando lo necesitan.

De forma similar, no podemos dar por sentada nuestra vida espiritual ni asumir que se cuidará sola, sin ningún esfuerzo especial de nuestra parte. Para mantenerse saludable y fuerte, nuestra conexión espiritual necesita nuestra atención continua. Esto significa sacar tiempo de forma consciente para alimentar la relación central de nuestras vida: la relación entre nosotras y nuestro espíritu guía o sanador. Empezamos desarrollando esta relación en el Paso Tres; ahora la cultivamos con tiempo y atención en el Paso Once.

Es lo que significa "mejorar nuestro contacto consciente". Cultivamos el contacto consciente con "un Poder superior a nosotros" mediante prácticas como la oración y la meditación.

Personalizar nuestras oraciones

La oración es un acto de llegar hasta un Poder Superior o de mirar en el interior para buscar un conocimiento más profundo. Así como describimos a Dios de forma individual en el Paso Tres, también podemos acudir a la oración como queramos. Nuestra disposición de orar y estar abiertas a esta conexión es más importante que cómo lo hagamos. *El espíritu de nuestra acción es lo que cuenta.* Podemos crear rituales personales que simbólicamente abran un diálogo entre nosotras y el Poder que nos respalda y sostiene.

Grace cree que la oración le permite extenderse y crear una relación con su Poder Superior. "En la oración, participo en una conversación", comenta. "Pregunto en voz alta: '¿Qué necesito del universo y qué necesita él de mí'"?.

Al igual que Grace, podemos pensar en la oración como una ofrenda de palabras o pensamientos a nuestro Poder Superior y una solicitud de orientación. Podemos crear nuestras propias oraciones o usar una de las varias plegarias de A.A. Como comentamos en el Paso Siete, si no nos sentimos cómodas con el lenguaje de las oraciones de A.A., podemos usar nuestro propio lenguaje para decir exactamente lo que queremos decir.

Jackie ha modificado una de las oraciones estándar de A.A. (la oración del Tercer Paso) para incluir palabras que le resulten significativas y afirmativas. Aunque dice que se empezó a sentir hereje por enmendar esta oración, cree que ha creado una sensación poderosa de seguridad y soporte para sí misma al tener el valor de personalizarla.

La oración original del Tercer Paso dice

> *Dios, me ofrezco a Ti para que obres en mí y hagas conmigo Tu voluntad. Líbrame de mi propio encadenamiento para que pueda cumplir mejor con Tu voluntad. Líbrame de mis dificultades y que la victoria sobre ellas sea el testimonio para aquellos a*

quien yo ayude de Tu Poder, Tu Amor y de la manera
que Tú quieres que vivamos. Que siempre haga Tu
Voluntad[1].

Jackie objeta frases como "hagas conmigo Tu voluntad" porque le recuerdan sus experiencias negativas en relaciones anteriores. Usa la palabra *Diosa* para que su oración reconozca el aspecto femenino de la espiritualidad que es importante para ella. Con solo cambiarle algunas palabras, vuelve la oración más accesible y relevante para ella.

La versión de Jackie dice:

Diosa, me abro ante ti para trabajar en mi vida hoy,
según la voluntad divina. Líbrame de las cadenas del
miedo, la vergüenza y la baja autoestima de modo que
pueda transformarme en un canal de alegría, amor y
paz en el universo. Líbrame de mis dificultades como
te parezca más adecuado, de modo que la victoria
sobre ellas sea el testimonio para aquellos a quienes
yo ayude de tu amor y tu poder.

También podrían resultarte útiles las oraciones del Séptimo o el Undécimo Paso de A.A. como base para crear una oración que honre tu experiencia individual.

La oración tradicional del Séptimo Paso (mira la página 136) se concentra en los defectos de carácter, por lo que podría ser apropiada si quieres concentrarte en renunciar a conductas o actitudes que te angustian. Tal vez quieras elegir otra palabra en vez de *defecto*, una con un significado más positivo o neutro, como *patrón*.

La oración del Undécimo Paso es una adaptación de la oración escrita por San Francisco de Asís. Expresa de manera hermosa un deseo de crear un entorno positivo en nuestra vida. Sin embargo, debemos tener cuidado a la hora de seguir su sugerencia sobre "olvidarnos de nosotras mismas", para no minimizar la importancia de buscar ayuda.

> *Señor, hazme un instrumento de tu Paz—que donde haya odio, siembre amor—donde haya injuria, perdón—donde haya discordia, armonía—donde haya error, verdad—donde haya duda, fe—donde haya desesperación, esperanza—donde haya sombras, luz—donde haya tristeza, alegría. Dios, concédeme que busque no ser consolada, sino consolar—no ser comprendida, sino comprender—no ser amada, sino amar. Porque olvidándome de mí misma, me encuentro; perdonando, se me perdona; muriendo en Ti, nazco a la Vida Eterna[2].*

También podría parecerte que la Oración de la serenidad (mira las páginas 57 y 137) es todo lo que necesitas. Yo uso esta oración regularmente como Undécimo Paso cuando mi vida se desequilibra.

Por supuesto que tus oraciones, si eliges orar, tal vez no se parezcan en nada a estas. Puedes incluir oraciones de tu propia tradición religiosa u oraciones elaboradas por completo con tus palabras. Siguiendo la tradición de las religiones orientales, podrías simplemente pedir el bien común y la mejor espiritualidad para todos.

Aunque a Frances no le gusta orar para pedir cosas, ora para expresar su deseo de los mejores resultados posibles en su vida. "Tener pasión por lo bueno aún forma parte de mi vida espiritual", comenta. "Así que la oración incluye orar por mi propio bienestar y por el bienestar de los demás".

Pero, más allá de buscar lo bueno, Frances piensa en la oración como una forma de "lograr conciencia". Para ella, se trata de un proceso de conectarse con una sabiduría interior accesible y disponible. Al orar (decir ciertas palabras que tienen un significado especial para ella), recuerda abrirse a esa sabiduría y escuchar lo que tiene que decir.

La voluntad del universo

El Paso Once dice que oramos "solamente para que nos dejase conocer su voluntad para con nosotros y nos diese la fortaleza para cumplirla". Ruth lo interpreta en el sentido de que hay un espíritu que mueve el universo, y ora para pensar y actuar en armonía con ese espíritu.

Cuando Ruth lee el Paso Once, asume que "Su voluntad" es la *voluntad del universo de que las cosas sean como son*. Cuando hacemos la "voluntad de Dios", aceptamos y somos conscientes de actuar de forma apropiada. Renunciamos a nuestro deseo de controlar las cosas que no podemos cambiar.

Esto no significa que nos rindamos cuando surgen desafíos. Por el contrario, actuar de forma apropiada puede implicar defendernos, resistir a la presión de cumplir con los deseos de los demás. La aceptación a veces puede significar dejar que otras personas se enojen o incomoden cuando ponemos límites, empezamos a cuidarnos o nos posicionamos contra el statu quo.

La idea subyacente es que mantengamos un espíritu de cooperación, nos permitamos abrirnos a las posibilidades y renunciemos a nuestra necesidad de tener todas las respuestas de antemano.

Darlene cree que la voluntad del universo es que ella sea "quien soy y todo lo que soy, no alguien diferente". Al practicar el Paso Once, recuerda que está bien tal y como es. Ora para seguir abierta a lo desconocido y lo invisible en su vida, para poder responder a lo que se presente cada día. Confía en que sabrá qué hacer y, si no es así, si se equivoca, aprenderá algo valioso.

"Creo que soy un ser espiritual y que estoy conectada de formas que no siempre entiendo", afirma Darlene. "Dejé de tratar de entender las cosas de antemano porque ya no asumo que ese sea mi trabajo. En vez de ello, trato de responder de la forma que me parece correcta a lo que me toque enfrentar. Al renunciar al control de esta forma, me he abierto a los milagros. Nunca podía haber previsto algunas de las mejores cosas que me han sucedido en la recuperación".

¿Cómo sabemos que estamos haciendo la "voluntad de Dios"? ¿Cómo se siente cooperar con las mayores fuerzas vitales? A veces tengo un sentimiento de "rectitud" (un conocimiento interior tranquilo) que me dice que estoy alineada con mi Poder Superior. Cuando esto ocurre, los conflictos parecen resolverse solos y tengo la sensación de claridad y propósito. Lo veo como un estado de gracia.

De forma similar, Maureen cree que esta "voluntad"

incluye descubrir qué se siente bien y adecuado para ella, seguir sus instintos e ir adonde se inclina naturalmente a ir. Podría significar hacer algo que disfruta y a veces es lo opuesto a lo que cree que se "supone" que haga. "No pienso que la recuperación siempre tenga que ser difícil", afirma Maureen. "Puede parecer que constantemente tenemos que hacer cosas que no son divertidas ni agradables para que la recuperación sea correcta. Pero no estoy de acuerdo. Me parece que también se trata de descubrir lo que me encanta hacer".

Maureen está de acuerdo con la máxima de la recuperación: "Estás exactamente donde se supone que estés". Si está ansiosa o preocupada por algo, asume que así es como se supone que deba sentirse, que está experimentando un desafío para poder aprender algo. Si se ve abrumada por las emociones, mira profundamente en su interior para descubrir la fuente. Con esta actitud de autoaceptación, evita castigarse por no ser perfecta. En su Undécimo Paso, ora para ser completamente como es, para obtener un sentido mejor y más claro de su lugar en el universo.

La calma en el centro

Si la oración es un acto de comunicación, la meditación es la práctica de estar quietas y *escuchar*. Es un momento para entregarse y recibir, un momento para soltar.

Independientemente de que ores o no, separa todos los días un rato para meditar, aunque solo sea para crear un momento de paz para ti con regularidad. Recibimos muy poco apoyo para el tiempo en calma en nuestra vida. Muchas de nosotras nos vemos sobrecargadas de obligaciones que nos ponen a correr de una responsabilidad a otra, sin tiempo para nosotras. Otras se sienten sin dirección y aisladas, inmovilizadas por la depresión o la ansiedad. De cualquier forma, podría resultarnos difícil volver nuestra atención hacia dentro para escuchar nuestro yo interior.

Pero la conciencia interior es esencial para nuestro crecimiento y bienestar continuos. Debido a que nunca "nos graduamos" de la recuperación, siempre nos conoceremos más profundamente y nos ajustaremos a las nuevas situaciones y desafíos de la vida. La conciencia interior evoluciona con el paso del tiempo y requiere nuestra atención constante.

Si trabajamos con los primeros Pasos y asumimos que estamos "recuperadas", podríamos olvidar que los eventos seguirán tentándonos para volver a nuestros antiguos patrones destructivos. Para protegernos de que nos arrastren los inevitables dramas de la vida cotidiana (en los que arriesgamos desequilibrarnos de nuevo), es importante crear un "centro" para regresar, un lugar sereno, interno y privado.

Tengo una definición de *serenidad* que me recuerda la importancia de esta práctica: la serenidad no es la libertad de las tormentas de la vida. Es la calma en el centro que me saca adelante. Creamos este centro tranquilo con la meditación.

La meditación es similar a detener las ondas en un estanque. Se trata de aquietar la mente para que experimentemos la claridad y la paz. Nuestras actividades diarias y las presiones de la vida constantemente agitan el estanque y dejan el agua turbulenta y lodosa. Pero podemos apaciguar el agua al apaciguarnos nosotras, sacar el tiempo para salir de las exigencias de la vida (aunque sea solo unos cuantos minutos al día) y sentarnos en reposo. En la meditación, podemos escucharnos *sin* pensar.

Mejoramos nuestro "contacto consciente" con nuestro Poder Superior o espíritu guía al mantenernos inmóviles, haciendo a un lado temporalmente nuestro deseo de saberlo todo. Reconocemos nuestros límites y falta de control. Cuando nos sentamos en reposo, dejamos que las cosas sean como son. Nos entregamos y recibimos.

Hacer nada

¿Cuánto tiempo se necesita para meditar? Y ¿qué hacemos cuando nos sentamos solas y en silencio? No hay una sola forma de meditar. Hay docenas de descripciones de diferentes técnicas de meditación del Undécimo Paso. Así como describimos a Dios y la oración de la forma que nos resulte mejor, nuestra práctica de la meditación será completamente individual; podemos elegir entre diversas disciplinas.

Hay muchas técnicas de meditación que pueden ayudarte a alejar el parloteo interminable en tu mente y aquietar tus pensamientos. Puedes sentarte en una silla y concentrarte en cada respiración, enfocada en cada inhalación y exhalación. O puedes ver una imagen que te tranquilice o contemplar la llama de una vela. Podrías repetir un mantra o afirmación, concentrándote en el sonido de las palabras hasta excluir todo lo demás. Podrías visualizar una luz de sanación, una escena agradable, tu yo ideal o un espacio vacío, silencioso y pacífico.

Siéntate durante el tiempo que te sea cómodo, empezando

con tres a cinco minutos si es lo que soportas. Haz lo que sea que aquiete tu mente y abra un canal para que puedas escuchar a tu yo interior.

Cuando "escuchamos" en la meditación, no necesariamente escuchamos nada. Pero el acto de escuchar en sí mismo es muy importante porque es una forma de practicar la apertura y la receptividad. En la meditación, podemos aprender a estar en reposo, a esperar lo que la vida nos presente y a recibirlo con el corazón y la mente abiertos.

Ruth describe su meditación como ponerle atención a su respiración y buscar el espacio en silencio en su interior. Esto la ayuda a soltar su deseo de control. "Elimino mi insistencia de querer o necesitar algo y dejo que las cosas sean como son", comenta. "Es una nueva experiencia para mí". En la meditación, está dispuesta a estar presente y abierta.

Al principio, la meditación puede generar cierta ansiedad. ¿Cuándo fue la última vez que no hiciste nada sin sentirte culpable? Podría resultarte difícil sentarte inmóvil. Las pensamientos podrían correr por tu mente mientras te preguntas cuánto tiempo se supone que debes meditar.

Cuando me pongo en ese estado de agitación, simplemente me *observo* tener estos pensamientos y sentimientos. Noto que estoy ansiosa. Soy consciente de que estoy desconcentrada e inquieta. Pero no trato de cambiarlo ni lo juzgo. Simplemente me siento inmóvil, sabiendo que pasará. Si la ansiedad vuelve, la observo de nuevo. Este es un nivel más profundo de aceptación: la aceptación de *lo que* es.

A muchas mujeres también les resulta útil hacer una

práctica meditativa de caminar, cuidar el jardín, cantar, coser o pintar. Al realizar estas actividades con atención consciente y plena, nos damos un descanso de nuestro estrés común y hacemos algo bueno para nosotras. Podemos elegir cualquier práctica que nos brinde la sensación de paz interior. Y podemos tratar de encontrar una forma de no hacer absolutamente nada al menos de vez en cuando.

Una base firme

En la práctica, la oración y la meditación podrían no ser dos actividades separadas. Podemos orar mientras meditamos y viceversa. No es necesario distinguir las dos, a menos que esto facilite la práctica. A menudo, las mujeres hablan de hacer ambas cosas a la vez.

Una vez, una mujer me presentó en una conferencia y después me confesó que se había sentido nerviosa antes de la presentación. Para calmarse, comentó que se había quedado sola durante algunos momentos. Oró pidiendo orientación y apoyo, buscando su centro interior. Así es como practica regularmente su Undécimo Paso.

"Siempre que enfrento un desafío", me dijo, "me siento en silencio y medito, pidiendo ayuda para seguir adelante. Pido la fortaleza para hacer lo que supone que haga". Al pedir orientación y sentarse en silencio, su meditación y oración se entrelazan por completo. Una fluye hacia la otra y crea una única experiencia espiritual.

Al empezar a vivir de forma más consciente, podría parecernos que la oración y la meditación son actos espontáneos:

los hacemos en el momento, tan pronto somos conscientes de que estamos desequilibradas. Empezamos a buscar nuestro centro instintivamente cuando lo necesitamos, volviéndonos hacia la paz interior que hemos cultivado en nuestras prácticas espirituales.

"Existe un encadenamiento directo entre el examen de conciencia, la meditación y la oración", según *Los Doce Pasos y las Doce Tradiciones* de A.A. "Cada una de estas prácticas por sí sola puede producir un gran alivio y grandes beneficios. Pero cuando se entrelazan y se interrelacionan de una manera lógica, el resultado es una base firme para toda la vida"[3].

· · ·

Paso Doce

*Habiendo obtenido un despertar espiritual como
resultado de estos pasos, tratamos de llevar el mensaje
a los alcohólicos y de practicar estos principios en
todos nuestros asuntos.*

La recuperación es una nueva forma de vida. Al realizar nuestro trabajo personal en los Pasos Uno a Once, desarrollamos una nueva forma de pensar, sentir y actuar. El Paso Doce llama a esto "un despertar espiritual", despertar a una vida conectada con nuestro Yo interior o Poder Superior. Se trata de un despertar a algo mayor y más profundo que nuestras propias fuerzas y recursos. Ese poder nos integra y nos brinda un sentido de plenitud.

Durante nuestros años de bebida y drogas, la mayoría de nosotras nos sentimos rotas en piezas que no encajaban. Nuestra conducta adictiva puede hacer que nos sintamos "divididas", como si nuestros sentimientos o acciones no nos pertenecieran. Podríamos haber quedado perplejas por la intensidad de nuestra furia o depresión, o nos preguntamos por qué hicimos cosas que nos causaron vergüenza o humillación. Es difícil sentirnos completas cuando nuestra vida está tan descontrolada.

Volvernos plenas

Volvernos plenas es como subir una escalera en espiral: nos lleva hacia arriba pero también en círculos. Es probable que pasemos por muchos de los mismos desafíos en nuestro ascenso, pero cada vez se verán diferentes porque hemos subido a un nuevo nivel. Podría parecernos que la vida nos ofrece oportunidades de experimentar repetidamente antiguos patrones y hábitos, pero cada vez con mayor comprensión. La próxima vez que se repita la situación o el patrón, probablemente tendrá más sentido y será menos paralizante.

Elena ahora considera todas sus fortalezas y limitaciones como parte del tejido más amplio de su vida, un todo entretejido. "Cuanto más tiempo estoy limpia, más cómoda me siento de integrar en mi vida el hecho de que soy adicta a las drogas", explica Elena. "Soy madre, esposa, ama de casa, hija, vecina... y consumidora de cocaína en recuperación. De alguna forma, antes no podía unir todas estas piezas. Ahora, ya no siento que vivo muchas vidas, ocultando una de la otra".

Con la ayuda de los Doce Pasos, hemos aprendido a aceptar e integrar las diversas partes de nosotras mismas, a "asumir" los secretos que solíamos ocultar y a mostrar nuestras fortalezas escondidas. Cuando llegamos al Paso Doce, empezamos a sentirnos como un ser humano integrado y completo. Podríamos empezar a sentirnos equilibradas y centradas por primera vez.

Es probable que no se trate de un sentimiento constante, así como la serenidad no es un estado constante que logramos. En vez de ello, por lo general experimentamos la plenitud por un momento, un día o más, y luego las exigencias de la vida nos succionan. Pero, cuando la vida nos desafía de esta forma, podemos aprender más sobre nosotras mismas e integrarnos más profundamente como resultado.

Un despertar espiritual

- *¿Cómo sabemos que hemos tenido un despertar espiritual?*
- *¿Qué se siente?*
- *¿Cuándo llega?*

Como sucede con todo lo espiritual, las respuestas son individuales. Un despertar espiritual puede ser dramático (una experiencia súbita de iluminación) o ser gradual y difícil de describir. Simplemente podríamos tener una conciencia creciente de nuestra conexión con la vida.

Despertamos espiritualmente de todas las formas imaginables. Cuando escuchas historias de los despertares espirituales de otras mujeres, podría resultarte más fácil confirmar y reconocer tu propio camino espiritual.

Cambiar el pasado

El despertar espiritual de Shannon llegó cuando completó sus Cuarto y Quinto Pasos y se dio cuenta de que había cambiado su pasado. No había cambiado ninguno de los hechos; lo que sucedió realmente sucedió. Pero, con una nueva actitud sobre lo que había hecho y lo que los demás le habían hecho a ella, cambió para siempre su *interpretación* de los eventos pasados. El pasado perdió el poder de afectarla como antes.

Al soltar, Shannon se sintió en paz, clara, abierta y conectada. Sintió que la vergüenza y el miedo se iban y que entraba a una vida nueva. Recibió una sensación de claridad y rectitud que nunca había tenido.

Encontrar un centro en calma

Cuando Toshi se fue a vivir a Alemania durante un año, se sintió atrevida y valiente. Llevaba sobria tres años y creía que tenía suficiente estabilidad para lidiar con un cambio tan dramático. Pero el optimismo de Toshi se desvaneció así que llegó. Vivía con una familia que solo hablaba alemán y no tenía facilidad para conocer a otra gente. Se sentía sola y aislada. Su aventura ya no parecía una buena idea. Se deprimió y se sintió insegura.

Un día, tras caminar sola por horas y debatirse sobre si debía volver a casa, percibió lo que llamó un "puntito de paz" en su interior. A pesar de toda la tormenta externa, había un centro de calma. Esto la intrigó y decidió mirar en su interior en vez de concentrarse en sus problemas. Fue una experiencia meditativa de "mirar hacia dentro", como hacemos en el Paso Once.

Toshi muy pronto se dio cuenta de que este "puntito" estaba con ella adonde fuera. Podría mirar en su interior y encontrarlo en cualquier momento. A veces el puntito se sentía expansivo y se llenaba de paz interior. Y cuando era pequeño, era lo suficientemente grande para darle un poco de fe y serenidad, incluso en sus momentos más difíciles. Encontrar este centro de paz fue el inicio de su despertar espiritual.

Conexión y aceptación

Grace experimentó dos despertares espirituales muy distintos. En una ocasión, estaba sentada en una reunión de A.A. cuando miró hacia arriba y vio una pancarta que decía: "No estás sola". Con una certeza repentina supo que eso era verdad. Tuvo una experiencia profunda de conexión y alivio, así como una seguridad reconfortante de que la gente a su alrededor y la vida misma la apoyaban.

En otra oportunidad, empezó a llorar por algo tan insignificante que ni siquiera recuerda cuál era el problema. Dejó correr sueltas sus lágrimas, "lloró hasta gastar el llanto", como ella misma dice. "Lloré durante horas. Era como si el luto que tenía guardado se hubiera rebasado a la superficie". Cuando terminó, se sintió en paz y limpia. Alcanzó la aceptación de todo lo que había sucedido y de todo lo que pase en el futuro. Fue el inicio de su profundo compromiso con una vida espiritual.

Expandir la conciencia poco a poco.

Norma considera cada nuevo logro en su recuperación como parte de su despertar espiritual. Empezó cuando admitió su impotencia en el Paso Uno y continuó al creer en la existencia de un poder capaz de guiarla y apoyarla. El despertar de Norma se profundiza y aumenta con cada Paso. Cada renuncia, cada nueva perspectiva sobre sus sentimientos y conducta lo alimenta.

"El programa integral tiene que ver con crear una mayor conciencia de mi propia experiencia", afirma Norma. "Cuando veo cómo me conecto con los demás y cuando veo los obstáculos, mi perspectiva se amplía. Cada conciencia contribuye con mi plenitud espiritual".

El florecimiento de la esperanza

A veces, el despertar espiritual es simbólico, como en el caso de Julia. Julia tiene muchas historias que describen experiencias espirituales a lo largo de sus quince años de sobriedad, pero un evento simple la conmovió de manera más profunda.

Julia tenía una planta especial. En los diez años que llevaba de tenerla en su apartamento, nunca había florecido. En un momento de su vida en el que sentía completamente desesperada por algunas dificultades serias, la planta empezó a florecer. Sus pequeñas flores blancas llenaron el apartamento con su fragancia. Fue la señal de esperanza y consuelo que necesitaba. Cuando la crisis pasó, las flores se marchitaron. "Vi las flores como una señal de que había posibilidades que yo ni siquiera imaginaba", comenta Julia.

Despertar físico

A veces, el "despertar" es casi literal, particularmente cuando hemos estado adormecidas y cerradas en nuestras adicciones. Darlene sintió que su *cuerpo* por fin despertaba. Cuando dejó de comer y de beber compulsivamente, su conciencia sobre su cuerpo cambió. Experimentó nuevos sentimientos y sensaciones, nuevas dimensiones de su ser. Dejó de ver su cuerpo como un enemigo que la humillaba por su falta de control. Despertar del adormecimiento y aprender cómo se sentía su cuerpo fue un despertar espiritual. "Fue como volver a la vida", agrega.

Este despertar físico es parte del sentido más profundo de espiritualidad y de autodescubrimiento de Darlene. Cuanto más plenamente se convierte en quien es (física, emocional y mentalmente), más conectada espiritualmente se siente. "La recuperación y la espiritualidad tienen que ver con transformarme en quien soy y aprender que este verdadero yo está conectado a todo lo demás", afirma.

¿Qué sigue?

La recuperación no es algo que hacemos en nuestro tiempo libre o solo cuando estamos en crisis. Después de tener un despertar espiritual, sabemos que nuestra nueva forma de pensar, sentirnos y comportarnos es incompatible con el consumo de alcohol, drogas, dinero, comida o sexo de manera adictiva. Es autodestructivo volver a este tipo de comportamiento sabiendo lo que sabemos ahora. Una vez que hemos despertado a la alternativa, es mucho más estresante sucumbir a nuestra adicción.

Aun así, siempre es posible retomar una conducta adictiva, y una de las formas de evitarlo es trabajar con otras personas. Esta es la espiritualidad activa del Paso Doce. "Transmitimos este mensaje" para que otras personas aprendan sobre los Pasos y sigamos recordando continuamente los elementos básicos de la recuperación. Ya sea que nuestro despertar llegue de la noche a la mañana o que tarde años, tendremos algo significativo que compartir con otra mujer en recuperación: una sensación de esperanza, aceptación, integridad y plenitud. Este es un mensaje poderoso que transmitir.

Entrega

Al compartir nuestras experiencias con los demás, aprendemos otra de las paradojas de la recuperación: *la mantenemos al entregarla.*

La recuperación es una experiencia de mutualidad: constantemente damos y recibimos. Nos empoderamos al empoderar a otras personas, y la forma de hacerlo es compartiendo nuestra experiencia, fortaleza y esperanza. Esto no significa que "arreglemos" a los demás, los aconsejemos ni que hagamos por ellos nada que no puedan hacer por su cuenta. Simplemente, significa que describamos cómo ha sido nuestra recuperación. En palabras de A.A., compartimos "cómo éramos, lo que nos aconteció y cómo somos ahora"[1].

La forma más sencilla de "aplicar el Duodécimo Paso" con alguien es contarle las historias de nuestra adicción, cómo empezamos la recuperación y cuál ha sido nuestra experiencia con los Pasos. A.A. se denomina un programa de "atracción, no de promoción", lo que significa que la gente se acercará a la recuperación y querrá quedarse si ve algo que desea (como una sobriedad sostenida), pero no si tratamos de convencerla del programa. Todo lo que tenemos que ofrecer es nuestra propia historia y la capacidad de desarrollar empatía y escuchar a los demás.

Trabajar con otras personas no aplica solo a los recién llegados que luchan con sus primeros treinta días de sobriedad o abstinencia; significa ofrecerle soporte a cualquiera que lo necesite. Podría ser alguien que lleve muchos años en el programa o que ni siquiera esté en un programa (un familiar, un extraño, un compañero de trabajo) y que esté pasando por un momento difícil. La intención es ofrecerle lo que tenemos a la persona "que aún sufre"[2]. Podría ser cualquiera, en cualquier lugar.

La forma en que transmitamos el mensaje queda a nuestro criterio. Podemos compartir nuestra experiencia de sobriedad y abstinencia en público o en privado. Sandy es abierta sobre su recuperación en todos los aspectos de su vida, incluso en las clases de literatura que da en la universidad. Sus exposiciones públicas han inspirado a al menos dos de sus estudiantes a buscar ayuda para su consumo de alcohol.

Muchas de nosotras deseamos más privacidad y anonimato, y elegimos realizar la mayoría de nuestro trabajo de los Doce Pasos dentro de nuestro grupo de recuperación. En muchos programas de los Doce Pasos, esto significa "servir" y "ser madrina", pero también significar apenas estar allí cuando alguien nos necesita o ir a las reuniones y escuchar.

Servir implica ayudar a que una reunión de los Doce Pasos corra sin problemas: organizar las sillas, hacer café, organizar y colocar los textos, recoger las contribuciones, dirigir la reunión, saludar a los recién llegados, conseguir a los presentadores. Para muchas mujeres es cómodo y sencillo asumir estos roles, lo que beneficia la reunión y nos motiva a asistir constantemente y a involucrarnos. Servir puede ser una forma maravillosa de empezar a sentir la conexión con un grupo, además de retribuirle algo a la vez. Mediante el servicio, muchas de nosotras empezamos a pensar cómo podríamos servir también en nuestras comunidades o en otras partes del mundo.

Ser madrina significa pasar tiempo y orientar a alguien que pueda tener menos experiencia con los Pasos. No se trata de decirle qué tiene que hacer ni aconsejarla, sino de observar, sugerir y compartir tus propias experiencias.

Ser madrina es como ser una "hermana mayor" que ayuda a otra mujer a obtener cierta perspectiva y revisar sus sentimientos. Pero, tal y como sucede con todo lo demás en la recuperación, ser madrina implica una relación de ayuda mutua. He aprendido muchas cosas de las mujeres de las que he sido madrina. Escuchar sobre el dolor de otra mujer y verla trabajar en ello con frecuencia ha sido un espejo de mi propia experiencia, y me ha permitido tener una nueva perspectiva de mis propios sentimientos y recuerdos.

Atender y cuidar

Debido a que nuestra sociedad espera que las mujeres seamos generosas, maternales y solidarias, debemos tener mucho cuidado cuando entramos al trabajo de los Doce Pasos. Podríamos caer fácilmente en el cuidado excesivo e involucrarnos tanto en la recuperación de los demás que no le pongamos atención a la nuestra. De la misma forma, podríamos usar el trabajo de los Doce Pasos para evitar nuestros sentimientos.

Al final de su primer año de sobriedad, Eve estuvo involucrada en una batalla con su ex esposo por las visitas a su hijo y esto le quitó el sueño. Independientemente del trabajo que hiciera con los Pasos, no podía dejar de preocuparse. Para ayudarla "a ventilar sus pensamientos", la madrina de Eve le sugirió que fuera madrina de otras mujeres. "Cuando todo lo demás falla, trabaja con otras personas", le dijo su madrina.

Eve anotó su nombre en una lista de madrinas temporales en una reunión grande y muy pronto recibió una llamada de Christine. Cuando se conocieron, Christine dijo que aún bebía y le habló de un hombre que había conocido en su primera reunión. Después de algunas conversaciones más, Christine dejó de asistir al grupo de A.A.

Aunque su interacción con Christine la distrajo durante algún tiempo, cuando terminó, Eve se sintió fracasada. Años más tarde, se dio cuenta de que ser madrina en ese punto de su sobriedad no fue una buena idea. No le resultó útil concentrarse en otra persona. Ahora, en vez de concentrarse en el exterior cuando se siente desequilibrada, se queda con sus sentimientos. En vez de tratar de ayudar a otra mujer, pide ayuda para ella misma.

La experiencia de Eve ilustra un punto importante: nosotras debemos tener algo antes de entregarlo. Con mucha frecuencia, las mujeres corren a ayudar a los demás cuando ellas son las que necesitan ayuda. En A.A., a esto se le llama "twostepping" (dos pasos), es decir, trabajar en el Paso Uno y en el Paso Doce, pero no en los demás. Una recién llegada logra la sobriedad, admite su impotencia y, de inmediato, empieza a transmitirle el mensaje a los demás. A.A. no lo recomienda porque "obviamente, no se puede transmitir algo que no se tiene"[3].

En vez de ello, queremos asegurarnos de estar haciendo nuestra parte para mantener nuestra sobriedad y abstinencia: explorar nuestra fe, revisar nuestro pasado, identificar nuestros patrones, aprender a soltar lo que no podemos controlar e involucrarnos en la vida. Esto no significa que debamos completar todos los Pasos anteriores para ofrecerle apoyo a una persona. Pero necesitamos desarrollar una base si vamos a ser útiles para alguien más.

Aun cuando tengamos una base sólida, podríamos llegar a la conclusión de que necesitamos protegernos para no entregarnos demasiado. Al igual que Eve, Shannon se vio tentada a transmitirle el mensaje a alguien que no estaba lista para escucharlo. Aunque era consciente de que había un límite a lo que podía hacer, tuvo que recordar que no podía controlar el resultado de la situación.

El hermano de Shannon era adicto a fármacos recetados. Su primer impulso fue enviarle una copia del Libro Grande o llevarlo a una reunión o al menos darle un largo sermón sobre los síntomas de la adicción. Por fin le dijo: "Thomas, tienes un problema serio con los fármacos. Si alguna vez necesitas ayuda, estoy aquí para ayudarte a encontrarla".

Thomas argumentó que no era adicto y le dijo a Shannon que no se metiera en lo que no le importaba. Shannon simplemente le repitió que si quería ayuda, ella estaba a su disposición. Se sintió triste y aliviada a la vez; triste porque Thomas se estaba destruyendo por su consumo de drogas, y aliviada por haber resistido a la tentación de "arreglarlo". Thomas nunca ha aceptado la oferta de ella.

Cuando queremos cuidar a los demás, a menudo debemos asegurarnos de cuidarnos primero a nosotras. A veces, reconocer nuestras limitaciones puede ser una de las cosas más difíciles a la hora de apoyar a otras personas en la recuperación.

Pasar a los hechos

A medida que transitamos por los Pasos, aprendemos a *usar las palabras*. Conocemos las palabras y las frases comunes de la recuperación con los Doce Pasos: *Primero lo primero, Entregar, Un día a la vez, Simplificar las cosas*. Pero podríamos tardar más en *pasar a los hechos*, es decir, en actuar en vez de apenas hablar. Por ejemplo, podría ser fácil entender por qué es importante *entregar*, pero es más difícil poner ese entendimiento en la práctica.

Cuando llegamos al Paso Doce, es probable que cada día estemos pasando a los hechos de manera más coherente. Como dice el Duodécimo Paso, "practicamos estos principios en todos nuestros asuntos". Conocemos las ideas de la recuperación y tratamos de *vivir de acuerdo con ellas*.

En este momento, hemos experimentado la entrega, el pedido de ayuda y la "responsabilidad" sobre nuestros patrones, hábitos y comportamientos. Estamos aprendiendo a buscar en nuestro interior un lugar de calma, a aceptar las cosas que no podemos cambiar y a cambiar las que sí podemos.

Con el paso del tiempo, esta forma de vida probablemente se ha vuelto más natural. Podría sorprenderte que prefieras actuar de esta forma en vez de entrar en negación, aislarte y luchar por cambiar cosas que están más allá de tu control. Este nuevo modo de ser es un despertar espiritual. ¡Qué milagro es participar en la vida de esta forma! Practicar estos principios conduce al regalo de una vida más equilibrada y agradable.

Cuando enfrentas una crisis, es posible que acudas naturalmente a tus nuevos principios para sostenerte. Podrías descubrir que los elementos básicos del programa de los Doce Pasos funcionan tan bien con tus desafíos cotidianos como lo hicieron con tu consumo de alcohol o drogas.

Cuando el esposo de Julia le dijo que tenía una relación con una mujer más joven y le pidió el divorcio, ella se sintió emocionalmente abrumada. Muchos sentimientos antiguos y autodestructivos aparecieron: "No valgo nada, no soy digna de amor, este es el fin del mundo". Pero Julia rápidamente recordó una sabiduría fundamental de la recuperación: *Un día a la vez.* Aunque se sintiera miserable hoy, ese sentimiento no duraría para siempre y sabía que podía encontrar apoyo para lidiar con el dolor.

"Mantenerse en el presente" no elimina el dolor de Julia, pero evita que entre en pánico pensando que estará abatida el resto de su vida. Sabe que una nueva oportunidad surgirá de esta conmoción, no necesariamente la reconciliación, sino alguna lección valiosa. Tiene fe en que las cosas van a cambiar y ella también.

Cuando pasamos por el dolor de esta forma y usamos los principios del programa para ayudarnos a navegar e incluso a crecer en él, estamos pasando a los hechos. Nos volvemos la prueba viviente del poder de los Pasos y de la naturaleza sanadora de la recuperación.

Simplemente al cuidarnos, transmitimos el mensaje de la recuperación. La gente nota cuando enfrentamos los altibajos de la vida de manera centrada e íntegra. Demostramos con nuestras acciones que es posible recuperar nuestro equilibrio aun después de que la vida nos desafía.

Las mujeres confiamos en que el programa nos ayude a lidiar con la enfermedad, la bancarrota, una sentencia de prisión, la muerte de un ser amado e incluso al enfrentar la propia muerte. Una mujer que desarrolló SIDA en su noveno año de sobriedad se rodeó con sus amigas de su grupo de A.A. Cuando se acercó la hora de su fallecimiento, todas hicieron el duelo juntas y se apoyaron. Cada amiga se conmovió con su fortaleza y aprendió de su valor y, por su parte, a ella la reconfortó la presencia del grupo.

Cuando vemos que las mujeres usan los principios de la recuperación en el estrés de la vida cotidiana (los inconvenientes del cuidado de los niños, las pequeñas colisiones, los cheques devueltos, las discusiones maritales), vemos su poder sanador en acción.

Una receta de cambio

Independientemente de la forma en que transmitas el mensaje, recuerda que no tienes la obligación de convencer a nadie para que entre a la recuperación (no funciona así) ni asumir que eres representante de un programa particular de los Doce Pasos. En vez de ello, puedes ser auténtica y dar lo que tienes: tu experiencia, fortaleza y esperanza. Tal vez quieras comunicar los elementos básicos del programa, así como tu perspectiva individual.

Para Maureen, transmitir el mensaje es como compartir una receta con una amiga. "Cuando obtienes una receta que te gusta", comenta, "puedes empezar a modificarla, a agregarle algo por aquí y a quitarle algo por allá. Eventualmente, la combinación de los ingredientes se ajusta a tu gusto.

"Pero cuando le das las instrucciones a una amiga, te preguntas si a ella le gustará tu versión personalizada de la receta. Tal vez prefiera la original. O quiera crear su propia variación, como hiciste tú". Por eso, Maureen sugiere darle a tu amiga las dos versiones.

Con la recuperación, esto puede significar que ofrezcamos una explicación directa de los Doce Pasos, así como nuestra experiencia personal: cómo reelaboramos, tradujimos, revisamos o moldeamos los Pasos hasta que nos resultaran relevantes. Chase, que empezó su recuperación pensando que la única forma de mantener la sobriedad era apegándose estrictamente a la interpretación clásica de los Doce Pasos, ahora ve los beneficios de los múltiples abordajes, incluida la reducción de daños. "Es importante que la gente sepa que tiene opciones", dice, "especialmente si necesita una desintoxicación con asistencia médica o soporte para el trauma".

Todas tenemos más que ofrecer que la doctrina y la memorización de los Pasos. Podemos compartir nuestra historia de la forma que queramos. Mientras seamos honestas y sinceras, no vamos a equivocarnos. Es tan sencillo como decir: "Esto funcionó para mí, tal vez podría funcionar también contigo".

Algo impresionante ocurre cuando hacemos nuestro relato: al escucharnos describir nuestra experiencia de recuperación, vemos lo lejos que hemos llegado. Para la mayoría de nosotras, el camino del Paso Uno al Paso Doce ha sido largo y milagroso. Sentimos una profunda gratitud cuando compartimos la historia de nuestra recuperación con otra persona. Nos da la oportunidad de valorar la nueva vida que tenemos; cuán *vivas, presentes* y *conscientes* nos hemos vuelto.

Al contar nuestra historia, podríamos vernos con mayor profundidad. A veces, no sabemos quiénes somos o cómo llegamos aquí hasta que le describimos a alguien más nuestra jornada. Por eso, hacer nuestro relato continúa la espiral ascendente. Ganamos más al entregar. En el ambiente mutuamente solidario de la recuperación, dependemos de los demás así como ellos dependen de nosotras, para crecer y evolucionar de manera constante, para desarrollar nuestro verdadero yo. Después de lograr el despertar espiritual, nos volvemos integradas y plenas. Encontramos una nueva dirección para nuestra vida, así como la alegría de vivir con equilibrio y un propósito.

· · ·

Un Paso posterior

Primero usamos los Doce Pasos para recuperarnos de la adicción: dejar de beber o consumir drogas u otra conducta compulsiva. Pero, al mirar atrás, nos queda claro que los Pasos han creado una base sobre la que podemos construir nuestra vida.

Antes de la recuperación, muchas de nosotras nunca tuvimos una guía a la que acudir cuando la vida se ponía difícil. Después de trabajar con los Doce Pasos para sanar de la adicción, descubrimos que podemos tomar lo que hemos aprendido y aplicarlo a algo más allá de nuestras conductas compulsivas. Desarrollar los recursos internos para lidiar con nuestra adicción nos permite cambiar muchos otros aspectos de nuestra vida de una forma que podemos *sentir*.

Las mujeres que han compartido sus historias aquí dicen que experimentaron este cambio de modo más dramático en cuatro áreas de su vida: el yo, las relaciones, la sexualidad y la espiritualidad. El crecimiento en estas cuatro áreas es un indicador poderoso de la expansión que puede ocurrir en la recuperación. Además, las dificultades en estas áreas podrían disparar un regreso al consumo o a la conducta adictiva. No obstante, las dificultades en estas áreas no tienen que ser escollos. Son las áreas de la vida que le dan profundidad y significado reales a la recuperación.

Las mujeres que enfrentaban los problemas en cualquiera de estas áreas con la bebida o las drogas ahora se sorprenden por la forma en que pueden salir adelante con situaciones difíciles o el estrés de la vida. En el proceso de la recuperación, encuentran herramientas para lidiar con los sentimientos y las situaciones que solían abrumarlas, impedir su funcionalidad o conducirlas de vuelta a la adicción. Encuentran fortaleza interior y sentido al saber lo que cada una tiene que hacer por sí misma.

Trabajar con los Doce Pasos desde cada una de nuestras perspectivas singulares nos empodera y nos ayuda a cambiar nuestra vida. Crear un yo interior fuerte y creer que hay algo en el universo que nos respalda nos ayuda a saber que no estamos solas. Luego, puede sorprendernos descubrir que el poder y la sanación revelados en los Pasos nos brinda confort al vivir, aceptación y serenidad. Esto puede transformar nuestra maneta de experimentar el yo, las relaciones, la sexualidad y la espiritualidad... los cuales están en el centro de la vida.

• • •

Yo

Empezar la recuperación tiene que ver con descubrir el yo. Cuando llegamos a la recuperación, esperamos concentrarnos en el alcohol, las drogas, la comida, el sexo o el dinero, o alguna combinación de ellos. La recuperación se refiere a la adicción, pero también se refiere a mucho más que ella: se trata de descubrir quién eres y de comprender tu yo profundamente.

El yo es algo único de nuestra identidad y carácter. Nos ayuda a organizar nuestra experiencia y a darle sentido a nuestra realidad. El yo les brinda propósito y dirección a nuestras elecciones y conducta. Es la parte de nosotras que dice "siento", "me gusta", "quiero", "sé".

Cuando teníamos conductas compulsivas, nuestra conexión con nuestro yo (nuestra experiencia, nuestros sentimientos y nuestro conocimiento interior profundo) se había roto. Estábamos anestesiadas, confundidas, sin claridad ni conexión. Habíamos perdido nuestra capacidad de saber qué era verdad para nuestro yo y, sin ese sentido de identidad, perdimos nuestra capacidad de relacionarnos con los demás.

"Yo me había perdido totalmente en mi adicción", afirma Marta. "Y, al perderme, no sabía qué quería, qué sentía o qué debía hacer. Estaba inconsciente, era codependiente y me había desconectado, y así es como experimentaba mi propio yo en las relaciones, no solo conmigo misma sino también con el universo y con todo lo demás".

En la recuperación, primero empezamos a descubrir nuestro sentido de identidad al reconocer nuestra adicción. Esta es una de las paradojas de la recuperación: empezamos a sanarnos al identificarnos primero con la adicción que había dañado el yo. En las reuniones de A.A., nos presentamos diciendo: "Hola, me llamo _____. Soy alcohólica". Esta primera identificación con nuestra adicción nos ayuda a empezar el proceso de mirar el yo. Luego, conforme avanza nuestra recuperación, vemos que esta identificación es apenas un aspecto del yo.

"Durante los primeros tres o cuatro años en recuperación, me identifiqué como alcohólica. Ese era mi distintivo: era quien era y lo único que podía ser. Hoy, soy Maureen, tengo una enfermedad, pero no es donde empecé", comenta Maureen.

Identificarnos honestamente con nuestra adicción puede ser nuestra primera oportunidad de pensar en nuestro sentido del yo, de hacernos la pregunta "¿Quién soy?". Esta pregunta nos conduce a una comprensión más profunda del yo; de lo que es inmutable y singular de cada una de nosotras.

"Antes de la recuperación, pensaba que no había un 'yo'", comenta Darlene. "Estaba adormecida y medicada. Se había vuelto imposible mirarme en el espejo. No quería ver quién estaba allí o no quería saber que no había nadie. Estaba asustada por no tener un yo que pudiera reconocer. Preguntarme '¿Quién soy?' y definirme como una entidad separada con una identidad única fue la siguiente pieza importante de mi recuperación".

Para empezar a descubrir tu identidad singular, puedes empezar a hacer una lista de las palabras que describen quién eres. No incluyas palabras como *madre* y *esposa* ni cargos de empleo. Estas palabras describen algunos de los papeles que desempeñas, pero no quién eres.

Este ejercicio podría resultarte difícil y puede ser qué pienses que no tienes nada que escribir. Quizás te cueste pensar en palabras que describan quién *eres* en vez de qué *haces*. Prueba hacerlo con tu madrina o con un(a) amigo(a). Pídele a gente en la que confíes que te sugiera palabras que te ayuden a completar la imagen de tu yo. Verás que este proceso te motiva a buscar en tu interior al preguntarte:

- *¿Quién soy?*
- *¿Cuáles palabras describen lo que es único en mí?*

Conforme avanza tu jornada de los Doce Pasos, es probable que cambien tu sentido del yo y tu imagen de quién eres. Sigue trabajando en tu lista durante tu recuperación y mira cómo aumenta y cambia la imagen de tu yo. Es probable que pases de tu primera autoidentificación con tu adicción a un sentido más complejo y profundo de quién eres.

Este sentido más complejo de tu yo incluye los sentimientos que son particulares a cada una de nosotras. Por eso, nuestra siguiente pregunta es "¿Qué siento?".

Reconocer nuestros sentimientos puede ser un proceso asustador. Durante años, evitamos los sentimientos mediante nuestra adicción. Nos anestesiamos con alcohol u otras drogas o comida o con diversas otras conductas adictivas. Desconectamos nuestros pensamientos de nuestros sentimientos para no saber qué estábamos sintiendo; de hecho, en realidad no queríamos *sentir* nada. Era como estar en una niebla perpetua. Estábamos desconectadas de nuestros sentimientos, casi sin el sentido de una vida interior.

Cuando suspendimos nuestras conductas adictivas, nos sorprendió la fuerza de nuestros sentimientos. Muchas mujeres al principio de la recuperación hablan de sentirse abrumadas por los sentimientos. "Antes de la recuperación, estaba adormecida. No sabía qué sentía o quién era", dice Constance. "Con la sobriedad, vino una oleada de sentimientos y, eventualmente, logré reconocer y usar partes de mí misma (talentos y fortalezas) que no sabía que tenía".

Yo también experimenté esta confusión de sentimientos después de que logré la sobriedad. Cuando empecé a tener sentimientos, no tenía idea de qué eran. Lo único que sabía era que los *sentía*. "Ay Dios, estoy sintiendo. . . ¿qué es?", me preguntaba. No tenía ni idea.

Al principio podrías experimentar apenas una sensación vaga. Incluso puede ser que no tengas palabras para describirla. Con frecuencia, es útil ver una lista de palabras sobre sentimientos. Al empezar a organizar tus sentimientos y ponerles nombre a las sensaciones vagas, te acercas a quién eres en realidad.

Aunque lo que sentimos no es *quienes* somos, reconocer nuestros sentimientos es parte de la jornada hacia el descubrimiento de nuestro propio yo. Al profundizar en nuestro ser interior, descubrimos que podemos aclarar lo que sentimos. Explorar estos sentimientos conduce a una realidad interna oculta que, eventualmente, revela más sobre sí misma.

Una vez que empezamos a reconocer e identificar nuestros

sentimientos, empezamos a hacernos otra pregunta: "¿Qué es importante para mí?". Al examinar nuestros valores, empezamos a conciliar nuestros sentimientos internos con nuestra conducta externa.

Cuando consumíamos drogas o alcohol o nos comportábamos de forma compulsiva, era común que actuáramos contra nuestros propios sistemas de valor. Algunas decíamos: "No me voy a emborrachar en la boda de mi hijo". Pero nos emborrachábamos. O "Yo nunca sería infiel" y lo éramos. Cada vez que hacíamos algo contrario a nuestros valores, sufríamos una pérdida del yo y bajaba la sensación de autoestima.

"Romper mi sistema de valores en mi adicción activaba mi vergüenza", cuenta Darlene. "Me decía: 'Nunca voy a conducir ebria cuando recoja a los niños en la escuela', y lo hacía. Eso disparaba mi sensación de no valer nada y entonces quería abandonar la relación. Quería ocultarme y romper las conexiones que más me importaban".

Cuando empezamos a reconocer nuestros sentimientos como señal de que no nos gusta algo que estamos haciendo, volvemos a conectar nuestra realidad interior con nuestros valores. Se trata de un proceso de expansión de nuestro yo sensible. El ser capaces de sentir en un espectro mucho más amplio, con más sutilezas, nos empodera para crecer y volvernos plenas. Comprender que tenemos un yo interior y un yo exterior nos permite expandir nuestro sentido de identidad completo. Luego, podemos conectar el yo interior y el exterior, y compatibilizar nuestros sentimientos, nuestros valores y nuestras necesidades con nuestras elecciones y nuestras conductas. Pero primero tenemos que estar en contacto con nuestra realidad interior, saber *qué* estamos sintiendo.

- *¿Qué siento?*
- *¿Qué necesito?*
- *¿Qué quiero?*

A muchas mujeres les cuesta responder estas preguntas porque nos han entrenado para poner a los demás y las relaciones primero: ¿Qué quiere él, qué necesitan ellos, qué le gusta a ella? A menudo, el simple acto de examinar nuestras necesidades y deseos se pierde en nuestros esfuerzos por responder a los demás.

Incluso, si nos hacemos estas preguntas, con frecuencia ajustamos nuestras respuestas para que cumplan con las expectativas de otras personas. Muchas de nosotras aprendimos a definirnos en función de nuestros roles: soy la hija de alguien, la amante de alguien, la esposa de alguien. Aprendimos a buscar que alguien más nos dijera cómo desempeñábamos esos roles, que nos dijera que éramos "suficientemente buenas". Al buscar a los demás, le dábamos la espalda u ocultábamos lo que sentíamos y deseábamos para obtener aceptación. Eventualmente, perdimos contacto con nuestros sentimientos y deseos y separamos nuestro yo interior de nuestra vida exterior.

Este patrón culturalmente inculcado de separar nuestra vida interior y exterior se complica con la adicción. La adicción puede describirse como la negligencia continua de ti misma en favor de algo o alguien más. De hecho, cuando nos volvemos adictas a algo, por lo general nos descuidamos (quiénes somos o qué necesitamos).

Para Raquelle, la sobriedad fue parte integral de su transición de género. "Fue la primera vez que supe que estaba lista", recuerda, "porque podía despertarme todas las mañanas con opiniones claras y la decisión auténtica de empezar mi transición. Hacer la transición no es algo que resuelves chasqueando los dedos; requiere mucha responsabilidad y dedicación". La sobriedad le abrió a Raquelle la posibilidad de expresarse de modo auténtico y, ahora, su transición funciona como su red de seguridad para la sobriedad. "Nunca podría lastimar esta versión mía", comenta.

Para muchas de nosotras es especialmente difícil mantener un sentido de identidad en las relaciones. Bebíamos o consumíamos drogas cuando nuestras relaciones nos resultaban nocivas, insatisfactorias o agresivas. Tal vez buscábamos a nuestras parejas en el consumo de alcohol o drogas para tener algún sentido de conexión, aunque fuera defectuoso. Tal vez probamos muchas formas adictivas de cambiarnos para adecuarnos a las relaciones disponibles, aunque al final solo perdiéramos nuestra autoestima y nuestro sentido del yo.

Jackie, quien gastaba dinero de forma compulsiva, usaba el dinero para tratar de aferrarse a las relaciones. "Llegué al programa de los Doce Pasos por una deuda compulsiva que estaba vinculada a mi sentido de identidad", comenta. "Gastaba dinero compulsivamente, ignorando la conexión entre mis gastos y mis ingresos, por lo general porque sentía que había algo que tenía que tener o que hacer para que otra gente (específicamente los hombres) me consideraran más aceptable. Trataba de aumentar mi autoestima y de reducir la probabilidad de que me abandonaran".

Algunas relaciones se mantienen con la adicción; tal vez pensamos que nuestra adicción desarrolla nuestro sentido del yo al mantenernos conectadas a estas relaciones. Sin embargo, la adicción es autodestructiva. "Me perdí en mi adicción y con la gente", agrega Jackie. "Estaba confundida con lo sentía y me ponía en riesgo. Estaba crónicamente deprimida y vivía al borde, como forma de seguir sintiéndome viva y conectada".

El alcohol, las drogas, el sexo o los gastos no nos ayudaban a hacer o conservar conexiones que nos mantuvieran vivas y en la relación; por el contrario, nos aislaban más. Casi todas las mujeres con adicciones hablan de aislamiento y alienación. A medida que nuestra vida se vuelve cada vez más enfocada en nuestra adicción, nos volvemos más limitadas por sus demandas.

La recuperación tiene que ver con la expansión. La ruta de los Doce Pasos es una espiral que se va ampliando. Al principio, giramos en torno a nuestra adicción, luego, al empezar la recuperación, nuestra vida se empieza a expandir. El objeto de la adicción deja de aprisionarnos. Empezamos a incluir más experiencias y a más personas en nuestra vida. Este es el proceso de expansión del yo.

Empezamos a expandirlo al asistir a nuestra primera reunión de los Doce Pasos. Primero, nos identificamos con nuestra adicción y admitimos nuestra impotencia ante ella. Luego, empezamos a expandir nuestra percepción de nosotras mismas al compartir nuestra experiencia y escuchar su eco en un grupo de los Doce Pasos. Expandimos nuestro entorno, nuestro mundo y nuestra experiencia compartida.

Cuando estábamos aisladas, nuestra visión del mundo y nuestro sentido de identidad eran muy estrechos y confinados. Cuantas más cosas hacemos y más gente incluimos en nuestra vida, más se pueden expandir nuestro mundo y nuestra experiencia del yo. Cuando nos conectamos con más gente, tenemos una mayor capacidad de vernos en diferentes experiencias.

Mediante estas experiencias, eventualmente conocemos y nombramos nuestros valores, deseos, necesidades y sentimientos. Descubrimos quiénes somos, más allá de nuestras adicciones y de los papeles que desempeñamos. Nuestra recuperación es el proceso de volvernos plenas o completas, al hacer preguntas, aprender y nombrar nuestro yo de formas nuevas y diferentes.

Es mediante este proceso de recuperación que nuestro sentido del yo empieza a emerger. Como dice Sandy: "la recuperación ocurre cuando miras en tu interior y empiezas a preguntarte '¿Qué pienso? ¿Qué siento? ¿Cuál es mi verdad? ¿Cuáles son mis opciones'?. Luego, puedes empezar a resonar en tu interior y a descubrir qué es válido para ti, no qué les agradará a los demás o los hará felices. Literalmente, damos a luz a nuestro yo".

La ruta espiritual de los Doce Pasos nos conduce al autorreconocimiento y la redefinición. En el Paso Uno, nos rendimos a una identificación honesta con nuestra adicción y eso nos ayuda a nombrarnos. En los Pasos Dos y Tres, descubrimos que esa rendición nos lleva a un Ser más profundo y sabio, el Poder Superior, como quiera que lo definamos. Esto nos permite aceptar una autodefinición nueva y más profunda. Nuestro sentido del yo se expande de un yo adicto unidimensional a un yo multifacético en relación con los demás y con nuestro Poder Superior, como sea que lo entendamos.

Los Pasos Cuatro, Cinco, Seis y Siete tienen que ver con conocernos. Seguimos expandiendo el yo cuando elegimos nombrar y aclarar nuestras conductas derrotistas e identificar lo bueno que hay en nosotras.

Julia sabe lo importante que es para las mujeres ver lo bueno en sí mismas. "Muchas mujeres se lanzan fácilmente a una búsqueda y un inventario moral intrépido con juicios de valor rígidos, buscando apenas lo negativo", comenta. "Debido a que a las mujeres constantemente nos hablan de nuestras fallas de carácter, somos expertas en reconocer nuestras fallas. Muy pocas veces llamamos a los demás a rendir cuentas pero, en nuestro caso, solemos asumir toda la responsabilidad y la culpa. Durante toda nuestra vida nos hemos juzgado y señalado nuestros defectos. Nos cuesta mucho decir qué hay bueno en nosotras, cuáles son nuestros recursos. Una pieza clave para redescubrirnos es poder nombrar también nuestros puntos positivos".

Sandy está de acuerdo en que los Pasos permiten reconocer las buenas intenciones que subyacen en nuestros "defectos" y fallas. "El Paso Cinco, admitir nuestros 'errores', también debe incluir para las mujeres la admisión de nuestras fortalezas (nuestros talentos, nuestra belleza, nuestra sabiduría). Todo ello proviene de nuestro Creador y debe celebrarse", comenta.

Cuando nos identificamos con nuestras fortalezas, empezamos a crecer y a florecer. Luego, podemos empezar a descubrir y definir el yo en formas expandidas en la relación. Nuestras experiencias de conectarnos a otras personas de formas nuevas y saludables conducen a ideas expandidas sobre el yo.

El camino nos ha permitido completar el círculo en la relación. Pero notamos con sorpresa que no estamos en el mismo lugar en el que empezamos. Esta vez no nos identificamos solo por nuestras adicciones o por nuestros roles.

Poco a poco, recuperamos lo que es nuestro por derecho. "Ahora tengo un sentido de mí misma más profundo", comenta Darlene. "Tengo una esencia que he reivindicado y, junto con ella, con mi propio yo, he descubierto el valor de rediseñarme y volverme la persona que soy hoy. Tuve que lograr la abstinencia para eso y no podía haberlo hecho sola. Necesité orientación y apoyo".

Seguir la ruta de los Doce Pasos nos conduce a un sentido más profundo de nuestro propio yo. Pero, ¿qué hacemos al llegar ahí?

"Es necesario recorrer el camino para encontrar nuestro yo. Pero creo que ese yo, sin relación, así como la fe sin obras, está muerto", comenta Katy. "En realidad, no existe eso de trabajar para sentirme bien con el único objetivo de encontrarme. Mi verdadero sentido del yo proviene del trabajo, de la acción, de la relación correcta".

Identificarnos por nuestra adicción le abre la puerta a una realidad interior inexplorada donde primero descubrimos el yo. Este yo se expande conforme identificamos los atributos y sentimientos que son particulares de nosotras. Cultivamos una reconexión profunda con nuestro sentido del yo, con nuestros valores y con las relaciones fructíferas. Empezamos a vivir de adentro hacia fuera en vez de afuera hacia dentro.

Con la adicción, "En cierto sentido, estamos desviadas de nuestro propio camino", menciona Grace. "Pero la recuperación nos devuelve a nosotras, a nuestras fortalezas, a nuestra forma de conocernos y de estar en el universo. Restaurar nuestra sanidad significa restaurarnos a nuestro yo más profundo".

. . .

Relaciones

A medida que aprendemos a ser auténticas con nosotras mismas (a conocer nuestros sentimientos, necesidades y valores), llevamos este conocimiento interior a nuestras relaciones con los demás. En la recuperación, empezamos a hacer mejores elecciones sobre nuestras relaciones y aprendemos a crear relaciones basadas en el cuidado mutuo, además del cuidado propio.

Las relaciones que creamos durante la recuperación son el recipiente en el que hacemos nuestro trabajo de sanación. Encontramos a otras personas en recuperación que están dispuestas a escuchar sin críticas ni juicios morales y que comparten sus propias experiencias. Nos sentimos conectadas y reconfortadas de no estar solas en nuestras luchas.

Al igual que los niños pequeños, necesitamos un ambiente seguro y propicio para crecer y desarrollarnos. Todas necesitamos un lugar en el que nos sintamos seguras, amadas, cuidadas y entendidas. En este entorno es en el que sanamos.

Las relaciones son el suelo que alimenta nuestra vida. Somos quienes somos en la relación con otras personas: nuestras parejas, hijos, patronos, compañeros de trabajo, vecinos, amigos y familiares. Todas estas conexiones nos dan un sentido del yo y de nuestro propio valor.

Muchas de nosotras establecemos nuestra identidad en

relación con otras personas. Esto no significa que derivamos nuestra identidad *de* otras personas, sino que *tenemos la capacidad de descubrir nuestro potencial para la autenticidad, la competencia y la plenitud dentro de nuestras relaciones.*

Bajo las mejores circunstancias, prosperamos y crecemos como resultado de nuestras conexiones significativas con otros seres humanos. "Las mujeres tienden a encontrar la satisfacción, el placer, la eficacia y el sentido de su propio valor si experimentan actividades vitales que surjan y conduzcan a un sentido de conexión con los demás", afirma la Dra. Jean Baker Miller[1].

Este deseo de conexión con los demás puede ser saludable y una afirmación de la vida. Pero, cuando estamos en relaciones agresivas o que no son afirmadoras, este deseo se distorsiona y causa dolor y daño.

"El problema básico de las mujeres son las relaciones", comenta Shannon. "Pero, creo que muchas mujeres han estado o están en relaciones que han sido nocivas y dañinas o dolorosas".

Muchas de nosotras no crecimos en las mejores circunstancias. Podemos haber experimentado la agresión en nuestras familias o en la infancia. O nuestras familias pueden haber sido incapaces de darnos el amor, la seguridad y el sentido del valor propio que necesitábamos. Nuestras relaciones adultas también pueden haber sido igualmente vacías o agresivas. Estas violaciones o desconexiones pueden dejar un vacío.

Al igual que Shirley, algunas mujeres usaban el alcohol y otras drogas para llenar el vacío de lo que les faltaba en sus primeras relaciones. "Mi padre bebía, a veces demasiado, y cuando lo hacía, tenía ataques de ira y me golpeaba. Desde pequeña sentí esta lucha continua por sentirme bien conmigo misma, de que me valoraran y mis padres se sintieran orgullosos de mí", comenta Shirley. "Esa era mi necesidad básica. Me sentía desvalorada y sentía este vacío dentro de mí, entonces bebía".

A veces, empezamos a consumir drogas para empezar y mantener conexiones. Tal vez nuestra pareja tenía una adicción y creíamos que la forma de establecer o de mantener la conexión con ella era consumir alcohol o drogas también.

"Mi novio salía a beber todas las noches", cuenta Natalie. "No lograba que hiciera nada conmigo y me sentía sola y abandonada. Finalmente, decidí que si él no hacía nada conmigo, al menos yo podía salir a beber con él".

En cierto punto, empezamos a darnos cuenta de que la adicción no llenaba el vacío, se llevaba la realidad ni establecía o mantenía las relaciones que deseábamos. La adicción, junto con nuestra autoestima reducida, nos mantenía presas a relaciones que destruían, en vez de alimentar, nuestro sentido del yo. Seguíamos sintiéndonos desconectadas, sin poder, sin claridad, confundidas y sin valor.

Para algunas mujeres, esta sensación de confusión y desconexión puede haber generado una mayor alienación y aislamiento. Julia pensaba en sí misma durante sus años de bebida como una "extraterrestre", como si estuviera en el planeta equivocado. Le parecía que todos los demás sabían cómo pensar, actuar, sentirse y responder a la vida y ella no tenía ni idea, y se odiaba por su inadecuación. Llevaba esta autoestima dañada a sus relaciones y esto generaba más desesperación e infelicidad.

"Cuando te odias, le das a la gente un enorme poder sobre ti", afirma Julia. "Todas mis relaciones eran distorsionadas y desequilibradas. Solo pude empezar a tener relaciones integrales cuando tuve la sensación de plenitud dentro de mí".

Como les sucede a muchas mujeres a las que les resulta demasiado doloroso soportar su sensación de inadecuación y de falta de valor, Lois decidió que simplemente quería estar sola. "No me gustaba cómo era yo y, por eso, no me gustaba cómo era nadie más", comenta. "Simplemente, no tenía la energía para ninguna interacción humana".

Nuestra adicción distorsionaba o nos desconectaba de nuestras relaciones de otra forma: creaba un triángulo en cada una de nuestras relaciones. Cuando nuestra adicción competía por atención, hacíamos elecciones que afectaban nuestras relaciones.

La adicción de Darlene perjudicó directamente su capacidad de relacionarse con sus hijos y de ser el tipo de madre que quería ser. "Estaba completamente absorta en mí misma, sin capacidad de conexión", recuerda Darlene. "Como madre, era crítica, exigente, inmadura, ensimismada y emocionalmente indisponible, así que, en resumen, era una mala madre. La adicción estaba primero".

Incluso nuestras propias relaciones pueden haberse vuelto adictivas. Podemos haber quedado tan inmersas en nuestras relaciones (como Natalie que "compartía" su adicción con su pareja, o como otras que buscaban llenar una sensación de vacío creciente que las drogas no lograban llenar) que perdimos nuestra propia identidad. Nos concentramos intensamente en "proteger nuestro suministro" o evitar la "abstinencia" de la atención, el sexo, el estatus, la compañía y lo que sea que recibíamos de la relación.

Esta sensación de desesperación ("¿Por qué no me ha llamado?", "¿Está pensando en mí?", "¿Cómo hago para agradar más, para que sea más fácil obtener lo que quiero?") no permite relaciones auténticas, verdadera intimidad y atención mutua.

Siempre y cuando nos mantuviéramos avergonzándonos, desconectadas de nuestro verdadero valor, seguíamos buscando relaciones que nos dieran el mismo mensaje que nos dábamos nosotras: no tenemos salida, somos ineptas y nos falta alguna cualidad elusiva que parece que todos tienen. Era un círculo vicioso que terminó cuando empezamos nuestra jornada con los Pasos.

La fuente de nuestro sufrimiento y, con frecuencia, de nuestra adicción, eran nuestros apegos, las relaciones en las que esperábamos encontrar satisfacción y el sentido de valor. Pero una de las paradojas de la recuperación es que, aunque nuestras relaciones nos hayan causado dolor y sufrimiento, son las relaciones las que nos sanan.

No nos recuperamos aisladas. Sanamos en relación y en conexión con otras personas. En la recuperación, pasamos del aislamiento a la conexión.

Piensa en lo que pasa en las relaciones de los Doce Pasos: llegamos adictas y solas y descubrimos que otras personas comparten nuestra experiencia. Podemos pedir y obtener ayuda. Podemos contar nuestra verdad y escuchar a otros contar la suya. Podemos ser vulnerables y aun así sentirnos seguras y protegidas.

"Al principio de mi recuperación, estaba absorta en el dolor y el miedo paralizante de mi entorno: mi relación, los golpes, el alcohol", cuenta Shirley. "Pero el espíritu enriquecedor de las reuniones y la motivación para no beber me sacaron de allí. Fueron la aceptación, el sentido de pertenencia y la hermandad de las reuniones los que me sacaron de esa relación y de mi adicción".

Nuestras relaciones familiares, de amistad y amorosas pueden haber sido agresivas, desconectadas y aislantes. Pueden haber contribuido con nuestra conducta adictiva. Pero, en la recuperación, empezamos a establecer conexiones saludables; conexiones que son "mutuas, creativas, energizantes y empoderadoras para todos los participantes"[2].

"Hasta que empecé a recuperarme, nunca me había permitido estar alrededor del tipo de gente que respetaba... gente creativa y exitosa tanto en su vida interior como exterior", afirma Jackie. "Tenía una 'adicción' a la privación y no me permitía tener relaciones gratificantes. Poco a poco, pude aceptar la gratificación y eso aumentó la calidad de mis relaciones. La gente con la que me permito salir es divertida, me ofrece amor y apoyo y me motiva y estimula mis esfuerzos creativos".

Es en el trabajo con los Pasos *en relación con otros* que empezamos a sanarnos a nosotras y nuestras relaciones. En el Paso Dos, nos abrimos a una conexión con un Poder superior a nosotras que nos ofrece sanación y apoyo. Empezamos a sentirnos menos solas y alienadas a medida que somos conscientes de que no tenemos que sanar solas.

Los Pasos Cuatro y Cinco proporcionan un espejo en el que nos vemos reflejadas y permitimos que nos vean. Podemos empezar a vernos con compasión cuando empezamos a entender cómo nuestro dolor nos ha hecho construir defensas (o defectos) que usamos para protegernos. Cuando una madrina o amigo de confianza escucha nuestra historia y nos acepta como somos, aprendemos a mirarnos a nosotras y a nuestra conducta de forma objetiva y sin juicios de valor.

La primera vez que Shirley trabajó con el Paso Cuatro, solo pudo ver el dolor y el daño de su pasado. "Con el tiempo, a medida que mejoró mi comprensión, trabajé otra vez con el Cuarto Paso", cuenta Shirley. "Hice un esfuerzo consciente por ver dónde había participado en las cosas que me pasaban en la vida. Vi que había mentido, engañado, robado, manipulado, atracado, golpeado, humillado y agredido, o sea, ¡qué clase de lista! Simplemente podía hacerme responsable de las conductas, no juzgar si estaba equivocada o no. Con el apoyo y la validación que recibí, pude ver cuál parte necesitaba sanar y cuál parte necesitaba cambiar".

Al establecer una conexión directa con otra persona en el Paso Cinco, aprendemos lo que pasa cuando permitimos "que nos vean". Al compartir nuestra historia, permitimos que otra persona experimente y nos acepte como somos. Esto se vuelve un modelo para las otras relaciones; para dar y recibir aceptación. Aprendemos a correr el riesgo de ser auténticas y abiertas, a contar en voz alta nuestra verdad interior.

Bee logró la sobriedad con su hermana "como bebés unidas" y las dos han desarrollado una forma especial de comunicar su verdad emocional. "A veces estás sentada en una reunión de A.A. y simplemente ya no lo soportas", cuenta Bee. "Me siento abrumada y alterada y siento que quiero salir corriendo. E imagino que me pongo de pie y le lanzó al presentador mi lata de Coca Cola dietética medio llena, la veo salpicar la Oración de la serenidad en la pared, y yo me arranco la ropa y salgo corriendo desnuda por el pasillo". Con una sonrisa, Bee cuenta que compartió estas imágenes con su hermana y ahora, cuando alguna de ellas se siente abrumada emocionalmente, le dice a la otra: "Estoy pasando por un momento de Coca Cola dietética desnuda" y la otra sabe exactamente qué significa eso.

"La sanación que he obtenido mediante mis relaciones es haber aprendido a pasar por esos momentos de Coca Cola dietética desnuda", cuenta Bee.

Las relaciones nos ayudan a sanar y a cambiar. Nos ayudan a realizar el trabajo interior para desarrollar una relación auténtica con nosotras mismas, necesaria para hacer conexiones más saludables con el mundo exterior.

Antes de que podamos hacer conexiones saludables, tal vez tengamos que renunciar a las relaciones destructivas que mantuvimos porque queríamos amor y afirmación, porque temíamos no lograrlo por nuestra cuenta, o porque nos daba miedo que no hubiera nada mejor. Tal vez también tengamos que renunciar a relaciones basadas en el consumo pasado de alcohol y drogas.

Hay otro tipo de renuncia. Tal vez tengamos que aprender a controlar menos nuestras relaciones. Ahora que estamos en recuperación, tal vez queramos que nuestros seres queridos también estén en recuperación. Como Shannon, cuyo hermano es adicto a fármacos recetados, nuestro primer impulso podría ser enviarle a un amigo, pareja o familiar una copia del Libro Grande, llevarlo a una reunión o darle un sermón sobre los síntomas de la adicción. Sin embargo, recuerda que los programas de los Doce Pasos se basan en la atracción, no en la promoción. A menudo, lo único que podemos hacer es vivir nuestra vida como ejemplo y renunciar... dejar que los demás encuentren su propio camino, a su propio tiempo.

También podríamos tener que aprender a renunciar emocionalmente. ¿Cómo evitamos reaccionar cuando otros responden negativamente, o no responden del todo, a nuestros cambios? Centrarnos en nuestro propio programa y trabajar con los Pasos nos ayuda a mantener nuestro enfoque en nosotras mismas. Luego, podemos empezar a desarrollar nuevas relaciones y nuevas formas de interactuar en las relaciones antiguas.

Al principio de la recuperación, podría ser difícil descubrir modos de desarrollar la conexión con los demás sin estar de acuerdo con cosas que son hirientes. Antes, estar en una relación significaba renunciar a nuestras necesidades y negar nuestros sentimientos para satisfacer las necesidades de la otra persona, o cambiar para mantener la relación. Cuando hablamos de nuestro crecimiento y nuestro ser floreciente y su desarrollo en una relación, nos referimos a nuestro propio desarrollo en relaciones saludables de todos los tipos.

"Veo mi yo como la forma de estar en una relación", comenta Grace, "y hablo de todas las relaciones, no solo de las más próximas o las sexuales. Se trata de la relación entre padre e hijo, la relación entre hermanos, la relación con los abuelos, la relación con la señora que vive al lado, la relación con tu jefe. Y todas estas formas de conectarnos con otros seres humanos son las que nos dan el sentido del yo y de nuestro propio valor".

A medida que trabajamos con los Pasos, empezamos a practicar la propia aceptación y, por extensión, la aceptación de los demás. Cuando dejamos de juzgarnos con tanta rigidez, también empezamos a juzgar a los otros de manera más gentil. Esto les abre la puerta a relaciones más amorosas y honestas. Nos volvemos más receptivas a lo que experimentan los demás, sin perder de vista lo que estamos experimentando nosotras.

A medida que nos aceptamos a nosotras y a los otros, y que renunciamos a relaciones destructivas, al control y al apego emocional, desarrollamos nuestra capacidad de relacionarnos de manera auténtica e íntima con nosotras y con los demás. Empezamos a amar con desapego. El desapego "significa ver la realidad tal cual es, no como tus sueños quisieran que fuera. Significa renunciar a planes, suposiciones y expectativas establecidos de forma rígida. Finalmente, significa desvincular tus límites personales de los de la otra persona, obtener mayor claridad de cuáles son o deben ser tus límites"[3].

A medida que desarrollamos un sentido más claro de nosotras y de los demás, pasamos a los Pasos Ocho y Nueve. Al reparar los daños, vemos cómo nuestra conducta contribuyó (o contribuye) con nuestros problemas en las relaciones. No es tan simple como disculparnos; ponemos en práctica nuestra reparación al ser responsables y responder a nosotras mismas y a los demás. Como dice Marta: "En cada situación, ahora respondo, en vez de reaccionar. Esto significa sacar el tiempo para pensar bien en la situación y tomar una decisión sobre la mejor respuesta posible".

Este es nuestro yo en recuperación como parte de una relación. Los Pasos nos invitan a hacer una pausa y reevaluar el significado de la relación, además de aprender cómo podemos establecer conexiones saludables con los demás con respecto a nuestro ser en crecimiento y expansión.

La recuperación requiere expansión. Mediante los Pasos, creamos y cultivamos una vida interior, un sentido de nuestros valores, sentimientos y creencias. Luego, integramos nuestra vida interior con nuestra vida exterior: nuestras acciones con las otras personas en el mundo. La recuperación nos da la oportunidad de hacer mejores elecciones sobre las relaciones: podemos elegir tener y mantener relaciones saludables.

¿Cómo distinguiremos una relación saludable? Lo primero es que una relación saludable es una relación honesta. En una relación saludable, podemos ser auténticas con nosotras mismas y con la otra persona.

"Hoy, porque me quiero lo suficiente, muestro mi mejor versión siendo honesta conmigo misma, con lo que realmente me pasa. 'Soy sincera conmigo misma'", comenta Jackie. "Trato de hacer esto en todas mis relaciones. Lo que necesito es ser directa y honesta sobre lo que está ocurriendo conmigo y dejar que las otras personas lidien con eso como elijan hacerlo".

Una relación saludable es una relación equitativa. La equidad significa que ninguna de las personas depende de que la otra le dé algo que siente que le falta.

"Antes que todo, soy un ser humano capaz, hecho y derecho, y en iguales términos en una relación", afirma Sandy. "Al principio de mi recuperación, no me sentía capaz y me recargaba en algunas relaciones. Dejaba que se encargaran de mí emocional y físicamente".

Las relaciones equitativas existen cuando ambos miembros de la pareja son libres para dar y recibir sin usar el poder sobre el otro para controlar o sentirse seguro. Sandy continúa: "Cuanto menos me recargo, más directa puedo ser. Y cuando soy directa sobre lo que quiero y necesito, se elimina el desequilibrio de poder de la relación. La recuperación me ha enseñado que ser directa y honesta es lo mejor en todos los casos".

En una relación saludable cada persona es libre para conocer y ser conocida sin miedo a la manipulación o la traición. Cada una de nosotras puede revelar nuestro ser interior y confiar en que la otra persona honrará y respetará nuestra experiencia y nuestros sentimientos.

Otro elemento de una relación saludable es la *empatía*: la sensibilidad con respecto a y la comprensión de la experiencia del otro. La capacidad de valorar la experiencia de otra persona es la piedra angular de las relaciones satisfactorias. La empatía es la capacidad de unirse a otra persona a nivel del pensamiento y el sentimiento, sin perder la conexión con nuestros propios pensamientos y sentimientos[4].

Julia está desarrollando su empatía mediante la autenticidad que experimenta en sus relaciones en la recuperación. "La gente que me quiere, lo hace por las cualidades que yo valoro de mí misma", comenta. "Me entiende y me ama conociendo plenamente mis debilidades, mis defensas, mis vulnerabilidades. Como resultado, tengo mucha tolerancia con la gente, gente diferente de mí, gente que ha tenido diferentes experiencias".

Hay otras cualidades en las relaciones saludables, o lo que Jean Baker Miller llama relaciones que "fomentan el crecimiento":

- *Cada persona experimenta una sensación mayor de "sazón" (vitalidad, energía).*

- *Cada persona siente una mayor capacidad de actuar y lo hace.*

- *Cada persona tiene una imagen más precisa de sí misma y de la(s) otra(s) persona(s).*

- *Cada persona experimenta una sensación mayor de valor.*

- *Cada persona se siente más conectada con la(s) otra(s) persona(s) y siente una mayor motivación para establecer conexiones con otra gente, además de los que forman parte de la relación específica[5].*

Muchas de nosotras experimentamos estas cualidades en una relación por primera vez en la recuperación. Conocernos y permitir que otras personas nos conozcan crea una emoción por las posibilidades en la relación. Conectarnos con un Poder Superior y con otros en la recuperación expande nuestra experiencia con nuestro yo interior, aumenta nuestro sentido de la autoestima y nos empodera para actuar de formas saludables.

Reconocer, elegir y mantener relaciones saludables o que fomentan el crecimiento es el primer paso de la jornada hacia la intimidad. Cuando pensamos en la intimidad, podríamos conectarla primero con las relaciones sexuales. Pero la intimidad también tiene cabida en otras relaciones: en las de amistad y las familiares. La intimidad ocurre en cualquier relación en la que estamos dispuestas a dejar que nos vean y nos conozcan. Ocurre cuando estamos abiertas y vulnerables y dispuestas a compartir nuestro yo más íntimo.

Una auténtica relación íntima es mutua: "Cada persona puede representar sus sentimientos, pensamientos y percepciones... y puede *moverse con* y *conmoverse por* los sentimientos, pensamientos y percepciones del otro. La influencia mutua, el impacto mutuo y la capacidad de respuesta mutua caracterizan tales relaciones"[6].

Ruth, cuyas amistades cuando bebía eran falsas y vacías, comenta: "Ahora que estoy sobria, soy consciente de quiénes son mis amigos más cercanos e íntimos. Tengo relaciones maravillosas, caracterizadas por un compromiso mutuo por el crecimiento, el cambio y la honestidad".

En una relación madura e íntima, también experimentamos la reciprocidad, un interés compartido por dar y recibir, mientras nos mantenemos conectadas con nuestro propio yo. La Dra. Janet L. Surrey describe esta reciprocidad así:

> *Se vuelve tan importante entender como ser entendido, empoderar como ser empoderado... Todos*

nosotros probablemente sentimos la necesidad de que los demás nos comprendan o "reconozcan"... Las mujeres, durante toda la vida, sienten la necesidad de "entender" a los demás, de hecho, lo desean como parte esencial de su propio crecimiento y desarrollo, como una parte esencial de la autoestima[7].

En una relación recíproca, compartimos un deseo común de crear y mantener la relación. Ambos encontramos la relación valiosa y ponemos la misma energía en estar juntos y escuchar y apoyarnos el uno al otro. Ambos nos sentimos igualmente capaces de ser vulnerables y de confiar.

Elena describe esta reciprocidad en las relaciones que desarrolla en la recuperación. "Me siento muy conectada y menos temerosa de expresar cómo me siento y de hacerles saber a mis buenos amigos lo importantes que son para mí", comenta. "Estoy mucho más abierta en términos de ser capaz de revelar más de mí misma y más abierta a dejar que mis amigos me revelen más de sí mismos".

Para crear un compromiso mutuo y reciprocidad en una relación íntima, primero debemos hacer el trabajo interior. En la recuperación, empezamos a desarrollar un yo saludable, que sabe quién es y qué siente y quiere. Para tener una relación íntima, es importante permitir que lo que está ocurriendo en el interior se refleje de forma precisa en nuestra vida exterior. Cuando hay una discrepancia entre nuestra vida interior y exterior, no hay base para la confianza, y la intimidad resulta imposible. La intimidad depende de esta conexión auténtica entre lo interior y lo exterior: lo que sentimos, pensamos y queremos y lo que decimos y hacemos.

Cuando nuestra vida interior y exterior están en equilibrio, estamos abiertas y libres a conocer y ser conocidas. Somos capaces de involucrarnos a un nivel profundo con otra persona, somos capaces de intimar.

"Solo mediante la recuperación y las mujeres que conozco puedo decir: 'Esto es lo que soy, así es como *me siento*'", comenta Shirley. "Hay validación y soporte cuando la gente me dice 'Llámame. Hablemos al respecto'. Eso sana, eso genera cambio, eso tiende puentes".

Cuando tendemos puentes, sentimos que estamos profundamente conectadas por un flujo de vida dinámico e incesante. Ante la presencia de la otra persona, podemos sentir la corriente creativa de energía que nos impulsa hacia la expresión y la expansión mediante la relación.

· · ·

Sexualidad

Estar en recuperación cambia la forma en que experimentamos nuestra sexualidad, de la misma forma que experimentamos nuestro sentido de identidad y nuestras relaciones. Por eso, durante la recuperación es importante que tomemos el tiempo para explorar nuestra sexualidad.

No podemos ser integrales y completas como personas hasta que sanamos nuestro yo sexual. Esto no significa que todas experimentamos sentimientos sexuales de la misma forma, o incluso que los experimentemos. La sexualidad como característica de nuestra humanidad se manifiesta de forma diferente para todas. Aunque muchas mujeres se concentran en el deseo y la conducta sexual, en la recuperación, podríamos encontrar que podemos conectarnos con una comprensión más expansiva de la sexualidad como fuerza vital. Necesitamos recibir con los brazos abiertos esta vida: dar una parte de nosotras mismas (independientemente de cómo la definamos), si vamos a aceptarnos por completo y a tener las relaciones más profundas posibles, con nosotras, con los demás y con el poder sagrado que infunde nuestra vida.

Durante la recuperación, conforme nos volvemos más conscientes de quiénes somos, de lo que realmente sentimos sobre nosotras mismas y de cómo queremos expresarnos sexualmente en la relación con los demás, empezamos a reconectarnos con nuestra sexualidad. Muchas mujeres redescubren los sentimientos sexuales en la recuperación. Nuestra vida sexual se vuelve más satisfactoria porque reflejamos nuestro redescubrimiento y valoración de nuestra vida interior, nuestros sentimientos, necesidades y deseos. A medida que avanza nuestra recuperación, aprendemos a expresar este conocimiento interno y autoestima en nuestra vida exterior, en nuestras elecciones, nuestras conductas y nuestra conexión con los demás.

El primer paso para sanar nuestro yo sexual es comprender que la sexualidad es más que la conducta sexual, más que tener sexo o no tenerlo. La sexualidad no es solo física; también es emocional, psicológica y espiritual. Nuestra sexualidad es una parte de todos los aspectos de nuestra vida. Incluye nuestras percepciones, opiniones y sentimientos sobre nosotras mismas y los demás, así como nuestra forma de actuar y con quién actuamos.

Así como sucede con otros aspectos de nuestra recuperación, sanar nuestro yo sexual es un proceso que abarca todo lo que somos y cómo actuamos en el mundo. Tal y como escucharán decir a otras mujeres en recuperación, la sexualidad puede ser un anhelo de conexión vivo, activo e integral. Podría ser un llamado de la fuerza vital en nosotras mismas y en el otro. La sexualidad puede ser una puerta al e ir más allá del yo, hacia la relación y hacia la otredad. Puede ser la fuente de éxtasis y la ruta hacia la unión con lo sagrado.

También puede ser un lugar donde te descubres experimentando sentimientos que habías evitado. Tal vez te ves en el espectro de la asexualidad, o te das cuenta de que has estado reprimiendo tu bisexualidad, o te sientes desorientada sobre tu sexualidad porque nunca te has sentido segura para explorarla. Sanar a nuestro yo sexual depende de ser capaz de sentir nuestra sexualidad desde dentro. Para muchas mujeres, esta sensación interna de la sexualidad se ha perdido. Tal vez no tengamos claro quiénes somos sexualmente o, si lo hacemos, podríamos experimentar nuestra sexualidad como algo definido por una cierta imagen o persona externa a nosotras.

Al empezar a explorar nuestra sexualidad en la recuperación, podríamos preguntarnos cómo la sexualidad puede ser una fuerza vital dentro de nosotras si nunca nos hemos conectado con nuestra energía sexual como una parte fértil y de autoafirmación de nosotras mismas. De hecho, la sexualidad podría ser el último lugar y el más difícil de sanar porque hay muchos obstáculos (internos y externos) que superar.

Hay muchos motivos por los que podría resultarnos difícil conectarnos con nuestra propia sexualidad. Algunos de los obstáculos de la conexión con nuestra sexualidad provienen de los mensajes culturales sobre lo que es "apropiado" o "deseable". Nuestras experiencias anteriores, en especial si fueron agresivas o traumáticas, afectaron profundamente nuestro sentido de la sexualidad. Además, nuestras adicciones afectaron nuestra sexualidad, tal y como lo hicieron con todos los otros aspectos de nuestra vida, al romper nuestra conexión con nuestro sentido del yo y con los demás.

Desde la infancia, recibimos mensajes de nuestras familias, comunidades religiosas, escuelas y mundo social sobre la sexualidad y el género. Independientemente de que sean explícitos o implícitos, estos mensajes modelan nuestra comprensión de nosotras mismas, incluso cuando son contradictorios. Por ejemplo, suele asumirse que las mujeres jóvenes son heterosexuales y, al mismo tiempo, se espera que sean castas *y* sexualmente atrevidas. Nuestra comprensión cultural del género y sexualidad se ha vuelto más compleja; no obstante, también hay una fuerte respuesta social negativa contra esta comprensión. Para muchas de nosotras, cumplir con las expectativas sobre nosotras se volvió más importante que entender nuestros propios sentimientos. Esta negación de nuestra sexualidad podría haberse derivado de la confusión o vergüenza de nuestros padres sobre la sexualidad, y arrastramos estos sentimientos de confusión y vergüenza a nuestra vida adulta. Es muy difícil desarrollar un sentido claro del propio yo sexual bajo una presión tan grande y diversa.

Luego, al ser adultas, podríamos haber permitido que otras personas (en particular nuestras parejas) siguieran definiendo nuestra sexualidad. En nuestra confusión y desconexión de nuestra sexualidad, buscamos que otros nos dijeran lo que era placentero, deseable, apropiado. Esto nos eliminó de nuestra propia experiencia interior: la capacidad de conocer, responder y pedir lo que nos da placer.

Katy recuerda la importancia de ser elegida y aceptada por su pareja. "Me preocupaba mucho mi desempeño y el hecho de ser deseada", comenta. "Quería asegurarme de tener la pose correcta y de que me aceptara un hombre. Era muy importante que me eligieran como objeto sexual. Pero *realmente no estaba allí*".

Nuestros sentimientos sobre nuestra capacidad de ser deseadas también podrían haber recibido la influencia del énfasis en nuestra cultura de la importancia de la apariencia de las mujeres. Nos han bombardeado con las imágenes del tamaño, la forma, la piel, el cabello, los dientes, los labios, los muslos de la mujer ideal. La mayoría de nosotras hemos internalizado este énfasis en la apariencia "perfecta" en forma de sentimientos negativos sobre nuestro cuerpo. Nos sentimos presionadas para cumplir con los estándares populares de belleza y atractivo y, si no respondemos a las imágenes externas, a menudo nos sentimos feas y poco deseables.

Las personas más cercanas podrían habernos reforzado, de forma intencional o no, estos estándares. La madre de Elena le compró una faja cuando estaba en quinto grado. Esto le envió a Elena el mensaje claro de que necesitaba cambiar su apariencia para ser aceptable. Como resultado, comenta: "Siempre me sentí cohibida por mi peso y nunca estuve a gusto conmigo misma físicamente".

Cuando no podemos conectarnos con nuestro cuerpo en una forma positiva y alentadora, nuestra sexualidad no puede florecer. Elena continúa: "Mi sexualidad estaba enterrada porque no me sentía cómoda siendo mujer y temía ser la persona que soy físicamente".

Podríamos estar desconectadas de nuestra sexualidad de formas igualmente devastadoras cuando no se valida nuestra orientación sexual. Debido a que la sociedad y nuestras familias por lo general asumen que somos heterosexuales y, tal vez, solo nos apoyan cuando establecemos relaciones heterosexuales, la atracción que podamos sentir por otra mujer o una persona sin conformidad de género puede provocar ridículo, enojo o negación. O tal vez nunca dejamos que nadie sepa sobre nuestros sentimientos para evitar el daño que esperamos. Si nuestra orientación sexual se ha desafiado de esta forma, podríamos habernos sentido avergonzadas o confundidas por nuestra sexualidad.

Nuestra identidad de género también es un lugar donde podemos ser silenciadas, avergonzadas u obligadas a permanecer escondidas. Sherie dice que la causa de su bebida fue el conflicto no resuelto de ser transgénero. "Estuve casada durante treinta y dos años con una mujer que mantuvo mi propia esencia avergonzada, despreciada y asqueada. Como no quería hablar de eso, bebía para soportarlo". Sherie descubrió que, eventualmente, su esposa la obligó a salir del matrimonio porque "Me estaba matando de tanto beber" y Sherie se enfrentó con la aceptación de su verdadero yo. "Había estado asistiendo a reuniones de A.A. para hombres", comenta Sherie, "y les conté lo que pasaba. Me revelé ante ellos y encontré una aceptación y amor increíbles en ese lugar". Durante algún tiempo, Sherie tuvo tanto un padrino como una madrina mientras empezaba el proceso de su transición de género pública. Ahora, se siente en casa cuando está en un grupo para mujeres y experimenta una inmensa gratitud por su vida. "Estoy vieja", dice sonriendo, "estoy toda achacosa, pero vivo mi mejor vida. Vivo mi mejor vida porque no tengo ningún secreto. Ahora vivo con integridad, de acuerdo con quien soy y es el mayor regalo".

Chase se identificaba como mujer cuando empezó a ir a

las reuniones de A.A. en su época universitaria. Durante años, trató de manejar los síntomas del TEPT mediante los Doce Pasos. Comenta: "Pasé por la transición en mi recuperación y en mi género más o menos al mismo tiempo debido al trabajo que realizaba con mi terapeuta para el trauma". Chase descubrió que las reuniones para las mujeres solían ser el lugar donde sentía más seguridad en su transición a una identidad de género no binaria. Mediante atención dedicada con un terapeuta para el trauma experimentado, fue capaz de establecer una relación más auténtica con su propio género y ruta de recuperación.

Una señal clave de que podemos estar desalineadas con nosotras mismas es la experiencia de la vergüenza por quiénes somos o lo que hemos pasado. La vergüenza y la confusión suelen surgir de la agresión pasada. Siempre que hubo agresión sexual, física, verbal o emocional en nuestro pasado (independientemente de que hayan abusado de nosotras o de que nuestros cuerpos hayan sido objeto de bromas, comentarios obscenos o miradas lascivas), nuestro sentido de la sexualidad fue afectado, y podemos haber internalizado mensajes sobre nuestro género que generaron falta de seguridad para expresar quiénes somos en realidad.

Muchas de nosotras podríamos identificarnos con Shirley al comentar: "Mi primera experiencia sexual fue que me violaran". Esta violación del cuerpo y de la persona en el nivel más básico afecta profundamente nuestra percepción del yo y de la sexualidad.

Debido a que Shirley había sido agredida físicamente y violada cuando era niña, se avergonzaba de su sexualidad y temía en extremo la atención sexual. "Usé comportamientos compulsivos con la comida para cubrir mi sexualidad, para distanciarme de mi belleza, mi energía y mi espíritu", recuerda. "Simplemente no quería llamar la atención".

Comer compulsivamente, el alcoholismo y otras adicciones y conductas compulsivas suelen vincularse con una historia de agresión. Es más probable que las mujeres que padecen de alcoholismo hayan sido agredidas (con más frecuencia y por periodos más largos) que las que no. Y es más probable que las mujeres agredidas desarrollen alcoholismo que aquellas que no han sido agredidas[1]. Nuestras adicciones pueden haber sido un intento de eliminar estos recuerdos dolorosos de la infancia y, aunque esas adicciones pueden haber funcionado temporalmente, también nos desconectaron de nuestra sexualidad adulta.

Cuando abusamos de las sustancias o adoptamos conductas compulsivas, reducimos nuestra conexión con nuestros verdaderos sentimientos y respuestas sexuales. Experimentamos la ansiedad de consumir y el adormecimiento del consumo, lo que acalla nuestras otras sensaciones o experiencias físicas. Aunque podría parecer que nos liberan para ser sexuales en el momento, el alcohol y muchas otras drogas en realidad suprimen nuestra respuesta sexual con el paso del tiempo, lo que nos dificulta responder al toque y excitarnos.

El sexo y las adicciones también van mano a mano de otras formas. Algunas de nosotras que nos sentimos atraídas hacia otras mujeres o gente queer del espectro de no conformidad de género descubrimos que solo podíamos responder a nuestro deseo si estábamos ebrias. Algunas de nosotras podemos haber usado el alcohol u otras drogas para soltar nuestras inhibiciones si nos avergonzaba actuar a partir del deseo sexual o incluso apenas expresar la sensualidad: para bailar, para tocar a otra persona con afecto, para disfrutar la sensación de nuestros cuerpos, para usar ropa sexy.

Algunas de nosotras podemos haber tenido sexo para agradar a otra persona y podemos haber consumido drogas para anestesiarnos ante la realidad de que estábamos haciendo algo que no queríamos. Darlene recuerda que pensaba de esta forma con respecto a las relaciones sexuales cuando bebía. "Pensé que debía asumir todo lo que se pusiera en mi camino, sin importar lo doloroso que fuera o si lo quería o no", comenta. "Si un hombre me presionaba para tener sexo, pensaba 'Bien. Estoy borracha y no quiero que se enoje'". No quería ser sexual, pero temía que la lastimaran físicamente si se resistía.

La relación de Shirley con su novio se basaba en que él le proporcionara drogas y ella fuera su mujer. Tal vez estuvimos disponibles para el sexo con el fin de obtener la droga que queríamos. O tal vez, así como le pasaba a Francesca, el sexo simplemente venía con la bebida. "No se trataba de una elección consciente", menciona.

Muchas de nosotras nunca hemos tenido una experiencia sexual separada de la bebida o el consumo de drogas. Como cuenta Elena: "Nunca tuve sexo sin beber o consumir algún tipo de droga". Pero, en la recuperación, empezamos a darnos cuenta por primera vez de cómo nuestras adicciones nos han adormecido y han distorsionado nuestra sexualidad.

Al ponerle atención a nuestro creciente sentido del yo en la recuperación, empezamos a aclarar cómo nuestra sexualidad se ha visto afectada por las influencias externas, los mensajes que recibimos de nuestra familia, la comunidad y los medios. Examinamos el entrenamiento, los valores y los mensajes que ya no son compatibles con nuestro ser interior recién descubierto.

Mediante nuestro sentido de seguridad y conexión con otras personas en recuperación, empezamos a ver cómo se ha visto afectada nuestra sexualidad por nuestras experiencias pasadas. Para algunas mujeres, esto significa ser conscientes de y sanar la agresión sexual o el trauma del pasado. Es importante que las sobrevivientes de agresión busquen a un terapeuta calificado o un grupo de apoyo para ayudar a sanar este tipo de trauma.

También revisamos nuestras conductas y actitudes sexuales usando los Doce Pasos para descubrir en qué punto contribuimos con nuestra desconexión de nuestra sexualidad y qué nos gustaría cambiar de nuestra conducta sexual. Esto podría ser difícil. La incomodidad general que tenemos con la sexualidad en nuestra cultura también podría existir en los grupos de los Doce Pasos. Aun así, solo cuando nos volvemos conscientes de los antiguos mensajes y experiencias que distorsionaron nuestra sexualidad y los reemplazamos con la verdad y la comprensión, podemos empezar a cambiar.

Cuando empezamos a abrirnos a nuestra sexualidad en la sobriedad, podemos encontrar preguntas o problemas sexuales. Podríamos preguntarnos si alguna vez nos sentiremos cómodas con nuestra sexualidad o seguras y abiertas con una pareja sexual. Es útil hablar con otras mujeres y saber que también tuvieron experiencias similares.

Con respecto a sus miedos, Julia dice: "Cuando bebía, nunca hice el amor sin estar ebria o de resaca. Cuando logré la sobriedad, me daba miedo no ser capaz de tener sexo sin alcohol. Sentía que el alcohol me liberaba, me hacía experimentar, me ayudaba a hacer cosas que no habría hecho de otra forma".

Katy, quien tenía sexo para sentirse aceptada y valorada, comenta, "Era muy importante para mí que me eligieran como objeto sexual. Temía enfrentar, sobria, que tal vez ningún hombre me admiraría y aceptaría".

"Abusaron de mí. Me violaron", cuenta Shirley. "A medida que continuaba con mi recuperación, temía cómo eso podría afectar mi relación sexual con mi esposo".

Para muchas de nosotras, conocernos y valorarnos en la recuperación agrega nuevas dimensiones y vitalidad a nuestras propias imágenes antiguas. Julia menciona "Me daba miedo que, cuando dejara de beber, pudiera perder una parte de mí misma que valoraba: la persona que experimentaba y tomaba riesgos. Por eso, fue importante para mí experimentar un poco sexualmente estando sobria. No quería sentir que tenía que consumir alcohol para acceder a esa parte mía. Cuando logré la sobriedad, de hecho hice cosas sexuales audaces que nunca había hecho estando ebria. Y, de cierta forma, el sexo fue aún mejor porque tenía mayor seguridad: sabía qué estaba haciendo y podía elegir".

Darlene, quien no recordaba haber tenido sexo sin estar ebria, tuvo que aprender a ser sexual con su esposo sin alcohol. "Tenía esta imagen de mí misma como una sirena por la disposición que tenía de 'atender' a los hombres cuando bebía", recuerda. "Pero ahora, el sexo de repente se había vuelto real y estaba más interesada en mis propias necesidades. Estábamos presentes para el otro y muy conscientes. Fue como volver a tener dieciséis años. Tuve una sensación real de la maravilla que era esta novedad".

La reconexión con nuestra sexualidad incluye aprender sobre o redescubrir nuestros cuerpos, cómo nos vemos desnudas, a qué tipo de toque respondemos y cuándo sentimos deseo sexual. Significa mirar nuestro cuerpo con curiosidad y la intención de aceptar de brazos abiertos nuestra expresión particular de atractivo y sexualidad. Significa aceptarnos como somos y cuidar nuestro cuerpo, para nosotras mismas, en vez de agradar a otra persona.

"Ahora, me siento muy femenina cuando salgo de la ducha y me empolvo", comenta Lavonne. "Solía hacerlo para agradar a algún hombre pero ahora lo hago por mí. Solía cuidar mi cuerpo con la esperanza de que un hombre me viera y me quisiera, pero ahora cuido mi cuerpo por mi propio placer y beneficio".

Nos conectamos con nuestro sentido del placer cuando empezamos a creer que somos deseables en nuestra forma singular. Como dice Elena: "Mi sexualidad es sentirme cómoda siendo mujer y no tener miedo de ser toda la persona que soy físicamente".

Katy concluye que ahora que se está conociendo en la recuperación, le preocupa menos ser deseada. Ve que la admiración y la aceptación que busca en un hombre están disponibles dentro de sí misma.

Cuando empezamos a sentirnos cómodas con nuestra sensación interna de sexualidad (nuestros sentimientos, deseos y preferencias) podemos empezar a conectarla con las acciones y relaciones externas.

Cuando vivimos de adentro hacia fuera, podemos descubrir que nuestra sexualidad cambia de formas que no nos parecían posibles. "Aumentó mucho mi capacidad de respuesta sexual", afirma Julia. "Me volví más orgásmica, más sensitiva, experimenté todo tipo de nuevas sensaciones. Es verdad que fue extraño tener sexo con nuevas personas sin alcohol. ¡Nunca lo había hecho! Pero probablemente tampoco era fantástico cuando estaba ebria; simplemente no lo recuerdo. Ahora acepto que la primera vez siempre es incómoda. Todo el mundo está nervioso por el desempeño, además de si es una buena idea, si es la persona correcta, cómo serán las cosas, etc. Ahora, sobria, soy consciente de todas estas preguntas, mientras que en el pasado estaba literalmente inconsciente. Por eso, siento que he tenido una vida sexual mucho más plena estando sobria que cuando estaba ebria. Puedo pedir lo que necesito, soy más responsable, soy más quisquillosa. También soy menos inhibida, de una forma extraña. Estoy más abierta a diferentes posibilidades".

En la recuperación, aprendemos a hacer elecciones sobre nuestros sentimientos y conductas con relación a los demás, y esto se extiende a nuestras relaciones sexuales. Podemos elegir relaciones en las que somos capaces de decir sí o no y sentirnos seguras al comunicar nuestros deseos y necesidades con una pareja que responda con amor y respeto.

Establecer límites y luego ser capaces de hacerlos a un

lado por elección es esencial para nuestra sexualidad. Shirley descubrió que, con el autoconocimiento y la autoaceptación que obtuvo en su recuperación, era libre de comunicarle sus límites y barreras a su esposo. Comenta: "Ahora mi sexualidad significa que disfruto el sexo al máximo. Soy muy expresiva, me siento muy cómoda, a pesar del hecho de que hayan abusado de mí y de que me hayan violado. Y la honestidad es lo que sana, el hecho de ser capaz de decir 'Así es como me siento; no estoy cómoda con esto'. Ahora puedo compartirlo desde adentro hacia fuera".

Nuestra capacidad de conectarnos sexualmente con una pareja cambia a medida que nosotras cambiamos. La sexualidad suele ser un deseo de mutualidad y conexión con la otra persona, en una relación amorosa y generosa. Este deseo de sentirse cerca y de que nos acompañe una persona en particular se expresa en el ansia de dar y de recibir placer y de crear una unión física.

Como dice Jackie: "Nuestra relación sexual no se trata apenas de sexo. Es emocionante en la forma en que él me responde, o en la forma en que inicia las cosas o yo inicio algo. Es emocionante porque sé que a cada uno de nosotros le importa el otro".

Nuestra experiencia de nuestra sexualidad puede profundizarse en la conexión con el otro. Cuando tomamos lo que hemos aprendido sobre nuestro yo interior y lo orientamos hacia un(a) amante, nos abrimos a la posibilidad de unirnos a algo mayor que nuestro yo separado. Como indica la Dra. Judith V. Jordan: "[La sexualidad] en el sentido más amplio afirma la conexión y el ser 'parte de' en vez de 'aparte de'. Conduce a la *expansión* en vez de a la *satisfacción*; lo primero sugiere crecimiento, vida y apertura; lo segundo sugiere inmovilidad"[2].

En la recuperación, desarrollamos un yo fuerte y saludable, una mujer que se siente cómoda consigo misma, que sabe que es deseable y hermosa en su forma de ser. Este yo interior fuerte luego nos lleva a relaciones saludables y maduras. Y es dentro de la profundidad de nuestro ser y de nuestras relaciones que también podríamos encontrar la afinidad espiritual descrita en *Awakening Your Sexuality:*

> *En la experiencia sexual con una pareja íntima, podríamos ir más allá de expresar nuestro involucramiento emocional y nuestra atracción erótica; también podríamos tocar el alma de la otra persona y expresar nuestra afinidad espiritual. En el acto de la unión sexual con el otro, podemos experimentar la pérdida maravillosa del yo que es similar a lo místico*[3].

"Realmente experimento mi fuerza vital como algo que viene del deseo de conexión", explica Grace. "De alguna manera, esa energía es muy sexualizada. Simplemente hablando, puedo llegar a este nivel de relación que se siente muy sexual, mucho más viva. Siento cómo la sangre fluye a todas las partes de mi ser. Es algo vivo, activo, una experiencia en todo el cuerpo. La sexualidad brinda una vitalidad espiritual".

A las mujeres, nos han desmotivado profundamente a experimentar la vitalidad espiritual y el poder que brindan la sexualidad, el erotismo y el placer. Katy piensa que una buena parte de su bebida tenía el objetivo de sublimar ese poder: la adicción estaba matando el espíritu. "Pero redescubrimos el poder de Dios en el interior cuando somos honestas con nuestro propio sensor interno", comenta.

Cuando somos auténticas con este sensor interno, podemos abrirnos a una nueva libertad y una nueva energía desde el interior. Empezamos a sentir nuestro cuerpo singular como el recipiente de una fuerza vital superior a nosotras.

Como dice Sandy: "la sexualidad deja el espíritu fluir... deja la pasión, el cuerpo y la energía aumentar, gritar, volverse escandalosos y poderosos. Se trata de estar viva, de ser tú misma. Realmente es una conexión con tu sentido del poder interior. Cuando la siento, me siento bien por dentro".

Para Shirley funciona así: "Siento que hay una fuente caudalosa que me recorre y me atraviesa y proviene de una antigua mujer sabia que estaba cubierta por todo el alcohol y el ruido. ¡Y la sexualidad! Cuando hago el amor, siento este pico de energía. He llegado al punto de apropiarme, reclamar y ahora ostentar mi belleza, mi energía, mi espíritu".

En el proceso de recuperación, esta belleza, esta energía y este espíritu provienen del interior. "Y cuando esta energía proviene del interior", comenta Grace, "así como el yo y las relaciones, pasamos de la búsqueda de la excitación (una persecución, un intento de encontrarnos o de establecer conexiones, o la embriaguez) a una capacidad mucho más suave y penetrante de estar con nosotras mismas, con nuestra fuente". Esta es nuestra verdadera sexualidad.

Finalmente, nuestra sexualidad, así como el yo y las relaciones, se vuelve más integrada. Deja de ser algo externo, que nos presiona a hacer, sentir o querer o que nos obliga a tomar lo que pensamos que necesitamos para sobrevivir. En vez de ello, proviene del interior como una fuerza vital, una energía, un espíritu que nos conecta con nosotras mismas, con los demás y con lo sagrado en nuestra vida.

• • •

Espiritualidad

"La adicción hizo nacer mi espiritualidad", menciona Marta. La espiritualidad puede ser una nueva dimensión de la vida para las mujeres que han llegado a la recuperación. El nacimiento de nuestra espiritualidad en el proceso de recuperación nos abre a todo tipo de preguntas sobre la espiritualidad.

- *¿Quién o qué es el Poder superior a nosotras?*

- *¿Puedo confiar en esto?*

- *¿En qué creo?*

- *¿Qué tiene que ver con ser parte de una comunidad religiosa como una iglesia, un templo, una mezquita o una sangha?*

- *¿Qué se siente tener una vida espiritual?*

- *¿Soy espiritual?*

Si escuchamos la sugerencia de ver en nuestro interior para encontrar nuestra espiritualidad o nuestro Poder Superior, podemos sentirnos aún más confundidas. Muchas de nosotras no tenemos un sentido de espiritualidad en nuestro interior cuando llegamos a la recuperación por primera vez. En vez de ello, podríamos sentirnos anestesiadas o vacías. Tal vez no separamos que exista nada en nuestro interior. Podríamos cuestionarnos el porqué y preguntarnos: ¿Realmente estoy vacía?, ¿Hay algo que pueda llenarme?, ¿El amor puede lograrlo?, ¿Otra persona puede lograrlo?, ¿Y Dios o un Poder Superior?

Con frecuencia se dice que la adicción, ya sea a una sustancia o a una conducta, es una forma de tratar de llenar el vacío que sentimos por dentro. Claro que no funciona: el vacío regresa apenas suspendemos la bebida, el consumo de drogas o nuestras compulsiones. Pero esta búsqueda de algo que llene el vacío nos da una pista sobre la espiritualidad.

Carl Jung, al responder una carta de Bill Wilson dijo: "Alcohol en latín es 'spiritus' y se usa la misma palabra para la experiencia religiosa más elevada y para el veneno más pervertidor. Por eso, la fórmula útil es: *spiritus contra spiritum*"[1], lo que significa "el espíritu contra los espíritus".

Cuando dejamos de tratar de llenar el vacío, empezamos a descubrir que hay otra cosa disponible para llenarlo. En el caso de las mujeres en recuperación, *spiritus contra spiritum* puede significar "el espíritu nacido de los espíritus". De ahí proviene nuestra espiritualidad. Como comenta Marta: "Yo no tendría una vida espiritual si no hubiera recorrido el camino de la adicción".

La espiritualidad se refiere a mantenernos conectadas a nuestra fuente. Con frecuencia uso la flor de loto como símbolo de la recuperación de las mujeres. En *Inner Beauty: A Book of Virtues* (Belleza interior: el libro de las virtudes) el loto se describe de esta forma:

> *Lo principal de la flor de loto es que tiene sus raíces en el lodo. No puede crecer sin el lodo y, aun así,*

> *sus pétalos son inmaculados... La flor del loto no transforma el lodo en nada. El lodo es lodo. Sin embargo, el lodo tiene los nutrientes necesarios para ayudar a que la flor crezca. Sucede lo mismo con nosotras. Estamos en una situación que no nos gusta, "en el lodo". Y, aun así, es probablemente la posición más segura que existe si pudiéramos reconocerla, no distorsionarla, y dejar que "nos cultive"*[2].

Quienes estamos en recuperación somos como la flor de loto al echar nuestras raíces en el lodo (nuestra adicción) pero buscar siempre la luz. Al igual que el loto, no nos separamos del lodo. No encontramos nuestra espiritualidad separándonos de nada sino manteniéndonos conectadas: al lodo, a la verdad sobre nuestra adicción y a la realidad de nuestra vida como la fuente que nos nutre.

Empezamos a establecer una conexión con esta fuente espiritual cuando nos entregamos. Este es el Paso Uno, admitir nuestra impotencia. Cuando nos entregamos, nos conectamos con la espiritualidad de los Doce Pasos.

Cuando empezamos la recuperación, muchas de nosotras podríamos estar confundidas sobre la diferencia entre la espiritualidad y la religión. Podemos pensar que, para ser espirituales, tenemos que adoptar cierta fe o asistir a un lugar de culto particular.

Podría ser útil recordar que la religión y la espiritualidad pueden ser dos cosas separadas. La religión sin la espiritualidad es doctrinas, estructuras y reglas; a menudo implica hablar y adoptar la experiencia espiritual de otra persona. Tal vez no brinde un lugar para que la persona desarrolle su propia comprensión y experiencia espiritual.

Para muchas de nosotras, una conversación sobre espíritus o espiritualidad nos devuelve a la religión de nuestra infancia, a una experiencia que podríamos sentir muy distante o una sin impacto o con un impacto negativo en nuestra vida.

Norma comenta que su experiencia con la espiritualidad antes de llegar al programa era muy intelectual y objetiva. "No tuve formación religiosa", recuerda. "Éramos una familia judía. Mis padres eran inmigrantes, ambos hablaban Yiddish, pero mi padre, un socialista de la vieja guardia, se oponía radicalmente a cualquier tipo de religión formal. 'Espiritual' significaba 'religioso' para mí y era algo que estaba fuera de mi experiencia".

Constance desconfiaba de la espiritualidad de los Doce Pasos porque la asociaba con una experiencia religiosa desagradable de su infancia. "Crecí en una familia donde tres cosas eran genéticas: la obesidad, el alcoholismo y el fundamentalismo", cuenta. "Por eso, cuando pensaba en la espiritualidad, pensaba en el fundamentalismo, el cristianismo evangélico anticuado y conservador del medio oeste. Mi madre, para dejar de beber, se volvió fundamentalista en sus creencias religiosas; mi abuela era una adulta infantil brusca cuyas creencias religiosas eran aún más extremas que las de la iglesia a la que pertenecía; mi bisabuela leía la Biblia y lloraba. No estaba segura de creer en nada cuando empecé la recuperación".

Para otras mujeres, la religión siempre ha sido un aspecto

importante de su vida y sigue moldeando su proceso de recuperación. Para Shannon, una católica devota, en su recuperación cobra vida su fe religiosa. "El programa de los Doce Pasos me dio una alternativa a mis antiguas imágenes de Dios y de Jesús", recuerda. "Pude personalizar a Dios y eso lo volvió real. La recuperación me devolvió mi religión".

Lavonne dice que los Doce Pasos le mostraron cómo vivir su fe cristiana. "Estaba en la prisión local acusada de tráfico de drogas cuando le entregué mi vida al Señor Jesucristo. Los Doce Pasos son una de las cosas que Dios usó para ayudarme a sanar. Fueron la estructura de mi recuperación y un modelo para mi fe".

La religión de nuestra infancia o adultez puede ser cualquiera de estas cosas y, aun así, encontrar su expresión en la recuperación. En las reuniones de los Doce Pasos, nuestra experiencia individual cuenta: Dios como lo entendemos. La verdadera espiritualidad surge de la experiencia individual y colectiva de cada una y de todas nosotras. Lo abarca todo; va más allá de la tradición cultural, el credo y el género. Cada experiencia religiosa y cada experiencia de vida le aporta algo de valor a nuestra espiritualidad. Muchas de nosotras perdimos nuestro sentido de la espiritualidad en algún momento de nuestra vida pero, independientemente de nuestra experiencia pasada o presente, los Doce Pasos nos dan la oportunidad de redescubrir y redefinir la espiritualidad por nuestra cuenta.

Cuando las mujeres hablamos de la espiritualidad, con frecuencia buscamos nuevas palabras e imágenes que sean más inclusivas. Al describir la espiritualidad de las mujeres, me gusta usar palabras o frases como *unicidad, plenitud, conexión con el universo, fe en algo superior a mí,* y *confianza en una parte mayor o más profunda de mí misma.* A veces, palabras como *sagrado* (aquello que tiene valor en sí mismo y se conecta con el todo, o aquello que tiene un valor inherente pero está conectado con todo lo demás) o *profundo* (aquello que surge de la profundidad del propio ser) son más expresivas.

Sandy cree que la espiritualidad proviene del interior. "El conocimiento de Dios empieza con el conocimiento de ti misma", explica. Creo que tiene razón. Nuestra espiritualidad se desarrolla en conexión con el yo, a medida que sana y se desarrolla mediante los Doce Pasos. Conforme se expande nuestro sentido del yo, el misterio de la espiritualidad se desdobla.

Sandy continúa: "Creo que la espiritualidad empieza al conocer quiénes somos. Luego, la expandimos al definir nuestra propia espiritualidad, no como la han definido los hombres. Esto implica ver lo que significa para mí, lo que significa ser mujer".

Muchas mujeres sienten que es importante describir la experiencia espiritual y su conexión con lo divino con metáforas femeninas. Para algunas mujeres, la espiritualidad nace de un sentido profundo de amor por sí mismas que proviene de una conexión con la imagen de la Diosa. Wendy Miller, en su ensayo "Reclaiming the Goddess" (Reivindicar a la Diosa) dice: "Algunas personas hablan de Ella como una metáfora, otras como una chispa de la divinidad y otras como encender el impulso creativo"[3].

Algunas personas piensan en este Poder Superior femenino como el flujo de la energía vital o el ciclo natural de la vida, el nacimiento, la muerte y la descomposición. A Marta le parecen las imágenes de la Madre Tierra y la Diosa Tierra, representadas en estatuas de la fertilidad con sus pies contra sus vientres redondos y sus senos grandes y poderosos, imágenes potentes de su espiritualidad. "Si no podemos amar nuestros cuerpos ni a nosotras mismas, es muy difícil tocar nuestra espiritualidad", comenta. "Cuando pensamos en los ciclos de la luna, los ciclos de nuestra menstruación, los ciclos del nacimiento y la muerte, empezamos a tener una enorme reverencia por lo que significa traer una vida al mundo. Celebrar la maternidad, el nacimiento y la creación nos pone en contacto con el poder de la tierra que crea y hace surgir la vida. Es el principio de la espiritualidad de las mujeres".

Para otras, es importante una espiritualidad que incluya lo masculino y lo femenino. Es el caso de Darlene. "Mi espiritualidad ahora está más centrada en la tierra y en las mujeres, pero no para excluir a los hombres", menciona. "Concibo una espiritualidad más inclusiva que en realidad no es masculina ni femenina. No tengo la intención de insistir en que Dios en realidad es una mujer y los hombres han estado equivocados todo este tiempo. Mi Poder Superior incorpora cualidades tanto masculinas como femeninas. Pero, aunque he incorporado un poco de la conciencia de la diosa en mi espiritualidad y mi trabajo, me incomoda lo que veo como una separación. No soy una de las griegas antiguas, no soy druida, no soy una antigua celta, ¡gracias a Dios! Soy una mujer moderna que está aprendiendo nuevas formas de estar en el mundo. Aunque creo que necesitamos más imágenes femeninas y afirmadoras de la vida de la deidad (porque el mundo espiritual es muy masculino, distorsionado y desequilibrado), creo que las nuevas imágenes son nuestras: no son antiguas, sino imágenes actuales de cooperación y cuidado del mundo, sin competencia".

En el proceso de definir nuestra propia espiritualidad, podríamos pensar que el lenguaje espiritual de los Pasos refleja prácticas e imágenes religiosas cristianas tradicionales. Las mujeres en recuperación a menudo tienen dificultades con el lenguaje masculino del programa y eligen sustituirlo por ideas y lenguaje que inviten a una comprensión más inclusiva del poder.

María menciona: "Para quienes crecimos con una herencia judía o cristiana, Dios es masculino. Por eso, cuando pensamos en un Poder superior a nosotras, la imagen del hombre de barba blanca en las nubes es lo primero que nos viene a la mente. Creo que es especialmente importante que las mujeres puedan elaborar un concepto de ese poder que esté divorciado del género. Para nuestra espiritualidad, es importante que, de alguna forma, feminicemos ese poder. Yo creo en un tipo de espíritu universal y sin género que no tiene nada que ver con la religión de mi infancia. Pero cuando empecé los Pasos no era así".

Constance aborda los Pasos de la siguiente forma: "He tenido que reelaborar muchísimo del lenguaje, al igual que mucha gente de mi generación [los nacidos en la década de

1940] en la recuperación. El concepto integral de un Dios masculino (incluido el concepto de Dios de mi infancia como un hombre mayor y robusto, con una larga barba blanca) no responde a mi experiencia. La verdadera espiritualidad, la fuente, la fuerza creativa que no se puede poner en palabras, va más allá del género. Cada persona refleja igualmente la imagen espiritual".

Sherie dice que, aunque ella no es religiosa, cree que puede conectarse con un "amor absoluto y una fuerza para el bien". Puede sentir esta fuerza trabajando a través suyo cuando interactúa con otras personas. Raquelle comenta que sabe que está conectada con el universo.

Traducir el lenguaje y la experiencia cultural de los Doce Pasos para nosotras es un aspecto importante de la recuperación. Incluso la estructura jerárquica de los Pasos puede ser un problema. Usar términos como "superior" podría empañar nuestra perspectiva singular. Pensar en algo "más profundo" podría ser más útil.

Marta, quien creció en un hogar fundamentalista tradicional, comenta: "La estructura de autoridad de mi familia era jerárquica. ¡Lo cierto es que si hubiera obedecido o entregado mi vida a la autoridad de mi familia estaría muerta! Por eso, la idea de entregarle mi vida a una estructura jerárquica en los Pasos me resultaba incómoda. Prefiero pensar en algo que no necesariamente está arriba de mí, a veces está en mi interior, a veces en mi exterior".

Para Ruth, su Poder Superior funciona de la siguiente forma: "No pienso en Dios como una figura jerárquica ni como un Dios abstracto, allá arriba, que debo encontrar por mi cuenta", explica. "'Superior' para mí significa más amplio, más extenso, más profundo, no simplemente yo sola usando apenas mi energía. Tengo que tener a otra gente. El poder o la energía o como quieras llamarlo fluye horizontalmente, de una persona a otra, no desde lo alto".

La espiritualidad de las mujeres suele implicar formas de estar en el mundo y con los demás que no son jerárquicas. Nuestra espiritualidad puede expresar la interconexión y la relación. La Dra. Janet Surrey propone que nuestra primera experiencia con nosotras mismas es relacional, que desarrollamos y organizamos nuestro concepto fundamental del yo en las relaciones importantes. También profundizamos y enriquecemos otros aspectos de este yo (nuestra creatividad, independencia y afirmación) en relación[4].

Esta definición de la espiritualidad de *The Feminine Face of God* (El rostro femenino de Dios) es una de mis favoritas:

> *Para una mujer, la espiritualidad, o una vida del Espíritu, implica la relación en su más pura esencia... Una relación que no separa ni divide sino conecta y reúne el espíritu y la carne, a los seres humanos y a otras formas de vida, a Dios y la materia es precisamente lo que las mujeres nos describieron como el corazón de lo espiritual en su vida* [5].

La espiritualidad, Dios o un Poder Superior podría no existir arriba de nosotras o fuera de nosotras, sino "entre" o "en la relación" que encontramos en las reuniones, con nuestra madrina o al hablar con otra persona de nuestra experiencia, fortaleza y esperanza. Darlene dice: "Experimenté algo diferente en las reuniones y en mí misma. Empecé a experimentar lo que ahora conozco como conexión, una experiencia espiritual".

Grace tiene la misma percepción. "Lo que aprendí en el programa fue que estaba conectada con otras personas y que no había forma de huir de ello", comenta. "No había nada que temer porque no existía el 'sola'. No había ningún otro lugar al que escaparse (no iba a salir del planeta), no existía la opción de no tener una conexión. Ser capaz de estar presente con y sentir la otredad abrió mi sentido más amplio de relación con un Poder Superior. Los Pasos me abrieron a ese nuevo nivel de relación".

Essie comenta: "Me di cuenta de que mi espiritualidad siempre va a crecer y a cambiar, pero puedo desarrollar una relación sólida con mi versión de Dios al preguntarme '¿Cómo me acerco a la unidad con la vida?' y partir de ahí".

Estas experiencias despiertan y refuerzan nuestro sentido interior de la espiritualidad, nuestro sentido de la interconexión y la relación. Nuestra experiencia sobre nosotras mismas como mujeres espirituales crece cuando sentimos que ese "algo más allá" ya está dentro de nosotras. Cuando somos lo suficientemente vulnerables para hablar de nosotras mismas con otra persona, cuando compartimos nuestras experiencias mutuas, no solo nos conectamos con los demás sino también con nuestro yo espiritual.

Ruth lo explica de esta forma: "El universo avanza de forma creativa principalmente a partir de un espíritu de mutualidad.

No hay un padre, un Dios, que supervisa y hace las cosas. Lo que hay es un espíritu o fuerza cuya esencia son partículas y dinámicas en relación con otras partículas y dinámicas. Las cosas siempre están conectadas e interrelacionadas. Este espíritu o fuerza es un poder real, presente y continuo que nos mueve en las conexiones correctas y en sí mismo es la esencia de las conexiones. Creo que desafía la imaginación humana pensar qué es él, ella o eso, pero para mí, es de lo que se trata la Fuerza Vital, el Poder Superior, el Espíritu Sagrado, Dios, la Diosa".

Lois simplemente afirma: "Cuando digo que mi vida está en manos de Dios, me refiero a las manos de otras personas amorosas que son las expresiones del poder divino. Estamos aquí para los demás y a través de ello surge otro poder".

Este otro poder es el que tenemos para empoderarnos las unas a los otras. Esto lo tenemos a nuestra disposición en las reuniones, en la relación mutua de la madrina y la ahijada, y al unirnos a los demás en la ruta de la propia conciencia y del despertar de la espiritualidad.

A menudo, conforme se profundiza nuestra espiritualidad, estamos llamadas a honrar la dignidad de toda expresión de género, a cultivar la sensibilidad con las experiencias culturales diversas, a crear rituales, a reconocer la interrelación de toda la vida y a trabajar a favor de la justicia ecológica y social[6]. Estos mismos temas surgen constantemente cuando las mujeres hablamos de la espiritualidad. Nuestra espiritualidad tiene que ver con la naturaleza, con la tierra, con la conexión, con la energía... tiene que ver con algo dentro de nosotras, no apenas algo sin nosotras.

Primero podríamos experimentar un sentido de espiritualidad en la relación con otra persona o con nuestro grupo de recuperación. Conforme continuamos en la recuperación, nuestra definición de espiritualidad se expande. Descubrimos que también estamos llamadas a la relación correcta con toda la vida.

Esta relación correcta involucra la práctica espiritual. Grace conoce la importancia de este aspecto en su vida. "La práctica es la forma en que estamos en la relación. Esto incluye la relación correcta con el universo, los eventos, el día, la naturaleza; incluye practicar la mutualidad y la presencia al permitir y motivar al otro a 'que su presencia sea necesaria'. La práctica es una forma de estar con el todo, con los eventos y con la gente, con cada manifestación y con su valoración en todo", afirma.

Como dice Ruth: "Independientemente de que sea lavando los platos, haciendo el jardín o meditando, se trata de quedarse en este lugar. La práctica nos obliga a vivir más plenamente en el momento presente". Muchas tradiciones religiosas y espirituales enfatizan la práctica como la forma de alcanzar la iluminación y el verdadero yo, lo que el Hermano Lawrence llamó comprometerse con "practicar la presencia de Dios"[7].

Cuando hablamos de trabajar con los Pasos, hablamos de nuestra práctica espiritual. La práctica espiritual es el proceso de dedicarse una y otra vez a una disciplina o tarea y de hacerla aunque parezca que no avanzamos. El punto es entrar en armonía con la esencia de la vida en el momento presente para expresarlo "en todos nuestros asuntos".

La práctica produce serenidad. Aceptamos las cosas con más facilidad y experimentamos una paz interior constante. Estamos disponibles para la experiencia de encontrar placer en las cosas cotidianas. Nos liberamos del ciclo de búsqueda permanente y de acudir a la euforia de las drogas para llenar el vacío. La satisfacción (el verdadero "éxtasis") viene de no salirse del camino y de estar presente en el momento. Encontramos placer en las cosas simples.

"La cotidianeidad es lo que me encanta de la espiritualidad", comenta Grace. "Las experiencias espirituales son muy pequeñas y sencillas; las grandes (si es que llegan) están constituidas por muchas menores".

El silencio es otro aspecto simple pero importante de nuestra práctica espiritual. El silencio es esencial para mantener el equilibrio entre nuestra vida interior y exterior. Nuestro mundo está demasiado congestionado, y el mundo externo siempre está interviniendo, profanando nuestro lugar sagrado con sonidos, palabras, ruido mecánico, imágenes visuales. Hace años, una madrina me dijo que si me sentía sola, probablemente me extrañaba a mí misma. Cuando escuché esto, decidí pasar un fin de semana sola para ver qué pasaba. Desconecté el teléfono y pasé el fin de semana sin nadie más. Fue maravilloso. Por supuesto que lo que hice fue redescubrirme.

Cuando hablamos de relación y conexión, incluimos cultivar la relación y la conexión con el yo. Cuando pasamos tiempo solas, disfrutamos la soledad y el silencio, hacemos a un lado el yo externo y redescubrimos el interno. La plenitud de la que hablamos en la recuperación es resultado de tener lo interno y lo externo equilibrado y conectado, de modo que se reflejen entre sí. En nuestra práctica, debemos pasar tiempo cultivando nuestra relación con nosotras mismas para restaurar y mantener este equilibrio.

Estar en silencio y permitir que el yo interior se exprese nos transporta a una experiencia profunda de nuestra esencia espiritual. En silencio, obtenemos la percepción de ver en nuestro interior y de redescubrir nuestra conexión con el yo. Como escribe la maestra budista Vimala Thakar, en el silencio "vivimos en la claridad de saber quiénes [somos]"[8].

El Paso Once es la forma de llegar al silencio donde cultivamos el florecimiento de nuestro yo espiritual. Este Paso, "Buscamos a través de la oración y la meditación mejorar nuestro contacto consciente con Dios *como nosotros lo concebimos*", se refiere a profundizar nuestra espiritualidad y a crear y mantener un equilibrio entre la vida interior y exterior.

"Este es uno de los Pasos más desafiadores para mí", comenta Marta. "El contacto consciente requiere, antes que nada, estar consciente y esa es la verdadera meta de la abstinencia y del trabajo con los Pasos. Entonces, requiere la intención: elijo intencionalmente estar en contacto consciente con lo que sea que entienda como mi Poder Superior".

Cuando buscamos este contacto consciente, es útil recordar que hay muchas formas de meditación y oración. Nuestras definiciones de oración, meditación y contacto consciente podrían variar enormemente.

Para Gracia, la oración y la meditación son formas de participar en una conversación. Está abierta a hablar y a escuchar.

"La oración y la meditación son como una conversación, y así es como mejoramos nuestro contacto consciente", afirma. "La oración me recuerda acudir a algo, estar en posición de pedir ayuda. La oración es acción en relación".

Ruth describe el contacto consciente de esta forma: "Sé que hay un ser que tiene un plan o un propósito para mí, en el sentido personal/individual o del ego. Creo que tanto la oración como la meditación tienen que ver en realidad con estar en contacto con el espíritu que mueve el universo. Evitan que me aleje de ese espíritu o que me deje separar de él".

También podemos encontrar muchas formas diferentes de practicar el contacto consciente. La meditación de Marta tiene su propia expresión particular. "Mi forma de meditación funciona mejor al caminar o usar una máquina escaladora. Logro el proceso de la oración y la meditación al hacer una tarea de forma ritualista o repetitiva. Creo que tenemos que recordar y motivar a las mujeres a que retomen tareas repetitivas como el bordado o el tejido porque es donde nuestro contacto y proceso consciente suele ocurrir. En esa conexión con nuestro propio subconsciente en la repetición es donde a menudo encontramos nuestro Poder Superior. Necesito encontrar un proceso que involucre lo externo y lo interno de una forma que me permita saber que he hecho un contacto consciente. ¿Cómo sé que lo logré? Tiene una característica asociada a un sentimiento: hay una calma que se refiere a este término elusivo, la *serenidad*".

Mary Lynn comenta: "Empecé a pintar. Así es como profundicé mi contacto consciente. Mi capacidad de hacerlo ha crecido y se ha desarrollado con el paso de los años". Darlene dice que ahora simplemente se mantiene abierta diariamente a lo invisible y lo desconocido en su vida.

Jackie cree que buscar mediante la oración y la meditación mejorar su contacto consciente con la Diosa ha sido el bastión de su programa de recuperación. "De vez en cuando me atrapan las tensiones y el estrés y lo olvido durante medio día, pero al final recuerdo qué es lo que me conviene, es decir, dónde radica realmente la fuente de mi fortaleza", explica.

Independientemente de nuestra definición de meditación, oración o contacto consciente y de la forma en que apliquemos estos conceptos en nuestra vida, los usamos para buscar algo: la voluntad, la forma, el conocimiento interior. Estas prácticas también nos ayudan a centrarnos, a poner los pies en la tierra y a equilibrarnos para hacer el trabajo que el planeta necesita.

Esta también es una práctica de los Doce Pasos, "practicar estos principios en todos nuestros asuntos". La práctica de los Doce Pasos se refiere a que todas nosotras aceptemos el trabajo de sanar y recuperar el equilibrio, primero para nosotras mismas y luego para el mundo. Restauramos el equilibrio primero en nuestra propia vida, con el trabajo de los Pasos, la sanación de nuestras adicciones y la recuperación del orden en nuestras vidas inmanejables. Luego, el movimiento es exterior: "transmitirles el mensaje a los demás" y "practicar estos principios en todos nuestros asuntos". Ese es nuestro trabajo de sanación y cada una de nosotras lo realiza a su manera.

Ruth comenta: "En la sobriedad, uno de los mayores placeres de mi vida es experimentarme como criatura y no simplemente como ser humano. Estoy en la tierra con otros tipos de criaturas, animales y plantas, y eso cada vez me hace ponerle más atención a lo que como y visto, a las intenciones de mi oración y a las personas con las que estoy. Este sentido de conexión es una parte muy importante de mi espiritualidad. Con ella, viene la idea de que debo involucrarme en las luchas a favor de la justicia. Es lo que realmente creo que hace el espíritu en mi vida y en el mundo al sanar las conexiones que tenemos en este planeta".

Cuando llegamos a nuestra primera reunión de los Doce Pasos, pensamos que estamos allí simplemente para superar nuestra adicción. Los Pasos pueden parecer las reglas para alcanzar la sobriedad. La sorpresa ocurre cuando descubrimos que los Doce Pasos son un camino espiritual, la raíz que ayuda a nuestra espiritualidad a crecer fuera del lodo de la adicción.

Como comenta Katy: "Vamos más a fondo que el alcohol, las drogas o la comida para ver de lo que realmente nos estamos recuperando. He estado en una búsqueda. Trabajando con los Pasos, me di cuenta de que hay mucho más que aprender. Mi parte es hacer el trabajo pesado, entregarlo y dejar que este Dios, este sensor interno, se encargue de todo. Creo que hay una realidad alternativa. Creo que hay algo más que lo que conoce mi pequeño cerebro. Hay otras formas de conocer y percibir en todos los niveles. Mi trabajo es mantenerme sobria y presente para poder tener un contacto consciente".

Lo que empezó como un proceso de recuperación de la adicción se vuelve un despertar espiritual. "Creo que he experimentado un despertar espiritual como resultado de estos Pasos", cuenta Mary Lynn. "Un despertar espiritual es un despertar continuo. Es como volver continuamente a mí misma. De cierta forma, siento como si estuviera cerrando un círculo y que dónde empiezo ahora es donde paré hace algún tiempo. Ahora la espiritualidad es algo dentro de mí. Siento que valoro más la conexión que tengo con todo. Para mí, la espiritualidad es un retorno, una reconexión".

Ruth también piensa así. "Me sorprende decirlo, pero ahora lo digo con total convicción: Soy una persona muy especial que está conectada con todo lo demás. Ahora lo veo todo, toda la energía que pongo al vivir y experimentar el mundo y verlo, y entenderlo y cambiarlo, como parte de mi espiritualidad. La espiritualidad no es un complemento. Es la vida; es la forma de mi vida".

Ruth concluye: "En la sobriedad, empecé a traer lo que llamaría mi más profunda espiritualidad. Tengo un sentido profundo de la realidad sagrada que conecta mi ser con el mundo. En la sobriedad, los Pasos tienen que significar orientarse a ello. Trabajar en los Pasos no equivale a hacer algo sino a conectarse con lo que es. La espiritualidad y el poder de Dios son como la flor de loto. Siempre estuvieron allí, simplemente no los habías visto desde el lodo donde estabas".

El florecer de nuestra espiritualidad y nuestro contacto consciente con el poder de Dios no son algo que agregamos sino algo a lo que despertamos. Esta realidad sagrada nos mantiene arraigadas al lodo, como el loto, y nos nutre para que, a medida que aumente nuestra conciencia, crezcamos, nos desarrollemos y florezcamos con gran belleza.

• • •

Los Doce Pasos de los
Alcohólicos Anónimos*

1. Admitimos que éramos impotentes ante el alcohol, que nuestras vidas se habían vuelto ingobernables.

2. Llegamos a creer que un Poder Superior a nosotros mismos podría devolvernos el sano juicio.

3. Decidimos poner nuestras voluntades y nuestras vidas al cuidado de Dios, *como nosotros lo concebimos.*

4. Hicimos un inventario moral minucioso y audaz de nosotros mismos.

5. Admitimos ante Dios, ante nosotros mismos, y ante otro ser humano, la naturaleza exacta de nuestros defectos.

6. Estuvimos enteramente dispuestos a dejar que Dios nos liberase de nuestros defectos.

7. Humildemente le pedimos que nos liberase de nuestros defectos.

8. Hicimos una lista de todas aquellas personas a quienes habíamos ofendido y estuvimos dispuestos a reparar el daño que les causamos.

9. Reparamos directamente a cuantos nos fue posible el daño causado, excepto cuando el hacerlo implicaba perjuicio para ellos o para otros.

10. Continuamos haciendo nuestro inventario personal y cuando nos equivocábamos lo admitíamos inmediatamente.

11. Buscamos a través de la oración y la meditación mejorar nuestro contacto consciente con Dios, *como nosotros lo concebimos,* pidiéndole solamente que nos dejase conocer su voluntad para con nosotros y nos diese la fortaleza para cumplirla.

12. Habiendo obtenido un despertar espiritual como resultado de estos pasos, tratamos de llevar el mensaje a los alcohólicos y de practicar estos principios en todos nuestros asuntos.

---

* Los Doce Pasos de A.A. se extraen de *Alcoholics Anonymous,* 4a ed. (Nueva York: Alcoholics Anonymous World Services, 2001), 59–60.

Notas

PASO UNO

1. *Twelve Steps and Twelve Traditions* (Nueva York: Alcoholics Anonymous World Services, 1981), 21. Nota de la traducción: versión oficial en español tomada de https://www.aa.org/es/twelve-steps-twelve-traditions (en enero de 2024).

PASO DOS

1. *Alcoholics Anonymous,* 4ª ed. (Nueva York: Alcoholics Anonymous World Services, 2001), 47. Nota de la traducción: versión oficial en español tomada de https://aaespanol.org/wp-content/uploads/2020/07/El-libro-Grande-Edición-2007-español.pdf (en enero de 2024).

2. *Alcoholics Anonymous,* 46, 55.

3. *Twelve Steps and Twelve Traditions* (Nueva York: Alcoholics Anonymous World Services, 1981), 25. Nota de la traducción: versión oficial en español tomada de https://www.aa.org/es/twelve-steps-twelve-traditions (en enero de 2024).

4. *Twelve Steps and Twelve Traditions,* 27.

PASO TRES

1. *Alcoholics Anonymous,* 4ª ed. (Nueva York: Alcoholics Anonymous World Services, 2001), 63. Nota de la traducción: versión oficial en español tomada de https://aaespanol.org/wp-content/uploads/2020/07/El-libro-Grande-Edición-2007-español.pdf (en enero de 2024).

2. *Alcoholics Anonymous,* 62.

3. *Twelve Steps and Twelve Traditions,* 37.

4. *Twelve Steps and Twelve Traditions,* 35.

PASO CUATRO

1. *Twelve Steps and Twelve Traditions* (Nueva York: Alcoholics Anonymous World Services, 1981), 48–49. Nota de la traducción: versión oficial en español tomada de https://www.aa.org/es/twelve-steps-twelve-traditions (en enero de 2024).

2. *Twelve Steps and Twelve Traditions,* 48–49.

3. *Alcoholics Anonymous,* 4ª ed. (Nueva York: Alcoholics Anonymous World Services, 2001), 67. Nota de la traducción: versión oficial en español tomada de https://aaespanol.org/wp-content/uploads/2020/07/El-libro-Grande-Edición-2007-español.pdf (en enero de 2024).

PASO CINCO

1. *Twelve Steps and Twelve Traditions* (Nueva York: Alcoholics Anonymous World Services, 1981), 55. Nota de la traducción: versión oficial en español tomada de https://www.aa.org/es/twelve-steps-twelve-traditions (en enero de 2024).

2. *Alcoholics Anonymous,* 4ª ed. (Nueva York: Alcoholics Anonymous World Services, 2001), 68–70. Nota de la traducción: versión oficial en español tomada de https://aaespanol.org/wp-content/uploads/2020/07/El-libro-Grande-Edición-2007-español.pdf (en enero de 2024).

3. *Alcoholics Anonymous,* 83.

PASO SEIS

1. *Alcoholics Anonymous,* 4ª ed. (Nueva York: Alcoholics Anonymous World Services, 2001), 60. Nota de la traducción: versión oficial en español tomada de https://aaespanol.org/wp-content/uploads/2020/07/El-libro-Grande-Edición-2007-español.pdf (en enero de 2024).

2. *Twelve Steps and Twelve Traditions* (Nueva York: Alcoholics Anonymous World Services, 1981), 69. Nota de la traducción: versión oficial en español tomada de https://www.aa.org/es/twelve-steps-twelve-traditions (en enero de 2024).

PASO SIETE

1. *Alcoholics Anonymous,* 4ª ed. (Nueva York: Alcoholics Anonymous World Services, 2001), 76. Nota de la traducción: versión oficial en español tomada de https://aaespanol.org/wp-content/uploads/2020/07/El-libro-Grande-Edición-2007-español.pdf (en enero de 2024).

2. *Alcoholics Anonymous,* 84.

PASO OCHO

1. *Twelve Steps and Twelve Traditions* (Nueva York: Alcoholics Anonymous World Services, 1981), 77. Nota de la traducción: versión oficial en español tomada de https://www.aa.org/es/twelve-steps-twelve-traditions (en enero de 2024).

2. *Twelve Steps and Twelve Traditions,* 78.

3. *Alcoholics Anonymous,* 4ª ed. (Nueva York: Alcoholics Anonymous World Services, 2001), 77. Nota de la traducción: versión oficial en español tomada de https://aaespanol.org/wp-content/uploads/2020/07/El-libro-Grande-Edición-2007-español.pdf (en enero de 2024).

PASO NUEVE

1. *Alcoholics Anonymous,* 4ª ed. (Nueva York: Alcoholics Anonymous World Services, 2001), 164. Nota de la traducción: versión oficial en español tomada de https://aaespanol.org/wp-content/uploads/2020/07/El-libro-Grande-Edición-2007-español.pdf (en enero de 2024).

2. *Twelve Steps and Twelve Traditions* (Nueva York: Alcoholics Anonymous World Services, 1981), 24. Nota de la traducción: versión oficial en español tomada de https://www.aa.org/es/twelve-steps-twelve-traditions (en enero de 2024).

3. *Alcoholics Anonymous,* 83.

4. Adrienne Rich, *On Lies, Secrets, and Silence: Selected Prose 1966–1978* (Nueva York: W. W. Norton, 1979), 193–94.

PASO DIEZ

1. *Alcoholics Anonymous,* 4ª ed. (Nueva York: Alcoholics Anonymous World Services, 2001), 85. Nota de la traducción: versión oficial en español tomada de https://aaespanol.org/wp-content/uploads/2020/07/El-libro-Grande-Edición-2007-español.pdf (en enero de 2024).

2. *Alcoholics Anonymous,* 84.

3. *Alcoholics Anonymous,* 66.

4. *Twelve Steps and Twelve Traditions* (Nueva York: Alcoholics Anonymous World Services, 1981), 90. Nota de la traducción: versión oficial en español tomada de https://www.aa.org/es/twelve-steps-twelve-traditions (en enero de 2024).

5. Extraído de *There's a Hole in My Sidewalk: The Romance of Self-Discovery* de Portia Nelson. Copyright © 1993 de Portia Nelson. Reimpreso con permiso de Beyond Words/Atria Books, un sello de Simon & Schuster, LLC. Todos los derechos reservados.

PASO ONCE

1. *Alcoholics Anonymous,* 4ª ed. (Nueva York: Alcoholics Anonymous World Services, 2001), 63. Nota de la traducción: versión oficial en español tomada de https://aaespanol.org/wp-content/uploads/2020/07/El-libro-Grande-Edición-2007-español.pdf (en enero de 2024).

2. *Twelve Steps and Twelve Traditions* (Nueva York: Alcoholics Anonymous World Services, 1981), 99. Nota de la traducción: versión oficial en español tomada de https://www.aa.org/es/twelve-steps-twelve-traditions (en enero de 2024).

3. *Twelve Steps and Twelve Traditions,* 98.

PASO DOCE

1. *Alcoholics Anonymous,* 4ª ed. (Nueva York: Alcoholics Anonymous World Services, 2001), 58. Nota de la traducción: versión oficial en español tomada de https://aaespanol.org/wp-content/uploads/2020/07/El-libro-Grande-Edición-2007-español.pdf (en enero de 2024).

2. *Twelve Steps and Twelve Traditions* (Nueva York: Alcoholics Anonymous World Services, 1981), 48–49. Nota de la traducción: versión oficial en español tomada de https://www.aa.org/es/twelve-steps-twelve-traditions (en enero de 2024).

3. *Alcoholics Anonymous,* 164.

RELACIONES

1. Jean Baker Miller, "What Do We Mean by Relationships?", Work in Progress, No. 22 (Wellesley, MA: Stone Center for Developmental Services and Studies, Wellesley College, 1986), 1.

2. Stephanie S. Covington y Janet L. Surrey, "The Relational Model of Women's Psychological Development: Implications for Substance Abuse", en *Gender and Alcohol,* ed. Richard W. Wilsnack y Sharon C. Wilsnack (New Brunswick, NJ: Rutgers Center of Alcohol Studies, 1997), 335–51.

3. Stephanie S. Covington y Liana Beckett, *Leaving the Enchanted Forest: The Path from Relationship Addiction to Intimacy* (San Francisco: Harper & Row, 1988), 152.

4. Covington y Surrey, 336.

5. Miller, 3.

6. Covington y Surrey, 336.

7. Janet L. Surrey, "Self-in-Relation: A Theory of Women's Development", Work in Progress, No. 13 (Wellesley, MA: Stone Center for Developmental Services and Studies, Wellesley College, 1985), 5.

SEXUALIDAD

1. Stephanie S. Covington y Janet Kohen, "Women, Alcohol, and Sexuality", *Advances in Alcohol and Substance Abuse* 4 (1984): 41–56.

2. Judith V. Jordan, "Clarity in Connection: Empathic Knowing, Desire and Sexuality", Work in Progress, No. 29 (Wellesley, MA: Stone Center for Developmental Services and Studies, Wellesley College, 1987), 11.

3. Stephanie S. Covington, *Awakening Your Sexuality: A Guide for Recovering Women and Their Partners* (San Francisco: Harper San Francisco, 1991), 219.

ESPIRITUALIDAD

1. "The Bill W.–Carl Jung Letters", *Grapevine* (enero de 1963): 31.

2. Anthea Church, *Inner Beauty: A Book of Virtues* (Hong Kong: Brahma Kumaris Raja Yoga Centre, 1988), 9.

3. Wendy Miller, "Reclaiming the Goddess", *Common Boundary* (marzo/abril 1990): 36.

4. Janet L. Surrey, "Self-in-Relation: A Theory of Women's Development", Work in Progress, No. 13 (Wellesley, MA: Stone Center for Developmental Services and Studies, Wellesley College, 1985).

5. Sherry Ruth Anderson y Patricia Hopkins, *The Feminine Face of God: The Unfolding of the Sacred in Women* (Nueva York: Bantam, 1992), 16–17.

6. Charlene Spretnak, "Essay: Wholly Writ", *Ms.* (marzo/abril 1993): 60.

7. Hermano Lawrence, *The Practice of the Presence of God.* Varios editores. Primera edición 1692.

8. Vimala Thakar, *The Eloquence of Living: Meeting Life with Freshness, Fearlessness & Compassion* (San Rafael, CA: New World Library, 1989).

Acerca de la autora

La Dra. Stephanie S. Covington, Trabajadora social clínica licenciada (LCSW), es una médica reconocida internacionalmente, consultora organizacional, conferencista, autora y pionera en los campos de la adicción y el trauma. Durante más de treinta y cinco años, ha creado planes de estudios y programas basados en el trauma y con perspectiva de género para el uso en entornos públicos, privados y legales-criminales, en todos los EE. UU. y mundialmente.

La experiencia de la Dra. Covington con la adicción empezó en su propia vida. Hasta la fecha, lleva cuarenta y cinco años en recuperación, lo que la ha preparado en su meta de ayudar a otras mujeres a recuperar su vida tal y como ella lo logró.

Su amplia experiencia incluye consultorías y programas de desarrollo para numerosas agencias internacionales y de los EE. UU., así como el diseño de servicios para las mujeres en el Betty Ford Center. Sus extensas publicaciones incluyen doce planes de estudio basados en el trauma y con una perspectiva de género y el primer programa de tratamiento con manuales para el tratamiento de trastornos de consumo de drogas. Educada en la Columbia University y el Union Institute, la Dra. Covington es una de las directoras del Institute for Relational Development y el Center for Gender & Justice, ubicados en Del Mar, California.

www.stephaniecovington.com
www.centerforgenderandjustice.org

Acerca de Hazelden Publishing

Como parte de la Hazelden Betty Ford Foundation, Hazelden Publishing ofrece recursos educativos de punta y libros inspiracionales. Nuestros trabajos impresos y digitales ayudan a guiar a las personas en tratamiento y recuperación, así como a sus seres queridos.

Los profesionales que trabajan para prevenir y tratar adicciones también encuentran en Hazelden Publishing contenidos basados en evidencias; soluciones de contenido digital y videos para el uso en escuelas, programas de tratamiento y entornos de la comunidad. También ofrecemos capacitación para la implementación de nuestros programas escolares.

Mediante sus trabajos publicados y digitales, Hazelden Publishing extiende la sanación y la esperanza a las personas, las familias y las comunidades afectadas por la adicción y los problemas relacionados con ella.

Para obtener más información sobre las publicaciones de Hazelden, llama al **800-328-9000**
o visítanos en línea en **hazelden.org/bookstore**.